The European
Reception
of Castiglione's
Cortegiano

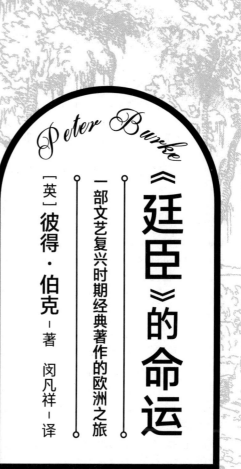

Peter Burke

[英]彼得·伯克—著 闵凡祥—译

《廷臣》的命运

一部文艺复兴时期经典著作的欧洲之旅

FORTUNES
OF
THE *COURTIER*

北京大学出版社
PEKING UNIVERSITY PRESS

著作权合同登记号　图字：01-2005-4920

图书在版编目（CIP）数据

《廷臣》的命运：一部文艺复兴时期经典著作的欧洲之旅/（英）彼得·伯克
著；闵凡祥译.—北京：北京大学出版社，2023.7
　　（社会文化史译丛）
　　ISBN 978-7-301-34040-0

Ⅰ.①廷…　Ⅱ.①彼…②闵…　Ⅲ.①中世纪哲学—研究—欧洲　Ⅳ.①B503.9

中国国家版本馆 CIP 数据核字（2023）第 113951 号

根据 Peter Burke，*The Fortunes of the* Courtier：*The European Reception of Castiglione's* Cortegiano 译出
Copyright © Peter Burke 1995
First published in 1995 by Polity Press in association with Blackwell Publishers Ltd.
Reprinted 2005，2007
此译本由 Polity Press Ltd.，Cambridge 授权出版

书　　　名	《廷臣》的命运：一部文艺复兴时期经典著作的欧洲之旅
	《TINGCHEN》DE MINGYUN：YIBU WENYI FUXING SHIQI JINGDIAN ZHUZUO DE OUZHOU ZHILÜ
著作责任者	［英］彼得·伯克（Peter Burke）　著　闵凡祥　译
责 任 编 辑	李学宜
标 准 书 号	ISBN 978-7-301-34040-0
出 版 发 行	北京大学出版社
地　　　址	北京市海淀区成府路 205 号　　100871
网　　　址	http://www.pup.cn　新浪微博：@北京大学出版社
电 子 信 箱	pkuwsz@126.com
电　　　话	邮购部 010-62752015　发行部 010-62750672　编辑部 010-62752025
印 刷 者	三河市北燕印装有限公司
经 销 者	新华书店
	965 毫米×1300 毫米　16 开本　18.25 印张　200 千字
	2023 年 7 月第 1 版　2023 年 7 月第 1 次印刷
定　　　价	65.00 元

目 录

插图目录

前言与致谢

自 20 世纪 50 年代末期第一次读到它以来，卡斯蒂寥内的《廷臣》(*Cortegiano* 或 *Courtier*) 即成为我最钟爱的著作之一。那时，我还是一名主修意大利文艺复兴课程的牛津大学的学生。我阅读它，是怀着一种对历史传统的崇拜之情，将其作为代表文艺复兴运动的经典文本来阅读的。这本对话①之所以在过去的一个多世纪里被一再重印和不断翻译成其他文字，其作为文艺复兴运动代表文本的历史地位和影响无疑是一个主要因素。在意大利(自 19 世纪 80 年代开始)和英语世界(自 1900 年开始)，它曾先后在人人丛书(Everyman's Library)、双日出版社铁锚丛书(Doubleday Anchor Book)和企鹅经典丛书(Penguin Classic)中出现。

在文艺复兴期间，人们阅读该书的缘由则与其后有很大不同。人们将之视为当时行为活动的指南，而非过去时代的价值观念的指南。如果现代的读者试图就该书中有关优雅行为或"全人"("universal man")的部分进行注解的话，那么，16 世纪的读者则经常对其中有关笑话或教人如何骑马的部分给予关注。这两种阅读之间的差异越来越显示出其诱人的魅力。在这里，我试图去理解，而不

---

① 即卡斯蒂寥内的《廷臣》，该书是以对话的形式写成的，因此伯克在书中有时用"对话"来代指。——译者注

是消除上述对历史传统的崇拜式阅读与实用主义式阅读二者间的差异。但《廷臣》长期以来被以众多方式解读阐释的事实给我这一努力带来了诸多困难。一直以来，它被那些头脑简单者批评为过于玩世不恭，而又被那些愤世嫉俗者批评为过于幼稚；被看作既理想主义又实用主义，既严肃又轻率。尽管近来人们对该文本本身给予了非常认真的研究——事实上，它几乎为众多的评论所淹没，但迄今为止，它的读者却一直未能得到充分关注。因此，在本书中，他们将占据显著位置。

尽管本书的预设读者是那些早已知道与喜欢《廷臣》，并欲对其写作背景做进一步了解者，但我仍希望那些对其来说卡斯蒂寥内只不过是一个人名的读者能够喜欢上《廷臣》。因此，我将会尽我所能，以使他们能够理解它。由于该书有众多的版本，所以在引文方面，我只注明是引自哪一卷与哪一章（按 1884 年版本标注的章节。该版本现已成为权威版本）而不具体到哪一页。那些引自古希腊和拉丁经典的内容也以同样方式作注。除非另作说明，引文的英文译文皆为我自译。除巴尔达萨尔伯爵的名字（在这一时期，它有诸多独特而有趣的变体）外，引文部分的拼写均采用了现代英语。此外，本书中还收录了多幅卡斯蒂寥内的肖像画。收录它们并不仅是出于装饰的目的，而是被作为一种视觉文字（a visual parallel）使用的。

本书试图探究散布于全球相当大范围的读者对一单本著作所做出的反应。因此，在写作过程中，作者自然得到了众多的帮助。对这些帮助，如果不在此表示感谢的话，那将是非常不礼貌的。德里克·布鲁尔（Derek Brewer）以他中世纪文学专家的尖锐眼光详审了第二章；弗吉尼亚·考克斯（Virginia Cox）对有关意大利的章节给出了建设性的批评意见。在建议、参考书目、选刊、专著和其他帮助方面，我要感谢吉姆·阿莫朗（Jim Amelang）、凯瑟琳·贝茨（Catherine

Bates）、唐娜·博安南（Donna Bohanan）、玛利亚·露西娅·帕拉莉斯-伯克（Maria Lúcia Pallares-Burke）、理查德·布什曼（Richard Bushman）、丹尼尔·费奥伦蒂诺（Daniele Fiorentino）、特奥多罗·汉普（Teodoro Hampe）、弗理达·黑杰库普（Frieda Heijkoop）、曼弗里德·黑兹（Manfred Hinz）、哈罗德·伊里苏（Harald Ilsøe）、马克·雅克布斯（Marc Jacobs）、库特·约翰尼森（Kurt Johannesson）、本特·朱尔-詹森（Bent Juel-Jensen）、盖博·卡拉尼克兹（Gábor Klaniczay）、已去世的蒂博·卡拉尼克兹（Tibor Klaniczay）、迪尔文·诺克斯（Dilwyn Knox）、托马斯·科隆（Thomas Krogh）、吉理·科洛佩赛克（Jiří Kropácek）、J. M. 拉斯佩雷斯（J. M. Laspéras）、伊丽莎白·利德海姆-格林（Elizabeth Leedham-Green）、安东尼·马克扎克（Antoni Maczak）、布里安·马克昆尼斯（Brian McGuinness）、卡梅拉·诺赛拉（Carmela Nocera）、史蒂芬·奥戈尔（Stephen Orgel）、赫曼·鲁登堡（Herman Roodenburg）、艾琳纳·桑蒂亚戈（Elena Santiago）、戴维·R. 史密斯（David R. Smith）、约翰·史蒂文斯（John Stevens）、哲尔菲·E. 瑟尼（György E. Szönyi）、多拉·桑顿（Dora Thornton）、达立波·韦塞理（Dalibor Vesely）、约翰·伍德豪斯（John Woodhouse）和剑桥大学五个学院——伊曼纽尔学院、耶稣学院、国王学院、圣·凯瑟琳学院和三一学院图书馆的工作人员。我衷心地感谢他们。

我还要感谢洛杉矶盖蒂中心（Getty Center at Los Angeles）向我提供的在那里写作本书的机会，尽管我未能接受这个机会。我也非常高兴能够同曾鼓励我进入文艺复兴研究领域的约翰·黑尔（John Hale）先生讨论本书。对于他，我的一个学生曾如此评论说，观察他点燃一支雪茄的姿势与动作比听多少场讲座都能使她更好地理解《廷臣》。

本书由一份曾以多种形式在布达佩斯、剑桥、堪培拉、克莱蒙费朗、康斯坦斯、爱丁堡、戈森堡、伦敦、纽黑文、奥斯陆、牛津、巴黎、普林斯顿、华威（Warwick）、沃尔芬比特尔（Wolfenbüttel）等地发表的演讲稿扩展而成。因此，如果说对于一本对话的研究应当在对话的过程中被完善的话，那么这种说法无疑是贴切的；如果说一本研究读者对卡斯蒂寥内著作反应的书本身在写作过程中也得益于不同听众的建设性反应的话，那也是贴切的。谨以此书献给对我自身行为举止影响最大的人——我的妻子玛利亚·露西娅（Maria Lúcia）。

第一章
传统与接受

在 1724 年出版的《廷臣》译本的献词中，罗伯特·杉伯（Robert Samber）写道：“《廷臣》如此之伟大，以至于其不能被仅仅局限于意大利的狭窄疆界之内……仅为世界上最著名的宫廷所阅读、喜欢和赞美是不够的，为使大家更熟悉它，人们可以用每一个国家最为习惯的适当形式来装扮它。”政治理论家欧内斯特·巴克（Ernest Barker）爵士曾以相似的方式评论道，“如果将不同国家”对卡斯蒂寥内的理想所表现出的各自特征“加以比较考察，那将是一项令人着魔的研究”。[1]

本书试图对上述挑战做出回应。其首要目标是重构一项国际运动对地方和个人的含义，因而在回答广泛的一般性问题时，我们引入了目录学和社会学的细节研究方法。我将在尽量避免像其 16 世纪的一些编者那样将该对话的丰富内容归纳为简单的几方面的同时，重点介绍卡斯蒂寥内书中那些在大范围、长时间内吸引读者的内容，特别是其有关“优雅”（grace）和“从容”（sprezzatura）的讨论的部分。

在时间上，本书所讨论的内容主要集中在 1528 年《廷臣》出版后的第一个世纪，尽管其结尾部分将会讨论到晚近作品中对该文本的参考和引用。在空间上，我所关注的主要是欧洲，尽管偶尔也会涉

[1] Barker（1948），143. 我们不清楚他是否了解这方面的早期研究；Toldo（1900）；Schrinner（1939）；Krebs（1940-1942）.

及更广范围(从南亚次大陆到美洲大陆)的读者。在写作策略上,我更多关注的是意大利以外的读者。因为同作者所处的社会环境的文化差别越大,对其著作积极接受的过程就越能被清楚地展现出来。尽管我最初并未打算对英国接受卡斯蒂寥内的情况给予特别关注,但我却发现我这样做了。我希望,这种从其内部对单一文化所做的认真研究,能多少减少一些存在于任何大范围的国际调查中的固有危险。

但一定的文化跨度又是必要的。因为我希望能够对人们理解"欧洲的欧洲化"(Europeanization of Europe)——换句话说,即过去几个世纪中欧洲文化的逐渐整合——做出些许贡献。[①] 因此,我将尽量去考察《廷臣》之外的一些东西,将该文本作为一个研究案例来探讨三个在范围上更广的话题:意大利之外的国家和地区对文艺复兴的接受、《廷臣》一书的历史,以及价值体系的历史。

对文艺复兴的接受

自雅各布·布克哈特(Jacob Burkhardt)的《意大利文艺复兴时期的文化》问世(1860)以来,如果不是更早的话,历史学家们已开始将这一时期作为一个对"自我"和"他者"的态度发生改变的时代进行研究。布克哈特将这一新趋势的特点界定为"个体的发展",并注意到了艺术家和作家在这一时期所表现出的竞争与自觉,如他们的自画像和自传中所显示出的那样。

最近,研究重点发生了变化。仿效诸如欧文·戈夫曼(Erving Goffman)关于其所说的"日常生活中的自我展现"的研究等研究

---

① Bartlett (1993), 269-291.

方法,人们开始从其自我展现(self-presentation)、自我塑造(self-fash-
ioning 或 selbststilisierung)的视角对马克西米利安(Maximilian)皇帝
和托马斯·莫尔(Thomas More)等文艺复兴运动的领袖人物进行研
究。① 这些对当时主要人物的研究引发出了这样的问题,即他们的
领导在当时是否得到了广泛的追随。由于卡斯蒂寥内的对话看上去
非常像是一部指导个人进行自我塑造的指南,因此,不单在意大利而
且在国外,对文艺复兴时期人们对《廷臣》的反应进行考察或许会是
一件非常有趣的事情。

　　这种对反应进行研究的视角具有更广泛的意义。对文艺复兴运
动传播的传统叙述经常将之描述为欧洲范围内的一路凯歌,在这一
过程中,各国相继屈服于列奥纳多·达芬奇、拉斐尔、米开朗琪罗、皮
科·德拉·米朗多拉(Pico della Mirandola)、阿里奥斯托(Ariosto)、
马基雅维里和其他主要艺术家、作家与思想家的魅力。②

　　此类解释存在两个根本的弱点。第一个弱点是,人们设想此时
只有意大利人是积极的和富有创造力的,而其他欧洲人则是被动的,
仅仅是"影响"(influence,一个经常为思想史家们[intellectual histori-
an]毫不批判地加以使用的、起源于占星学的词汇)的接受者。③ 15
世纪时一些意大利人对来自荷兰的绘画作品所表现出的兴趣告诉我
们,他们至少已经注意到了国外艺术家的创造性。

　　传统叙述关于文艺复兴运动传播的第二个弱点是将所"接受
的"与所"给予的"视为同一。尽管"传统"(tradition)一词的原意是
"传下来"(handing down),但我们却很难否认概念、习惯和价值体系
在被传播过程中是经常发生变化的。为适应新的空间或时间环境,

---

① Burckhardt (1860);Goffman (1956);Burger (1963);Greenblatt (1980).
② Burke (1987).
③ Mornet (1910), 449-450;cf. Skinner (1969), 45-47.

传统经常会被改造、重新解释或重建——不管这种重建是有意识的还是无意识的。例如，古典传统在中世纪即以这种方式被重建。阿喀琉斯等荷马时代的英雄被改造成骑士，罗马诗人维吉尔（Vergil）则变成了巫师，朱庇特（Jupiter）（有时）被当成学者，墨丘利（Mercury）被当成主教，等等。①

如果将视角从传统转移到个人身上，我们将经常发现他们在进行某种"修补术"，即从他们身边的文化中选取任何吸引他们、与他们相关或对他们有用的东西，并（有意识或无意识地）用他们已拥有的知识将之同化。虽然一些人比其他人更易为外来事物所吸引，但他们都会经过一个对新事物进行重新解释和再情境化（recontextual-ization）的过程，从而将他们的发现自我内化。换句话说，读者、听众和观众是积极的接受者和改造者，而不是被动的接受者。②

应当补充说明的是，他们对新事物的占有并不是盲目的，而是有其自身的逻辑。这种占有的逻辑经常被某一社会群体所分享，因此，这类社会群体可以被形容为"解释共同体"（interpretive community），或有时为"文本共同体"（textual community）。在这种共同体中，某一本书会被用来作为其成员思考和行动的指南。③尽管有关共同体的此类概念会产生误导性影响，但我们却仍然无法离开它们。尽管它们具有导致我们忘记观点上的个体差异或将之最小化的危险，但在使我们记起所被分享之物方面它们却是不可或缺的。

不断进行重新解释和再情境化的过程，一方面侵蚀着传统，一方面却又通过确保其继续满足不同社会群体的需求而得以保存下来。如这一渐进的重新解释过程因某些原因被阻断，那么，一种要求进行

---

① Warburg（1932）；Seznec（1940）.
② De Certeau（1980）；Chartier（1987）.
③ Fish（1980），14-15, 171-172, etc.；Stock（1983），88-240.

更加激进的变革(change) 或"改革"(reform) 的压力将会形成。例如,我们称之为"宗教改革"(Reformation) 的文化运动,即是对基督教传统进行激进的重新解释的一个生动例证。

根据上文所陈述的观点,我们认为,有关"发明"(invention) 和"传播"(diffusion) 之间的习惯性区分应当被看作一种程度上的差别而不应是一种性质上的差别——为了支持这一观点,需要写一本比本书更厚的书。最好的做法,是将发明本身看作一种创造性的改造过程,例如:印刷机的发明是对葡萄榨汁机(wine press) 的创造性改造,小说这种文学形式的出现是对史诗的创造性改编,等等。

因此,对文艺复兴运动而言,有益的做法是:抛弃仅将之看作产生于佛罗伦萨的新观念和新形象(image) 对外界产生"影响"或"传播"的观念,而代之以追问,从哥特式建筑到经院哲学,意大利对欧洲其他地区的作家、学者和艺术家有什么"影响"? 他们接受这些"影响"的逻辑是什么? 意大利人的新礼仪或新观念为什么会被融入以及在何种程度上被融入他们的日常生活和固有传统之中? 要回答这些问题,需要研究接受者们是如何对他们所看到、听到或读到的东西进行解释的。我们必须关注他们感性的"图式"(perceptual 'schemata')。[①] 我们必须关心日渐为文艺理论家们所称为他们的"期望地平线"(horizons of expectation) 的东西。[②]

简而言之,文化史学家通过吸收仍多少带有外来色彩的"接受"的概念,并将之用来修改有关传统的传统观念,将会有所收获。事实上,如果不是作为一个概念的话,这个词语对学习和研究文艺复兴的学生来说应当是相当熟悉的,因为**接受**(Rezeption) 早在 15 世纪和

5

---

① Warburg (1932);Gombrich (1960)。

② Gadamer (1960);Jauss (1974)。

16 世纪的欧洲即已被用来描绘人文主义和罗马法的传播了。无论如何，文艺复兴中有关文学模仿（literary imitation）（见下文第 81—82 页）的性质的争论，被认为是有关传统与创新之间兼容性的接受理论中的一个重要问题。

对有关文本被接受情况的研究将会带来一些大难题。如果一个普通的历史学家参与文艺理论界最近所发生的争论，特别是就一个文本的真正或基本内涵是存在于其创作者的内心，还是存在于著作本身（它将随着时间的流逝而逐渐展现出它的内涵），抑或是存在于其读者的反应之中，这样一个纯粹的形而上学式的问题发表自己的看法的话，那他将是愚蠢的。①同样地，我们尽可不必怀疑接受理论（将之视为一个时间过程）对文化史学家著作的一般适用性和对书籍史学家们的特殊适用性。

书籍史

作为一种文化史研究的自觉路径，书籍史兴起于 20 世纪 60 年代的法国，尽管如经常发生的那样，这种研究路径早在被命名之前已存在很久。发生于 1910 年的两个事例可以使我们认识到，当代的历史学家同第一代对这一主题感兴趣的历史学家相比已走得很远。丹尼尔·莫尔内（Daniel Mornet）对 500 家法国图书馆 1750—1780 年间的藏书进行了计量研究，卡罗琳·露茨－里斯（Caroline Ruutz-Rees）则对一位伊丽莎白时代的读者加布里埃尔·哈维（Gabriel Harvey）——这个名字在下文将会反复出现——在其所阅读过的书

---

① Jauss（1974）；Fish（1980）.

上所做的旁注进行了专门研究。①

特别是马基雅维里的研究者们很早便已关注来自意大利内外、英格兰、法国、西班牙和其他国家的对马基雅维里著作的不同反应。他们对其声名狼藉的《君主论》所受到的敌视,如该书遭受的查禁和焚毁,作者被揭发为坏人和"无神论者"等,进行了专门研究。在16世纪的某些情况下,正如研究所显示的那样,马基雅维里所受到的公开指责并不(或不仅仅)是因其自身原因,而是因其被当作一个意大利影响英国、法国或波兰的符号,或是作为对当时的统治者——凯瑟琳·德·梅第奇(Catherine de' Medici)进行攻击的一种间接途径。然而,对作者的责难并不能阻止越来越多保守的政治理论家接受马基雅维里的某些观念。他们谨慎地将这些观念归功于一位古代作家塔西陀(Tacitus)②,而不是一位近代作家。③ 如我们将会看到的那样,针对《廷臣》的一些外来反应遵循了同一模式。

如上述例证所示,对《廷臣》历史的研究有诸多可能的方法。在过去十年左右的时间里,文化史的多样性吸引了许多学者进入这一领域。④ 在这诸多研究方法中,一种是主要就其版本进行专门研究,包括各种版本的地理学、年代学,以及编辑者和出版者对其最初文本所做的修改。另一种主要集中于对其最初文本的译本、改编本和模仿本进行研究。再一种则是潜心研究那些揭示读者个人反应的、由读者圈画的文字和旁注。⑤ 随着接受史学(the history of reception)的

---

① Mornet (1910);Ruutz-Rees (1910).

② 古罗马元老院议员,历史学家。——译者注

③ Toffanin (1921);Meinecke (1924);Bleznick (1958);Malarczyk (1962);Raab (1964);Procacci (1965);Thuau (1966).

④ Darnton (1986);McKenzie (1986);Chartier (1987).

⑤ Leonard (1949);Brunner (1956);Chevalier (1976);Jardine and Grafton (1990).

兴起,旁注已成为近来人们关注的重点。① 最后,还有一种研究,即通过研究图书馆目录、拍卖目录、财产清册和签名者名单,揭示哪类人对某一特定的书感兴趣。以上四种方法在本书中都将会被不同程度地使用。它们都有助于我们将过去的伟大著作同它们被写作时代的"心态"(mentalities)——人们的思考习惯或不言而喻的假设(unspoken assumptions)——联系在一起。

凭借一部被认为是 16 世纪和 17 世纪《廷臣》的 328 位读者——这些读者的名字被列在附录二中——的集体传记,我试着将最后一种研究方法比一般著作稍稍向前推进了一步。由于这一名单将会被不止一次地提及,因此,有必要对使用这一方法所带来的问题做一讨论,尽管十分简略。

如阅读史中经常遇到的情况一样,原始资料——如财产清册——告诉我们的相关所有者的情况要比读者的多。我们不能断定一本书的每一位所有者都曾真正阅读过它。例如,上述名单中有 8 人是书商。令事情更加糟糕的是,原始记录做得最好、保存最完善的图书馆通常是那些较大的图书馆,如一些读者所心知肚明的那样,图书馆越大,所有者对其所藏图书的了解程度就越低。例如,将会在第八章中被讨论到的丹麦教授彼泽·斯卡韦纽斯(Peder Scavenius),不但拥有《廷臣》的第一版,而且还有其他图书约 6000 册。克贝尔家族,特别是著名的让-巴普蒂斯塔·克贝尔(Jean-Baptiste Colbert)——路易十四的大臣,以及他的长子德·塞涅莱(de Seignelay)侯爵曾拥有 18000 多册图书,从而削弱了意大利文版的《廷臣》在其中被发现的意义。

接下来我们将要讨论一些从别人那里继承而非亲自建立起图书

---

① Jackson (1992-1993).

馆的《廷臣》所有者。詹姆斯六世和一世①或许曾同母亲苏格兰的玛丽女王一样对《廷臣》充满兴趣,但我却对是否利用下面这一事实犹豫不决,即卡斯蒂寥内的著作是藏于英国律师爱德华·科克(Edward Coke)爵士的图书馆的,因为他的大部分意大利文书籍来源于廷臣克里斯多弗·汉顿(Christopher Hatton)爵士的收藏。同样的事情也发生在一名来自贝桑松(Besançon)的牧师让－巴普蒂斯特·博伊索特(Jean-Baptiste Boisot)身上,他得到了红衣主教格朗韦勒(Cardinal Granvelle)的图书馆。②

尽管有这样一些难题,但从中得出一些结论仍是可能的。这一研究带来了诸多有意思的发现,其一就是,由该书读者不断向其亲朋好友推荐、传递而形成的阅读网络的重要性(我们将在第八章中对其做详细的讨论)。换句话说,尽管从长远观点来看,印刷物的出现削弱了口传口授群体(face-to-face groups)在信息传播过程中的作用,但此类群体仍然在影响着——正如他们仍将会继续产生影响那样——人们的阅读选择,甚至是人们感知与解释其所获信息的方式。两个事例将清楚地显示这一点。伦巴底作家马泰奥·班德罗(Matteo Bandello)和英国人托马斯·纳希(Thomas Nashe)对由《廷臣》一书所引起的有关完美廷臣标准的讨论做了记载。这使我们的关注重点从卡斯蒂寥内对讨论的陈述转移到了对这一陈述(其本身被以印刷作品的形式表现出来)的讨论上来。③ 这些事例和我们将要在第八章中讨论的读者网络使我们看到,存在一个由口头传播的信息系统支持着印刷作品的流通。

但在开始研究《廷臣》的身后事之前,考察一下《廷臣》问世之前

①　苏格兰国王詹姆斯六世,也是英格兰的詹姆斯一世。——译者注
②　Mornet (1910), 452; Hassall (1950); Jolly (1988-1992), vol. Ⅱ, 469.
③　Bandello (1554), book Ⅱ, no. 57; Nashe (1589),献词。

的廷臣将会对我们有所裨益，因为《廷臣》诞生于一次所谓的"谈话"，同时它也对此次谈话的形成起到了促进作用。"谈话"是一个比思想史学家通常所关注的主张或观念更大且不确定的研究单位。① 我们可以将一场谈话描绘为一支观念或主张的合唱曲，它比随意的组合更具逻辑性，而与一个合乎逻辑的系统相比又更具随意性。我们将在下文有关社会行为的部分对这场特殊的谈话，或系列谈话进行研究。

价值体系的历史

文化史家经常强调对丹麦历史学家约翰·赫伊津哈（Johan Huizinga）所说的"生活观念"（ideals of life），或乔治·杜比（Georges Duby）和法国学者新近所说的"文化模式"（cultural patterns）、"价值体系"（systems of values）、"社会想象"（social imaginary）的研究的重要性。② 我们应当注意到"价值"（values）是一个在含义上比"道德"（morals）要广泛的词汇。它不仅限于那些被认为具有道德约束力的规则，而且扩及社会规则甚至品位问题。

9　　《廷臣》是自古希腊以来西方作家描写此类价值体系或以之为主题编纂的诸多经典著作之一。尽管并非那么突出，但它同样出现于社会学家诺贝特·埃利亚斯有关"文明的进程"的著名叙述之中。在其著述，埃利亚斯用两卷的篇幅专门描述和解释了"自控"（self-control）观念在西方的形成。③ 如若我们将研究的重点仅放在读者对文本的解释和反应的方式上，那么，卡斯蒂寥内的对话就可像其他操

---

① Foucault (1969, 1971).

② Huizinga(1915)；Duby(1968, 1972, 1978).

③ Elias (1939).

行修养指南类书籍(conduct-books)那样,被作为一种显示过去生活观念的石蕊试纸加以研究。

我们要想在几页纸的篇幅内描述出欧洲生活观念史的基本轮廓,就必须将叙述重点放在几个关键词上。这些关键词曾被一名文学家极为贴切地称为"流行词"(Modeworte),而历史学家赖因哈德·科泽勒克(Reinhard Kosellek)则称之为"基础概念"(Grundbegriffe)。① 这些词汇在翻译成其他文字时,通常都具有一定的难度。而一位曾亲身经验过两种文化生活的当代著名小说家却向其读者如此建议:"要想解读一个社会,就要去研读它所特有的那些不可翻译的词汇。"②

在古希腊,这些不可翻译的词汇之一是 areté。在英文中,"优秀品质"(excellence)一词在意思上大体可与之相对。对一匹马来说,其 areté 就是跑得快;而对一个人来说,其 areté 则是勇敢、有威信、崇尚荣誉。拥有最大 areté 之人就是贵族(aristos)。"贵族统治"(aristocracy)一词即起源于它。"贵族统治",其字面意思是"最好的人的统治"(the rule of the best),在实践上则指世袭贵族的统治。荷马史诗《伊利亚特》(Iliad)中的阿喀琉斯和其他英雄被认为是这种美德观念实践者的典范,由此,这部史诗也就被当作典范。荷马被认为是古希腊的教育家,《伊利亚特》在古希腊罗马的学校中被学习和研究。之所以如此,原因很简单,即人们认为它所宣扬的价值观念是青年人所应具有的。③ 因此,当奥塔维诺·弗雷戈索(Ottaviano Fregoso),《廷臣》中的一个发言者宣称荷马将阿喀琉斯描绘成一个榜样式的英雄时(4.47),他是有悠久的历史传统为依据的。

---

① Williams (1976); Weise (1936); Koselleck (1972); Brunner et al. (1972-1990).
② Rushdie (1983), 140.
③ Jaeger (1933-1945), vol. I, 5, 9, II, 35; Marrou (1948), 162-163; Bonner (1977), 212-213.

10   在几百年后的公元前 4 世纪,哲学家亚里士多德在其《伦理学》（*Ethics*）中提出了他的观念,或更正确地说是他所处时代的观念。因为他曾宣称,他努力使他的观念贴近于当时的大众观念。①亚里士多德著作中所描述的宽宏大量（megalopsychia）的观念与阿喀琉斯或赫克托耳（Hector）的言行在性质上具有极为明显的相似性。亚里士多德所描绘的宽宏大量（magnanimous）或理想远大（great-minded）之人对自己相对于他人的优越表现出一种自豪感。他勇敢且宽宏大度。他也确实在实践着那种被定义为适当的巨额开支的"华丽"（megaloprepeia）。暂且抛开哲学的形而上不论,亚里士多德还告诉我们,一个理想远大之人会通过舒缓的步伐与低声说话方式维护他的尊严。②

      另一方面,尽管对中庸之道的强调与荷马有着明显的不同,但亚里士多德对 phronesis（"审慎"或"实践才智"）与自制（sophrosyne,传统上翻译为"节欲"）的强调却更多是奥德赛式的,而非阿喀琉斯式的。勇气被定义为鲁莽与怯懦二者间的中庸,慷慨大方被定义为挥霍无度与过分节省二者间的中庸,等等。亚里士多德试图在早已为冲突所分裂的道德传统中的相互对抗的力量间取得一种平衡。

      由于其对卡斯蒂廖内（如同它通常对文艺复兴时期的人文主义者）的重要性,我们必须在这里提到另一本希腊著作——色诺芬（Xenophon）③献给波斯国王居鲁士（Cyrus）的《居鲁士的教育》（*Cyropaedia* 或 *Education of Cyrus*）。在书中,居鲁士被看作皇家和贵族美德,特别是自制、谦逊（aidos,更直白的说法是"羞耻感"）和礼貌（eukosmia）的典范。居鲁士也被记载曾劝阻波斯贵族不要随地吐痰

---

①   Lloyd (1967), 206.
②   Aristotle (1926), 4. 3. 34.
③   色诺芬,约前 434—前 355,希腊将军,历史学家,著有《长征记》。——译者注

或当众擤鼻涕,鼓励他们穿高跟鞋,在脸上化妆,尤其是花时间待在他的宫廷里。①

尽管钦佩、赞美古希腊的文化,但西塞罗(Cicero)②时代罗马共和国贵族们的价值观念并非全部来源于荷马。西塞罗《论责任》(De officiis)一书中所表述的观念具有更大的灵活性。《论责任》一书是西塞罗专门为他的儿子和潜在的上层阶级读者的道德教育而写的一部著作。他将写作重点放在了他所说的举止得体(decocrum)上。所 11 谓举止得体,换句话说,即一个人包括站姿与手势在内的社会行为要与其活动的情境和生活方式、生活类型(genus vitae)相适应。举止得体既表示自制、对感情的理性控制,也表示自觉,特别是自觉地避免一些极端行为,如走路过快或过慢,举止太"软"与过于"女人气"或太"硬"与过于"粗鲁"(rusticus),等等。③

在西塞罗的《论演说家》(Orator)一书中,这种亚里士多德式的中庸观念得到了极为简洁的阐述。在书中,作者向读者推荐他所称的一种"有意的疏忽"(neglegentia diligens)。所谓"有意的疏忽",即指演说者在演讲过程中隐藏其演说技巧,以给听众留下这样一种印象:在演讲中,他完全不依赖于华丽辞藻的使用来取悦听众;他所看重的是他所要表达的观念而非那些被选来表达它们的词汇。出生于西班牙的罗马人昆体良(Quintilian)将会就模拟的自发性(simulated spontaneity)为生活在新世纪的演说者们提出类似的建议。④ 对罗马统治阶层中的成年男子来说,伴以适当举止的公开发言是最能引人

① Xenophon (1914); cf. Jaeger (1933-1945), vol. III, 156-181.
② 西塞罗,前106—前43,古罗马政治家、雄辩家、哲学家。——译者注
③ Cicero (1913), I. 27, I. 32, I. 35-36.
④ Cicero (1939), 23; Quintilian (1921-1922), vol. II, 11. 2. 47; cf. Ramage (1973), 62ff.

注意的自我展现形式之一。因此，我们可以从对演说者的建议中获得大量有关当时理想的行为方式的信息。

当然，如若我们将任何著作都当作是对古罗马文化的经典表述，那将是非常轻率的。西塞罗为其同时代人称为"文雅"（urbanitas）的行为标准所提的建议，本身即遵循了一条介于严肃的道德哲学（以塞涅卡①为例）与诗人奥维德（Ovid）的世俗建议之间的中间路线。②

塞涅卡所强调的他称之为"忠贞"（constantia）的行为，是一种产生于严格的自律（西塞罗也曾推荐过这种美德，只是没有做太多的强调）的美德。根据塞涅卡的说法，聪明的人应当像强壮的树木能够经受住风的吹袭或像岩石能够经受住波浪的拍击一样，经受住命运对他的打击。塞涅卡所思索的是一种内心的平静（tranquillitas animi），但他的建议有时却被解释为一种对冷静的、贵族式的外在举止的推崇。最初用来指称塞涅卡所属哲学流派的"斯多葛"（stoicism）一词，不可避免地经历了类似的重新定义，即痛苦而无所抱怨，临危不惧、处变不惊，等等。③

奥维德为我们展示了一种与罗马上层社会有着很大不同的景象。他那同塞涅卡一样故作轻佻和愤世嫉俗的语气是既道德又严肃的。但他也强调那些能够展现自信的镇静与疏忽行为。例如，奥维德告诉那些想在爱的"艺术"方面获得成功的年轻人要穿着干净的宽外袍，精心地修剪头发，清洁指甲，但又不能太过于注重外表："看似随便的外表适合于男人"（forma viros neglecta decet）。这不同于我们前文所描绘的居鲁士宫廷中的贵族。年轻女子被告诫要远离那些

---

① 卢修斯·阿奈乌斯·塞涅卡（Lucius Annaeus Seneca，前4—公元65），古罗马雄辩家、悲剧作家、哲学家和政治家，著有《演说家修辞分类》。——译者注

② Ramage（1973），52，56，78，102.

③ Seneca（1917-1925）.

过于关注他们头发的男人。尽管妇女们被一再建议要借其妆扮、走姿和笑姿等方面的微小细节展现高雅(munditia),但她们也被告知"艺术产生自发性幻想"(ars casum simulat)。用一句经常被引用的短语来讲,即"艺术的出发点在于隐藏艺术"(ars est celare artem)。

尽管上述三位罗马作家各自在论述语气、目的及其所处时代上皆不相同,但他们却都是同一上层社会文化塑造的著名参与者,对社会行为产生的指导性影响持续数世纪而不衰。

在中世纪早期,有关良好行为举止的罗马传统为基督教神职人员所重构和利用。在这一重构过程中,米兰大主教圣·安布罗斯(St. Ambrose)的著作具有关键性作用。他要求神父们在每一个动作(gesture)的运用上都要展现出谦逊(其字面上的意思是"羞耻感",verecundia)。如其著作的标题(*De officiis clericorum*)所显示的那样,安布罗斯的书事实上是西塞罗著作的一个改写本,是一部在许多方面,甚至连关于在街上行走所提的建议——既不能过快,也不能过慢——都遵循了其模式的著作。①

早期僧侣团体的章程也比较注重其成员在公开场合(既包括在餐桌上,也包括在教堂里)的行为举止,它告诫僧侣们吃饭时不要迟到,就餐过程中不要说话,不要东张西望,喝汤时不要太过贪婪或发出声音,不要吃得津津有味。这一曾为古罗马军队所要求的"有纪律地"吃饭(换言之,即在吃饭时有所自制)行为现在具有了宗教意义。② 在 12 世纪,一系列著作显示,人们越来越多地注意包括站姿和手势在内的良好行为举止。其中,专门针对神职人员的著作有佩特鲁斯·阿方斯(Petrus Alfonsi)的《论神职人员的纪律》(*On Clerical*

13

---

① Ambrose (1984), 131-132.

② Pachomius (1845), nos 31-33; Isaia (1851), no. 20; cf. Nicholls (1985), 31; Knox (1991).

Discipline）和圣维克托的休（Hugh of St. Victor）的《论初学者的教育问题》（*On the Education of Novices*）。它们对安布罗斯和早期僧侣作家们的观念做了小幅度的发展。① 由此我们可知，安布罗斯和西塞罗两人的著作"在当时的大教堂和修道院的图书馆里是非常容易看到的"。②

马克斯·韦伯（Max Weber）曾将他所说的"新教伦理"的兴起描绘为苦修主义（asceticism）的世俗化。这一点或许也适用于中世纪的"纪律"（discipline）。原来被用来指僧侣和其他宗教团体的自制的 disciplina 一词被世俗化，并被用来描绘俗人中的优雅行为。③

由于到 12 世纪时（如果不是更早的话），一些世俗人士业已日渐关心良好行为的准则，因此，专为骑士这一新生社会群体而设立的"骑士制度"法或许形成于此时。"骑士制度"法是指导骑士在战场内外举止行为（如怎样向战败的敌人表达仁慈，怎样对妇女表示尊敬等）的法典。

被称为"武功之歌"（Chansons de geste）④的作品对骑士理想做了明确而令人信服的阐述。在中世纪的"武功之歌"《伊利亚特》中，罗兰（Roland）、丹麦人奥吉尔（Ogier the Dane）⑤、蒙托邦的雷诺（Renaud de Montauban）⑥和熙德（Cid）⑦等英雄凭借他们"威力"

---

① Nicholls（1985），16, 36-38；Schmitt（1990）.

② Jaeger（1985），119.

③ Jaeger（1985），129ff.

④ 11—14 世纪流行于法国的一种数千行乃至数万行的长篇故事诗，通常用十音节诗句写成，以颂扬封建统治阶级的武功勋业为主要题材，故称"武功之歌"。——译者注

⑤ 全名为 Holger Danske，法兰克国王查理大帝手下的 12 位游侠骑士（Paladin）之一，作战时惯用西班牙双剑，至今仍被视为丹麦人的民族英雄。——译者注

⑥ 一部同名法国"武功之歌"中的英雄人物。他因在下棋时与查理大帝之子发生争吵而用剑将之刺死。后与他的兄弟们逃到蒙泰索（Montessor）石寨，并抵挡住了围剿者的进攻，后来成为加斯科涅（Gascony）的国王永（Yon）的同盟者。——译者注

⑦ 11 世纪西班牙著名的军事统帅、民族英雄。——译者注

16

（prowess）——一种近似"荷马式的优秀品质"的勇气、技能与领导才能的结合物使自己变得脱颖而出。① 像阿喀琉斯那样，这些英雄都非常在意他们的声誉。这一点，在以熙德为主角的"武功之歌"中得到了极为清楚的表述。该部"武功之歌"是一部以英雄荣誉的得失为主题创作的诗作。 14

一位中世纪的历史学家曾明确地指出，"骑士离不开马"。② 马的名字与其主人的名字一样频繁地出现于"武功之歌"的行文中。例如，罗兰的马叫维昂迪风（Veillantif），熙德的马叫巴比卡（Babieca）或贝亚德（Bayard），驮着四兄弟、反抗查理大帝③、到达阿尔丁（Ardennes）森林避难所的神奇之马叫艾蒙（Aymon）。正因chivalry一词来源于cheval，它所凝聚的生活理想对骑士（既包括骑兵也包括绅士[caballero]）来讲是不可或缺的。

"武功之歌"中的英雄之所以出名，是因为他们的勇气，而非他们的自制与在言谈举止方面所表现出的文雅。他们像狮子或狮子给中世纪人的印象，易于激动，且一旦激动起来便难以平静。在这些史诗中经常出现的一个主题是：他们经常为一盘棋的输赢而激烈地争吵。然而，骑士的价值观念在中世纪却逐渐增添了包括"礼貌"，特别是"谦恭"（courtesy）等在内的一些非军事方面的品质。

谦恭之于宫廷犹如马之于骑士。直到现在，我们尚没有恰当的由头谈及宫廷。因为荷马时代的希腊或西塞罗时代的罗马均不存在"廷臣"这一角色。尽管亚里士多德曾在马其顿国王腓力二

---

① Le Gentil（1955）；Keen（1984）.

② Denholm-Young，引自White（1962），38。

③ 查理大帝（742—814），世称Charles the Great或Charles I，768—814年为法兰克王，800—814年为西罗马帝国皇帝。——译者注

世①的宫廷中待过，柏拉图（Plato）曾在叙拉古（Syracuse）的狄奥尼修斯（Dionysius）②宫廷中待过，塞涅卡曾在尼禄（Nero）③的宫廷中待过，但他们都不是中世纪或文艺复兴时期意义上的廷臣，虽然在卡斯蒂寥内的对话中奥塔维诺·弗雷戈索将柏拉图和亚里士多德描绘成廷臣（4.47）。④

谦恭被当作是中世纪的一项"创造"（invention）。⑤ 若从"创造"一词的严格意义上来讲，这种说法或许将会受到来自古典文献研究者或宗教神职人员礼仪（civility）传统研究者的挑战。然而，如我们已在本书第4页所看到的那样，要想在invention和adaptation二者间做出明确的区分是不可能的。确实是在中世纪，可能是12世纪前后，宫廷中的行为成为其他人群的行为榜样，宫廷变成了在埃利亚斯所提出的"文明的进程"概念中具有重要影响的空间、事15 件现场或社会环境。⑥ 被一位作家定义为"行为举止的高贵性"的"谦恭"（curialitas）一词在11世纪、12世纪之交进入拉丁语词汇中。⑦

为适应这种新环境即宫廷的需要，自12世纪起，古罗马有关良好行为的词汇——奥维德和西塞罗的语言——开始被加以改造。与爱和礼貌相联的"谦恭"一词，其反义词原为rusticitas，现在则变成了villania与urbanitas。它在意思上与measure（在游吟诗人的普罗旺斯

---

① 腓力二世（Philip II，前382—前336），前359—前336年在位，亚历山大大帝的父亲。——译者注

② 亦称"老狄奥尼修斯"（前430？—前367），古希腊叙拉古的暴君（前405—前367年在位）。——译者注

③ 尼禄（37—68），古罗马暴君，54—68年在位。——译者注

④ Sørensen（1977）.

⑤ Brewer（1966），54.

⑥ Elias（1939，1969）.

⑦ Latham（1965）；Ganz（1986）.

语文学[Provençal]①中,它被拼写为 misura)一词相关联,指引导个人避免走向极端、遵循中庸之道的一种谨慎心理。"中庸"之于宫廷礼仪,如同"礼貌"(decorum)之于西塞罗的论说,是一个核心概念。人们认为,骑士之所以优越于他人,是因为他们的忠诚、慷慨(largesse)与特权(franchise)。同时,人们还认为他们应"有文学修养"(litteratus),换句话说,即能吟诗作赋和懂拉丁文。②

但这种新观念并非为所有欧洲精英所认可和接受。神职人员就一直批评说宫廷是道德堕落之地,这种批评我们将在第六章中重点讨论。但是,这种宫廷理想仍通过游吟诗人的诗歌和"宫廷传奇"(roman courtois)传播于欧洲的大部分地区。"宫廷传奇"是以骑士为题材、为骑士而写的,且经常由骑士亲自创作(其中沃尔夫拉姆·冯·埃申巴赫[Wolfram von Eschenbach]和托马斯·马洛礼爵士[Sir Thomas Malory]的例子说明,成为一个"有文化修养的骑士"并非是难以实现的理想)的故事。这一新的文学形式显示出骑士制度与谦恭的行为态度、战场价值观与宫廷价值观间的融合,或者更准确地说,一种不稳定的混合。这种情况出现在为人们所理想化了的查理大帝与亚瑟王(King Arthur)③的宫廷中。查理大帝和亚瑟王被奉为模范骑士,"勇敢且谦恭"(preu et courtois)。这些传奇故事是人们试图教化武夫、驯服雄狮的生动见证。主人公们所进行的一系列冒险行动是专门为检验他们在两种环境中是否具有骑士的优秀品质而设计的。

---

① 在法国东南部普罗旺斯及其邻近地区流行的一种以欧西坦语或普罗旺斯语写作的著作体。11—14 世纪是其蓬勃发展时期。在当时对宫廷或骑士爱情的颂扬中,普罗旺斯文学在艺术的精湛性和多样性方面达到顶峰。——译者注

② Jaeger (1985).

③ 亚瑟王,英国传奇故事中的英雄,传说公元 6 世纪时为不列颠国王,是圆桌骑士团的首领。——译者注

12 世纪和 13 世纪宫廷传奇的典型代表是克雷蒂安·德·特罗亚①（Chrétien de Troyes）的《帕尔齐法尔②》（Perceval）和沃尔夫拉姆·冯·埃申巴赫的《帕尔齐法尔》（Parzival），后者或许是西方成长小说（Bildungsroman）史中的第一例——其主人公是一个在森林中长大的没有父亲的孩子，当他首次进入骑士和贵妇们的生活时，必须学习所有的一切。

16

例如，在沃尔夫拉姆的诗作中，人们教年轻的帕尔齐法尔怎样讲话和如何花钱，建议他在战斗中要表现出仁慈，不要欺骗妇女，在脱掉盔甲后要洗手洗脸。这样，这个野性男孩就被"驯服"了。他所学习到的东西是"中庸"（moderation）。在这首诗的其他部分，一位扈从声称他从未听说一个"勇敢有余但礼貌不足"的人得到过别人的赞美。加韦恩爵士（Sir Gawain）③在诗中作为这种骑士典范的例证被予以特别的描写。④

这种与谦恭相联的价值体系的最为主要的新特征之一就是它对两性的适用性。在"武功之歌"中，根本就见不到妇女的形象。而在宫廷传奇中，妇女扮演着重要的角色——宫廷中的实际情况亦是如此。玛丽·德·尚帕涅（Marie de Champagne）是克雷蒂安·德·特罗亚的资助人，玛丽·德·弗朗斯（Marie de France）则曾亲自创作过多部传奇故事。这些故事文本所表达的观念既适用于骑士也适用于贵妇，同时，它们也用较多的篇幅来谈论两性之间的关系。在她们所提出的诸多观念中，关于高贵爱情的部分在其中占有显著位置。奥维德的《爱的艺术》（Art of Love）为当时的人们所再次学习研究。

---

① 法国诗人。以 5 首描写亚瑟王的故事诗而闻名。——译者注
② 亚瑟王传奇中寻找圣杯的英雄人物。——译者注
③ 亚瑟王的侄子，圆桌骑士之一。——译者注
④ Wolfram（1927），sections 170-173，344，631，etc.

在 13 世纪的法国出现了该书的两个意大利文译本,诗人加林·洛·
布伦(Garin Lo Brun)在就妆扮(toilette)、行为举止及对待情人的态
度方面给贵妇们的指导中利用了奥维德的观点,并重点提到了礼貌
(cortesia)的必要性。①

如若对一些非英雄人物加以研究,我们就可较为清晰地发现存
在于传统的"武功之歌"与新兴宫廷传奇之间的差异。在新兴的宫
廷传奇中,这些拒不承认构成故事价值基础观念的非英雄人物,反而
得到了作者更多的笔墨。如,在《罗兰之歌》(Song of Roland)中,最
坏的人是叛国者冈隆(Ganelon)②。在克雷蒂安·德·特罗亚和沃
尔夫拉姆·冯·埃申巴赫的传奇故事中,无礼的骑士凯爵士(Sir
Kay)则集中示范了一个优秀骑士应当避免的行为。他不但嘲弄他
的同伴,还殴打妇女。

宫廷传奇受到全欧洲贵族的喜爱。例如,在意大利,卢多维科·
阿里奥斯托(Ludovico Ariosto)的叙事诗《疯狂的罗兰》③(*Orlando
Furioso*,该书最早出版于 1516 年)对罗兰故事的改写展现了骑士精
神(cavalleria)和谦恭(cortesia)两者的融合。在书的开篇,阿里奥斯 17
托即开门见山地宣布他的作品将集中描写爱情与战争、骑士与贵妇
(Le donne, i cavallier, l'arme, gliamori)以及谦恭。阿里奥斯托描写
这种品质的原型是君士坦丁(Constantine)皇帝的儿子莱昂(Leon)骑
士。他在谦恭方面的超人举动是将雷拉德曼特(Bradamante)女士拱

---

① Bornstein (1983), 38-41; Lo Brun (1889), lines 372, 412, 457-460, etc.
② 中世纪有关查理大帝传奇中的一个阴险武士,他的叛变导致查理大帝打了败
仗。——译者注
③ 意大利文艺复兴时期的一部传奇叙事诗。写作时间为 1502(或 1503)年至 1533
年,前后大约 30 年才完成。是作者取材于中世纪和文艺复兴初期的史诗、传奇故事和英
雄诗歌而写成的系列轶事故事诗。——译者注

手让给了他的对手鲁杰罗（Ruggiero）。①

在 16 世纪初期的西班牙，关于骑士的传奇似乎非常流行，1501—1550 年间至少有 157 个版本。② 在这些作品中，1508 年出版的同名传奇中的英雄阿马迪斯·德·高拉（Amadís de Gaula）被描写成一名模范骑士（virtuoso caballero）。他之所以出名，不单是因为他武艺高强，富有勇气，更因为他拥有"一个好骑士应当具有的全部其他的良好行为"。短语 buenas maneras 在这里不单指代我们称之为"礼貌"的方面，还具有包括爱在内的范围更广的含义。阿马迪斯会在听到他心爱之人奥丽埃娜（Oriana）的名字时浑身颤抖；当被她拒绝时，他则为伊憔悴，衣带渐宽。③

在英国，兰斯洛特爵士（Sir Lancelot）④在托马斯·马洛礼的《伟大的亚瑟王》（*Morte D'Arthur*）中被描述为一位永远身着铠甲的最为有礼貌的骑士。对其死敌而言，他曾是"最残酷无情的"骑士；对曾与之共赴宴会的贵妇们而言，他则是"最为谦恭之人"。不过，在所有的圆桌骑士中，最经常作为懂礼仪之人出场的是加韦恩爵士。在 14 世纪的英国诗歌《加韦恩爵士与绿衣骑士》（*Sir Gawain and the Green Knight*）⑤中，我们看到加韦恩爵士的谦恭受到了考验。⑥

这种观念也通过众多的"礼仪指南"（courtesy-books），即论述年轻贵族正确的行为举止，特别是在其"主人"（lord）——其所被寄养

---

① Ariosto（1516）；cf. Vallone（1955）.

② Chevalier（1976），67.

③ Montalvo（1991），esp. 240, 252；cf. Cacho Blecua（1979）.

④ 亚瑟王圆桌武士中的第一位勇士。——译者注

⑤ 14 世纪下半叶以亚瑟王为背景的骑士传奇故事中的一部古英语诗作，写作年代可能为 1375 年。作者佚名。诗中的男主角加韦恩爵士是一位虔诚但具人性弱点的基督徒。他因在一次比武中获胜而赢得了一位贵妇的芳心。但他却拒绝了她的美意，只接受了她所赠予的一条能使他刀枪不入的腰带。全诗长约 2500 行。——译者注

⑥ Malory（1954），882；Brewer（1966）；Nicholls（1985），ch. 8.

家庭的主人——餐桌上的行为举止的论著传播开来。这些论著——
《礼仪指南》(*The Book of Courtesy*)、《儿童餐桌礼仪》(*Stans Puer ad
Mensam*)、《论礼貌》(*Urbanitatis*)、《新手指南》(*The Babees Book*)等
包含了对读者或听众在相应场合下所要注意的主要事项:不要睡觉、
放屁、搔痒或乱吐痰。①

此外,这些论著也对有关"谦恭""文雅"和"礼貌"的正面典范   18
进行了一些论述。像 urbanity 一样,civility(civilitas, civitié, civiltà)
是一个起源于 urban 或 civic 的词。该词自 12 世纪即偶尔被使用,特
别是在政治语境(political context)中,而它的普遍使用似乎是因为伊
拉斯谟(Erasmus)②。他在 1530 年出版的《论儿童的教养》(*De civili-
tate morum puerilium*)一书中,对中世纪的纪律和礼仪观做了经典的
综述。在整个 16 世纪,他的书不仅经常重印,而且还被译成多种
方言。③

伊拉斯谟并非骑士制度的朋友,同战争也毫无联系。和其他一
些文艺复兴时期的人文主义者——从意大利佛罗伦萨的波焦·布拉
乔利尼(Poggio Bracciolini)到西班牙瓦伦西亚(Valencian)的胡安·
路易·比韦斯(Juan Luis Vives)一样,他是一个中世纪贵族观念的批
评者。例如,比韦斯将《阿马迪斯·德·高拉》等骑士传奇称为"邪
恶之书"(pestiferous books)④;伊拉斯谟则猛烈抨击战争。对他来
说,文学(letters)是一切,而武器(arms)什么都不是。人文主义者的
核心价值观是"仁爱"(humanitas)。他们由之形成一种品质,一种通

---

① Furnivall (1868); Nicholls (1985), chs. 3-4.
② 荷兰人文主义者,欧洲北方文艺复兴运动中最伟大的学者,《新约全书》的第一位
编订者,是早期经典著作与古典文学研究方面举足轻重的人物。——译者注
③ Erasmus (1530); Elias (1939).
④ Vives (1524), 24.

过某些人文主义课程的学习即可为他人获得的品质。这种品质是人
的尊严以及人区别于动物——后者缺少语言表达以及辨别是非的能
力——的例证。

至中世纪末期，良好行为举止的古典传统——如我们所看到的，
其本身是多样的，而非单一的——已为生活在欧洲许多地区不同社
会环境的不同社会群体多次重构。本章重点讨论的是有关文雅(ur-
banity)、骑士精神和礼貌的观念，它们是与城市、战场和宫廷密切相
关的观念。尽管这三种传统间存在张力，但如我们所看到的，它们是
相互影响的，在中世纪的末期更是如此。卡斯蒂寥内在其书中对之
都有不同程度的介绍，在接下来的章节中，我们将会努力将之展示给
读者诸君。

第二章
文艺复兴时期的《廷臣》

　　若要讨论人们对一本书的接受情况，而又不事先提供一份对该
书的说明作为一条衡量偏差的基线的话，那将是没有多少意义的。
尽管这样的说明会不可避免地存有争议，但我们借助对该书所属的
文学类型（literary genre）、其作者的个性特征及其出版地的讨论，可
以避免使之陷入武断。

类　型

　　要理解一本书，我们不仅要关注它的内容，而且还要研究它的形
式。如若卡斯蒂寥内愿意，他完全可以通过将我们在前一章中所讨
论的中世纪晚期的各种礼仪指南中所提出的行为规范加以现代化和
详述，写出一本完美的论廷臣的简明著作。同时，他也完全可以用传
奇的形式来表达他的观点，因为传奇故事同样可以使作者想要表达
的道德说教得以展现。然而，卡斯蒂寥内为其观念所选择的表现形
式却是对话，一种非常灵活与"开放"的文学形式，一种曾为剑桥古
典学者洛斯·迪金逊（Lowes Dickinson）称为"冷冻的谈话"（frozen
conversation）的形式。在这种表现形式中，表达不同观点的不同声音

20　得到倾听，且无须做出任何明确的结论。① 这种形式非常适合于作者的目的，即展现与协调相互对立的关于何为理想廷臣的观点以及存在于文雅、骑士精神与谦恭各传统内的张力。而且在 16 世纪早期的意大利，对话也是一种流行的文学类型。

　　在整个中世纪，对话一直是一种流行的文学类型。在文艺复兴时期，这一写作形式出现了新的特点，即对该文学类型经典形式的复兴。由于古希腊罗马人发明了多种对话形式，"形式"一词在使用时应当是复数的。柏拉图的对话作品本身就分裂为两个极端。有些几近于苏格拉底（Socrates）的独白。在这些作品中，其他人物的作用或是对主讲者的观点表示赞同，或是向他进行提问。而柏拉图的其他对话作品，特别是《普罗塔戈拉》（Protagoras）和《会饮篇》（Symposium）则具有较多的情节，较为轻松和有趣。它们所描写和展现的一般是发生在特定社会环境（如《会饮篇》得名的宴会。宴会上亚西比德②的迟到更是给对话增添了明显的戏剧色彩）中不同人物间的某场真实辩论。

　　柏拉图对话的"开放性"表现在哪些方面，仍是一个有待争论的问题。在俄国批评家米哈伊尔·巴赫金（Mikhail Bakhtin）看来，"这一观点中的多元声音消失了"。而在德国学者瓦尔纳·耶格尔（Werner Jaeger）看来，至少有部分对话作品例证了苏格拉底的观点，即美德是不能被教授的；人们所能做到的——犹如教师仅是助产士的著名论断所揭示的那样——就是帮助他人去得出他自己的结论。新近的研究越来越多地关注柏拉图对话中的不同对话者，越来越强

---

① Dickinson（1931），56；Bakhtin（1981），259-422；Eco（1981）；Gay（1966），171-172.

② 亚西比德（Alcibiades），古希腊将军和政治家，苏格拉底的至交好友。——译者注

调对他们在文中的说话方式进行解释的必要性。①

西塞罗的说教式对话,如《学园派》(*Academica*)、《论演说家》或《图斯库卢姆谈话录》(*Tusculani*［*Discussions at Tusculum*］)等遵循了柏拉图的模式。事实上,《图斯库卢姆谈话录》通常被人们看作是苏格拉底的方法的一个例证。该对话同柏拉图的对话相比,趣味性较弱,但它们却确实包含了诸如克拉塞斯(Crassus)、安东尼乌斯(Antonius)或巴拉(Varro)等个性化人物。它们也允许读者了解所讨论问题的全貌。古希腊讽刺作家琉善(Lucian)曾创作过一些更富戏剧性的对话,如《冥府渡神》(*Charon*)或《高级妓女的对话录》（*Dialogues of the Courtesans*)等。在这些作品中,观念的表达并不占据主要地位,作者所看重的是表现人物的个性特征。21

在意大利文艺复兴期间,柏拉图、西塞罗和琉善的对话皆为人们重新发现和学习研究,并先后出现了以拉丁文与方言写成的仿写本。15 世纪著名人文主义者莱奥纳尔多·布鲁尼(Leonardo Bruni)、波焦·布拉乔利尼和洛伦佐·瓦拉(Lorenzo Valla)等人在表达其道德与政治观念时所采用的形式即是用拉丁文写成的对话。这些对话中的主要角色都是由他们的朋友充当的。相比较而言,在 15 世纪的意大利,用方言写成的对话似乎并不为人们所看重。莱昂·巴蒂斯塔·阿尔伯蒂(Leon Battista Alberti)的《家庭之书》(*Libri della famiglia*)的大部分虽完成于 15 世纪 30 年代,但却直到 19 世纪才被出版。到 1500 年以后,以方言写作的对话才被皮埃特罗·本博(Pietro Bembo)添列到文学地图之上。②

皮埃特罗·本博是一个威尼斯贵族,以对柏拉图的哲学、西塞罗

---

① Bakhtin（1929）, 279; Jaeger（1933-1945）, vol. II, 107-125, 179. Cf. Andrieu（1954）; Guthrie（1975）, 56-65, 215, 380; Stokes（1986）, ch. 1.

② Dionisotti（1952）.

的拉丁文和以 14 世纪三位伟大的佛罗伦萨作家——彼特拉克
(Petrarch)①、薄伽丘(Boccaccio)②和地位稍逊于他们的但丁(Dan-
te)③——所身行力导的"古典"书面意大利语的热爱而名闻天下。
在其以意大利文写作的两篇对话《阿索洛谈话录》(Asolani, 1505)和
《用方言写作》(Prose della volgar lingua, 1525)中,他阐述了自己的
观念。

　　《阿索洛谈话录》(该对话在形式上模仿了西塞罗的《图斯库卢
姆谈话录》)记述了一场发生在离威尼斯不远的阿索洛的居鲁士王
后花园中的以爱情为主题的谈话。谈话持续了三天,参加者包括三
位青年男子和三位青年女子。对话的主角之一佩罗蒂诺(Perottino)
反对爱情,另一位主角吉斯芒德(Gismondo)则支持世俗的爱情,第
三位主角拉菲尼洛(Lavinello)则在对前两人的谈话进行总结(像苏
格拉底在《会饮篇》中所做的那样)时,引用一位曾向他解释从有形
之境(the visible world)升至无形之境(the invisible world)之必要性
的隐士的话,支持精神上的、神圣的或柏拉图式的爱情和美。其他三
位女子——贝伦尼斯(Berenice)、莉萨(Lisa)和萨宾达(Sabinetta),
尽管也各有发言,但所承担的角色却相对次要。该对话不仅摹仿了
《会饮篇》和《图斯库卢姆谈话录》,而且也摹仿了薄伽丘的《十日
谈》。《十日谈》中的许多故事来源于一群青年男女在一个花园中所
进行的一场以爱情为主题的谈话。

22　　以上对话的场景皆为室外,在《用方言写作》中,本博则将对话
安排在一个室内环境进行。对话发生在 1502 年的威尼斯,晚饭前后

---

① 彼特拉克(1304—1374),意大利诗人,学者,欧洲人文主义运动的主要代
表。——译者注
② 薄伽丘(1313—1375),文艺复兴时期意大利作家,《十日谈》的作者。——译者注
③ 但丁(1265—1321),意大利诗人,《神曲》的作者。——译者注

的火炉边,持续了三个傍晚。其中的四个人物分别是作者的兄弟卡罗·贝姆柏(Carlo Bembo)、教皇克莱门特七世(Pope Clement VII)的堂兄朱利亚诺·德·梅第奇(Giuliano de' Medici)、热那亚(Genoese)贵族费代里科·弗雷戈索(Federico Fregoso)和诗人费拉拉(Ferrara)的埃尔科莱·斯特罗兹(Ercole Strozzi)。在谈话中,卡罗、费代里科和朱利亚诺依次发表观点,埃尔科莱的角色则是一个刁钻的提问者。他们所讨论的是所谓的"语言问题"(questione della lingua),即如何写好意大利文,特别是应以什么作为模仿的典范——是传统,是普通老百姓的言论,还是历史上伟大的佛罗伦萨作家的作品。

在这两篇与另一篇不太为人所知的发生在乌尔比诺宫廷的对话中,本博为卡斯蒂寥内提供了可资模仿的榜样。卡斯蒂寥内不仅从中借用了费代里科·弗雷戈索、朱利亚诺·德·梅第奇和伊米莉亚夫人(Lady Emilia)等人物,而且《廷臣》中的最后发言也是以《阿索洛谈话录》结尾处隐士的发言为范本的。他通过使本博成为他的发言人并接着声明他需要咨询一下"我的拉维内洛(Lavinello)的隐士"(4.50)的方式向本博表达他的致谢。① 如我们将会看到的,本博也是卡斯蒂寥内社交圈子中的一员。

作 者

巴尔达萨尔·卡斯蒂寥内出生于 1478 年,《廷臣》出版时他正好 50 岁。他是来自意大利北部曼图亚(Mantua)地区的一名贵族,其家族在那里拥有地产。遵循其所处阶层的习惯,他的父亲将年轻

---

① Floriani (1976),33-49.

29

的巴尔达萨尔寄养于米兰华丽的洛多维克·斯福尔扎（Lodovico Sforza）宫廷，使之在那里长大成人。直到 1499 年他父亲去世时，卡斯蒂寥内才返回家乡，并开始为曼图亚侯爵弗朗切斯科·贡扎加（Francesco Gonzaga）服务。卡斯蒂寥内起初作为一名战士在南意大利战场上为侯爵服务，但后来他与侯爵的关系日渐变得难处理起来。

23　1504 年，在他的要求下，他被允许改投乌尔比诺公爵的小宫廷。在乌尔比诺，他被圭多巴尔多·迪·蒙泰费尔特罗（Guidobaldo di Montefeltro）及其继承者弗朗切斯科·玛丽娅·德拉·罗韦雷（Francesco Maria della Rovere）雇作外交官。他曾访问英格兰，并在博洛尼亚（Bologna）会见过法国国王。他还曾作为大使长期居于罗马，维护乌尔比诺公爵与新一代曼图亚侯爵费代里科·贡扎加（Federigo Gonzaga）在那里的利益。

在 35 岁至 40 岁（1513—1518）的这一段时间里，卡斯蒂寥内完成了《廷臣》初稿的大部分。几乎与此同时，他的朋友本博在撰写《用方言写作》。卡斯蒂寥内曾请求早已是写作老手的本博对其文稿提出修改意见。① 第二稿的完成则是在 16 世纪 20 年代早期的罗马，此时的卡斯蒂寥内已进入不惑之年。1524 年，受教皇克莱门特七世的派遣，他前往西班牙任罗马教廷大使。在那里，他跟随皇帝查理五世到过布尔戈斯（Burgos）、巴伦西亚（Valencia）、马德里（Madrid）和其他城市。

1527 年，查理五世的军队洗劫罗马之时，卡斯蒂寥内仍在西班牙。自此，他的新主人和授予他权力的统治者陷入非正式对抗之中。当阿隆索·德·巴尔德斯（Alonso de Valdés）——一名伊拉斯谟的追随者、查理五世皇帝的秘书——以琉善的风格写了一篇对话，指责

---

① La Rocca（1978），383-384.

教皇应对罗马所遭到的洗劫负责并批评教会的腐败时,卡斯蒂寥内写了一封措辞异常强烈的长信予以回应,谴责他(犹如巴尔德斯向伊拉斯谟所抱怨的那样)不仅虚伪,而且是异端。1529 年 2 月 8 日,在卡斯蒂寥内的书在威尼斯出版和他当选西班牙阿维拉(Avila)主教之后不久,他在托莱多(Toledo)去世。

查理五世给予了卡斯蒂寥内很高的评价,借用一句经常为人引用的话称赞他是"世界上最好的骑士之一"(uno de los mejores caballeros del mundo)。此话可能来源于《阿马迪斯·德·高拉》。在其中,骑士亚加洛斯(Arcalaus)确实被一名隐士形容为"世界上最好的骑士"。① 以类似的方式,卡斯蒂寥内的朋友雅科波·萨多莱托(Jacopo Sadoleto)在 1529 年的一封信中形容他是一个文武双全、成就非凡、令人钦佩的人,是一名通晓所有艺术和知识形式的博学鸿才。② 在 16 世纪末出版的一部传记中,卡斯蒂寥内被形容为一个可供读者模仿的"完美典范"。③   24

然而,作为一名廷臣,卡斯蒂寥内看起来似乎并不怎么成功。在他所服务过的君主中,他至少同其中的两位处不好关系。④ 他在军事上的表现也不怎么突出。⑤ 作为一名外交官,他也历经磨难(至少在他职业生涯的晚期是如此)。有人甚至大胆地指出,他是死于皇帝查理五世和教皇安排给他的无法忍受的岗位上的窘困。

与同时代人马基雅维里做比较,可以证明这一点。在佛罗伦萨的宫廷中,马基雅维里不是一位伟大的成功者。他花费心血组建了

---

① Montalvo (1991),263.
② Sadoleto (1737), vol. 1, 119.
③ Marliani (1583),"To the readers".
④ Dionisotti (1952).
⑤ Hale (1983).

一支农民军，但他们却在西班牙军队到来时逃跑了。梅第奇家族复辟后，马基雅维里因之获罪而被流放乡野。在那里，他写作了《君主论》（Prince）。尽管卡斯蒂寥内在对《廷臣》做最后修改时仍有理由认为自己是一位成功的外交官，但我们提出这样的假设将是可信的，即他和马基雅维里二人是因现实生活的失意与挫折才转向理论探讨与沉思的。

卡斯蒂寥内写作《廷臣》一书有许多有利的条件。他是一位博学者，即使以今天的标准来衡量亦是如此，因为他通晓希腊文和拉丁文。其著作中所列的参考文献显示出作者非常熟悉经典著作，特别是荷马、柏拉图、亚里士多德、色诺芬、普鲁塔克（Plutarch）、西塞罗、贺拉斯（Horace）、维吉尔、昆体良和奥维德的作品。在近代作家中，他不仅参考或至少提及了但丁、彼特拉克和薄伽丘的作品，而且还包括波里奇亚诺（Poliziano）、高尚者洛伦佐（Lorenzo the Magnificent）和新柏拉图主义者弗朗切斯科·卡塔内·达·迪亚塞托（Francesco Cattani da Diacceto）（1.37）。

同时，卡斯蒂寥内也具有写作的经验。28 岁的时候，他曾和他的堂兄切萨雷·贡扎加（Cesare Gonzaga）为乌尔比诺的狂欢节一起创作过一首生动的田园诗。他不仅执笔而且还将之改写成剧本。剧中，乌尔比诺宫廷中的众人扮演了居于山林水泽的仙女们与牧羊人等角色。① 他是一位能够运用拉丁文和意大利文熟练写作的诗人，其作品包括一部悼念拉斐尔之死的挽歌。他曾在 1517 年或其前后请拉斐尔为他画过像。和他的朋友们本博和拉斐尔一样，卡斯蒂寥内也是文艺复兴运动盛期（指 16 世纪早期以罗马为中心的文艺复兴运动）的一位参与者。在这一运动中，人们非常强调规则——无

25

---

① Guidi (1977).

论是艺术的规则、语言的规则,还是行为规则。这些规则被看作是完美廷臣的行为准则。现在,我们将转向对这些准则的讨论。

文 本

在着手对文本进行解释之前,我们有必要对文本的内容做一简单概述,或至少是描述,因为真正的对话是不适于概述的。我们将《廷臣》看作一个剧本而不是一部著述,因此在介绍其内容之前,先要描绘一下其场景及人物。①

对话发生的场所是乌尔比诺公爵的宫殿府邸,一座宏伟华丽的文艺复兴时期的建筑。时至今天,它仍保留了卡斯蒂寥内时代的大部分风格。时间是 1507 年,大约是作者开始写作的 6 年前,对话正式出版前的 20 多年。《廷臣》的四卷内容分别对应在四个连续的夜晚上演的一部戏的四幕。在这部戏中,廷臣们围绕着公爵夫人伊丽莎白·贡扎加(Elisabetta Gonzaga,公爵因生病早已就寝)一起谈论完美廷臣的品质。

在剧中人物列表(dramatis personae)中,有由 20 多人组成的一大群人参加了对话(即使柏拉图的《会饮篇》也只有 8 名参加者)。②为使对话既具多样性,又不致碎片化,卡斯蒂寥内将主要角色依次安排给几个发言者,他们都是他的朋友和熟人。描绘完美廷臣的任务首先被分配给一位来自维罗纳(Verona)的贵族洛多维克·达·卡诺萨(Lodovico da Canossa),他的发言像《会饮篇》中亚西比德所遇到 26 的情况那样,为弗朗切斯科·德拉·罗韦雷(Francesco della Rovere)

---

① Rebhorn(1978);Arbizzoni(1983);Clubb(1983).

② Rebhorn(1978),179ff.

的迟到所打断。热那亚贵族费代里科·弗雷戈索是第二个晚上的主讲者，他承担的是本博《用方言写作》中的一个角色，接着他发言的是佛罗伦萨的贝尔纳多·达·比别纳（Bernardo da Bibbiena）。第三晚的主角是朱利亚诺·德·梅第奇（其角色就像本博对话中的弗雷戈索）。第四晚也是最后一晚的对话由奥塔维诺·弗雷戈索，费代里科的兄弟开始，皮埃特罗·本博进行了总结——如果可以称之为总结的话，因为时至黎明时分时，人们决定第二天再聚，人们据此认为讨论被打断了。

在谈话过程中，主角们无法连续地发表其见解，他们时常被其他参加者特别是加斯帕罗·帕拉维奇诺（Gasparo Pallavicino）———一位来自伦巴底的贵族，他被分配的角色是反对者（像埃尔科莱·斯特罗兹[Ercole Strozzi]在本博《用方言写作》中的角色）——所打断和提问。加斯帕罗认为对廷臣和宫廷贵妇的理想化是难以实现的，或像我们所说的是一种"乌托邦式的"理想。他的作用就是将讨论拉回到现实中来。卡斯蒂寥内的堂兄切萨雷·贡扎加、公爵夫人自己和伊米莉亚·皮娅（Emilia Pia）夫人也被赋予了重要的角色。其中，切萨雷所提出的问题和异议都比较中肯和具有说服力。伊米莉亚·皮娅夫人作为公爵夫人的"助手"（1.6）负责主持集会，要求其他参加者发言或保持安静。尽管对话中女性的插话并不多，并且也不是太长，但她们的每次插话都能对论题产生有效的、方向性的影响。[①]在《廷臣》的早期版本中，部分严肃的发言内容也曾被分配给另外两位女性，康斯坦茨·弗雷戈索（Costanza Fregosa）和玛格亨利塔·贡扎加（Margherita Gonzaga）。[②] 在谈话过程中，人们会不时地引用那

---

① 1.6,1.9,1.39-40,3.2,3.4,3.17,3.32,3.60,3.77,4.50,etc.

② Guidi（1980），56，n. 69.

些不在场的朋友的话语,如在有关雅科波·萨多莱托和拉斐尔的笑话中(2.63,2.76),这使得对话在作者自己的社会圈子中具有广泛的共鸣。

至少,它使其中的一些人物作为个体得以复苏。如喜欢开玩笑的比别纳和喜欢嘲弄人的加斯帕罗——他喜欢扮演厌恶女人的角色。以娴熟的技巧和一种在文艺复兴时期的对话作品中几近无可匹敌的方式,通过允许参加者揶揄他人、使用巧妙的应答和在进行中肯发言的同时表达出自己的情绪,卡斯蒂寥内创造了一种宽松的氛围。 27
例如,伊米莉亚夫人有一次差点同本博翻脸(4.50)。"他说,如他一贯表现的那样大笑"(disse ridendo)或"大笑,他回答说"(suggiunse ridendo)是作者在文中频繁使用的短语(3.7,3.10,3.13 等)。像柏拉图那样,卡斯蒂寥内能够寓庄于谐。像苏格拉底那样,他不做直接的指导。撇开说教的内容不管,在对话的语调上,《空爱一场》(*Love's Labour's Lost*)或《无事生非》(*Much Ado about Nothing*)与其极为相近。有人认为,《无事生非》中贝娅特丽丝(Beatrice)①和本尼迪克(Benedick)的人物原型即是卡斯蒂寥内对话中的伊米莉亚和加斯帕罗。这种观点或许不足为信,但他们确实具有相同的语气和风格。②

对话的内容当然是各不相同的。不论其自发性与自由结合的外在表现如何,对话总是以一种既定方式向前发展。关于何为完美廷臣的讨论以何为高贵(换句话说,即"财产"与出身何者重要)这样的问题开始,接下来的问题就是何为"勇武"(fighting)(更确切地说,即武功与文学修养何者重要)。对完美廷臣应具有文学技巧的描写引发对"语言问题"的争论,换言之,即同说写一种混合的"文明语言"

① 贝娅特丽丝也是但丁《神曲》中的人物。——译者注
② Scott (1901).

(courtly language)相比较,说写托斯卡纳语(Tuscan)优劣何在。此外,对廷臣要懂得视觉艺术的要求引发了关于绘画与雕塑何者更具价值的讨论。就对话这种文学形式来说,这些二元对立是其传统特色,并且适合于它。

这样,对话的第一卷即提出在当时的意大利人们所讨论的诸多社会—文化问题中的四个问题。对熟悉这些传统的人来说,并没有什么新奇之物,除了洛多维克伯爵(Count Lodovico)的辩解性建议外——廷臣应懂得如何绘画。第二卷的话题转换更为迅速,但它用了较大的篇幅来谈论谈话的艺术,特别是有关玩笑的规则,即如若想表现自己的优雅,廷臣可以同谁、以何种方式以及拿什么来开玩笑。

第三卷主要用来讨论完美宫廷贵妇(她们被称为 donna di palazzo,以区别于被称为 cortegiana 的高等妓女)的品质。讨论围绕宫廷贵妇应具有的文学、音乐和绘画知识,以及走路、作手势、说话、跳舞等的方式而展开。该话题自然引出关于该时代的主题性辩论,即同男性相比较,女性的价值、平等或"高贵"。加斯帕罗·帕拉维奇诺以其一贯富有煽动性的风格辩论说,女性是"造化的一个错误",朱利亚诺·德·梅第奇则以古代伟大女性(阿特米西亚[Artemisia]、克利奥帕特拉[Cleopatra]、塞米勒米斯[Semiramis]等)和近代的伊莎贝拉·德斯特(Isabella d'Este)(3.36)、西班牙伊莎贝拉女王(Queen Isabella)(3.35)为例对他予以反驳。朱利亚诺指出女性在智力上同男性是一样的,切萨雷·贡扎加也明确表示说她们具有激发男性积极进取的作用,且宫廷的欢乐与显赫也有赖于她们(3.3)。这些有关女性的辩论近来受到人们特别是女性学者的广泛注意。[①] 有学者指

① Battisti (1980); Guidi (1980); Zancan (1983); Finucci (1989); Jordan (1990), 76-85; Benson (1992), 73-90.

出,卡斯蒂寥内早在 1506—1509 年间给友人尼古拉·弗里索(Nicolò Frisio)的一封信中就曾为女性辩护过。尼古拉·弗里索后来在《廷臣》中发表了一些厌恶女性的评论。[①]

第四卷骤然变换了前三卷的谈话主题和语气,而致力于讨论廷臣与君主之间的关系问题。奥塔维诺·弗雷戈索辩论说,廷臣在对其君主提出好的建议以及在对其无知与狂妄给予严厉批评时,其主人应当对他给予支持(我们应当记住,该发言者是一位热那亚人。换言之,他是一名共和国公民)。然而,在该晚谈话即将结束时,谈话又回到了对爱情本质的讨论上,使得皮埃特罗·本博能够强辩到底。在黎明的曙光照进房间时,他做了一次热情洋溢的、支持精神恋爱的发言。

在前一章中,对处于变化之中的贵族行为观念的描述,依赖的是对用来描述以往数世纪中行为词汇变化的分析。那么,《廷臣》使用了哪些词汇呢? 带着这一问题我们回到所研究的文本。作者在文本 29 中所表现出的语言之华美、词义运用之精心、对发言者所做个体区别之精妙,无不令我们大为折服。在作者对发言者所做的个性区别方面,又尤以对人之外表、体态、手势以及社会语言学家皮埃尔·布尔迪厄(Pierre Bourdieu)(遵循中世纪亚里士多德作品翻译者的做法)所说的"习惯"(换言之,即独特的行为风格)等方面的描写最为精到。[②] 虽然佚名作家的《女孩儿的装饰》(*Decor puellarum*)和弗朗切斯科·达·巴韦里诺(Francesco da Barberino)的《政体和女性的服饰》(*Reggimento e costumi della donna*)等意大利早期论述行为(特别是女性行为)的著述皆对得体的姿态有过讨论,但却皆欠详细或老

---

① Ghinassi (1967), appendix.
② Bourdieu (1972), 78-87.

到。《廷臣》较之于该类操行修养手册（conduct-book）的讨论更为老道，同时较早期的哲学讨论也更为具体。

《廷臣》中时常可见曾为古典时代、中世纪和文艺复兴早期作家用以描绘优雅行为的词汇。在作者看来，无论是男士还是女性都应当养成庄重的举止（gravità），即西塞罗时代罗马人所崇尚的"从容的高贵"（the quiet dignity）（2.20，3.5）。"骑士精神"和"谦恭的"这两个词汇出现在文本内容中（cavalleria，4.48；cortese，2.30，2.98）。即使最严格意义上的"谦恭"（courtesy）一词也得到了一定强调。[1] Gentilezza 或 gentil maniera 是在《廷臣》中用以表示赞美的另一个中世纪词汇（2.10，2.17），并且遵循中世纪传统，同女士的仪表相联系（3.37）。"荣誉"（honour）被认为是重要的，对话中的发言者皆对"不名誉的"（disonesto，2.23，3.57）事加以谴责。无论女士还是男士，都被认为应当具有廉耻之心（vergogna，2.22，3.40），并给人以"谦逊"（modestia，2.21，3.5）的感觉。文本中还多次提到 mediocrità 一词，但此时其尚不具有现代的"平常，平庸之才"（mediocrity）之意，而是沿袭了黄金时代或亚里士多德式的中庸（mean）之意 （2.16，2.41）。慷慨大方和宽宏大量的行为受到人们的赞扬，至少对君主来说是如此（2.10，2.30，4.18）。"文雅"和高雅是为人们所推崇的品质。不仅如此，人们还将之与"野蛮的"（selvatico，2.43，3.5）或"乡村的"（contadinesco，2.32）相对。被视为人文主义者之美德的最"仁慈的"行为（par excellence）在文本中也多次受到赞美（1.17，2.30）。

30　　然而，在使用这些传统词汇的同时，我们发现《廷臣》中对行为的描述还使用了许多新词或词组。例如，完美的廷臣应是"和蔼可亲的""亲切的"和"令人高兴的"（affabile，amabile，piacevole，2.20，

---

① Loos（1955），173ff.

2.17，2.22）。使他人愉悦的品质或许可用传统词汇"文雅"一词来形容，但这种形容在卡斯蒂寥内的书中得到了发展和强调。另一词组则发展了亚里士多德的一个关键词"审慎"。例如，作者建议廷臣在言行上应当"慎重"（discreto，1.18，1.22），甚或可以"适当地掩饰"（una certa avvertita dissimulazione，2.40），尽管"欺骗行为"（inganni）通常为不同的发言者在表示轻蔑时使用（2.2，2.40）。

第三个词组对"谦逊"（modesty）的观念，特别是在避免夸耀或做作的意义上做了进一步发展。由此，廷臣被建议在其行为上应当rimesso、riposato 和 ritenuto（2.19，2.27，1.17）。行为包括外表（lo aspetto）、姿态（lo stare）和手势（i movimenti）。在所有这些方面，女士应当和男士一样养成"优雅"（grazia）的品质。卡斯蒂寥内对"优雅"一词的使用，以及该词在其书中所承担的重要作用，为后人所广泛认同。在这里，卡斯蒂寥内对该词的使用显然既涉及行为的审美价值，又涉及其道德伦理价值——兼具奥维德的传统和亚里士多德的传统。其中，一部分有关何为完美贵妇的讨论非常接近于奥维德的论说（3.50）。

优雅（grace），或者说魅力（charis，gratia），是一个为普林尼（Pliny）和昆体良等诸古代作家使用过的术语，但其通常是在对有关文学或艺术的讨论中使用，如在讨论古希腊画家阿佩利斯（Apelles）①的绘画风格时。在文艺复兴时期的新柏拉图主义者中，马尔西利奥·费奇诺（Marsilio Ficino）和皮埃特罗·本博二人皆对优雅（grace）与美（beauty）二者间的关系进行过讨论。但在对行为准则的讨论中将优雅作为一个中心问题者，卡斯蒂寥内是第一人。

---

① 阿佩利斯，公元前 4 世纪的希腊画家，曾做过马其顿的腓力二世及亚历山大大帝的宫廷画师。——译者注

优雅将我们引至该对话中最重要的概念"从容"（sprezzatura）。该词被认为是一个新的创造。洛多维克·达·卡诺萨伯爵在解释避免做作的必要性时指出，廷臣必须"在一切行为中表现出适当的从容，如果我可以使用这一新词的话，即消除一切艺术成分，使其言行都表现得似乎毫不曾费力和经过思考"（1.26）。但从字面意义上讲，"从容"根本不是一个新词，而是一个被赋予新意的老词，其基本含义是"不在乎"（setting no price on）。作者在其位置上偶尔使用的另一个更为传统的词汇是意为"沉着自信"的 disinvoltura（1.26），《论从容》（*Desemboltura*）的意大利译本是由骑士英雄阿马迪斯·德·高拉完成的。① 但"从容"的含义远不止这些，它还包含让人感觉行动"迅速"（all'improviso，2.34）之意。这种人为的自发性是西塞罗和奥维德皆曾以不同方式——如我们在前文已看到的——提倡与鼓吹过的 neglegentia diligens 的一个更为生动的版本。亚里士多德眼中的宽宏大量之人在被人们追溯之时，也被公正地描述为"富有'从容'感"。② 尽管已有这些先例，但《廷臣》中对该品质的强调如同它给予这个词义的转变一样，具有新意。

对该词的使用是人们日渐对雅各布·布克哈特所说的"自觉"（self-consciousness）和欧文·戈夫曼所说的"自我展现"（the presentation of self）或"印象经营"艺术（the art of "impression management"）感兴趣的诸多标志之一。③ 卡斯蒂寥内确曾讨论过"给人一好的印象"（dar bona impression di sé），特别是"第一印象"对廷臣的重要性（2.26，1.16）。他清楚地知道自己正在教导他的读者根据场合的需要扮演角色，怎样"变成另一个人"或更好地"展现一个不同

① Montalvo（1991），267.
② Barker（1948），145.
③ Goffman（1956）.

的自我"(vestirsi un'altra persona, 2.19)。"廷臣"本身即是这样一个角色,一个日渐制度化为卡斯蒂寥内自己称之为"职业"(profession, 2.10)的角色,换言之,即一种艺术或品行训练(arte e disciplina)的角色。① 因此,他创造了另一个词来描述其对话的主题:"廷臣资格"(courtiership, cortegianía, 1.12, 1.54)。

对其对话中人物所鼓吹的行事准则,作者是身体力行。《廷臣》本身即是一件艺术品,它在自发性的外表之下消除了艺术。尽管我 32 们知道卡斯蒂寥内用了几年的时间来对《廷臣》进行改写和精心润色,但他却对别人宣称只用了"几天时间"(1.1)。对话在讨论优雅和从容这些品质时举了一些与它们相关的事例。它的一些极为重要的观点的提出给人以看似偶然、顺便提及的感觉。虽然其创新性并不显著,但该书却是对古典时代、中世纪和文艺复兴时期有关良好行为观念的完美综合。

在许多地方,作者明显地参考了前人的论述。他对柏拉图、亚里士多德和西塞罗非常熟悉,同时无疑希望他的读者能够认可这些参考对象。在讨论中世纪的传统时,作者对前人论述的参考不甚明确,只是提到了《阿马迪斯·德·高拉》(3.54)一本书,尽管对卡斯蒂寥内时代的意大利北部贵族来说,如果连一些起码的骑士传奇都不熟悉的话,将是非常奇怪的事情。② 《廷臣》在其论述重点,特别是在对行为美学(the aesthetics of behavior)、将自我构建比作一件艺术品、对女性的高贵(尽管同男性相比,女性在对话中所占篇幅仍是微不足道的)的强调方面有极大的创新。③

那么,卡斯蒂寥内所要传达的信息是什么? 作者在其代前

---

① Ghinassi (1971).
② Guidi (1978), 161.
③ Williamson (1947); cf. Greenblatt (1980).

言——给两位友人的信中宣称,他的目的是要为真正的廷臣描述一个可作为典范的完美廷臣。然而,这一目的却显得暧昧不明,或者更确切地说是荒谬的。该书宣称要向其读者传授一种不可学习之学——一种以非常自然优雅的方式行事的艺术。而苏格拉底及其学说则提醒人们说,美德是不能被教授的,至少是不可以被直接教授的。另一自相矛盾之处来自于这一事实,即该对话的预期读者——出身名门的贵妇和服务于各宫廷中的绅士们却被认为不需要此书。该书看起来是在传授那些已知的东西。《廷臣》明显与真实的目的与其读者间的裂口被填平,至少是为一种有趣的表达形式所掩饰。它所建议的是娱乐而不是教育。

《廷臣》的写作背景

33　　作者写作此书的目的是什么？其学术背景是什么？要回答这些问题,在复数形式上使用"目的"(intentions)和"背景"(contexts)这两个术语,以及如弗洛伊德(Freud)①所常说的那样将此书看作"过于武断的"(overdetermined),或许是明智的。现代学者提出的许多看似不同的建议事实上是相互兼容的,或许可以综合起来。

　　对话发生场地似乎是由佩斯卡拉(Pescara)的侯爵夫人、乌尔比诺的圭多巴尔多公爵的侄女维多利亚·科隆纳(Vittoria Colonna)提供的。她曾明确地鼓励过卡斯蒂寥内的写作——在1525年的一封信中,卡斯蒂寥内曾提及她的"含蓄的命令"(tacito commandamento),并称之为一个来自贵妇的、如若拒绝即使不算完全失礼但也有失优雅的

---

① 弗洛伊德(1856—1939),奥地利神经学家、精神病医学家、精神分析的创始人。——译者注

请求。①

然而,在写作过程中,作者还是对其他一些来自国内外的命令
(imperatives)做出了反应。一些学者指出,作者在其代前言——给
友人维塞乌(Viseu)主教的信中对往事的深思反映出,作者原本打算
将该书写成一部自传,是对自己已逝青年时代的"花季"时光、亡友
复活、所钟爱的如1506年时存在于乌尔比诺宫廷中的消遣娱乐的一
种普鲁斯特式的回忆,但这一计划却在进入平静的写作阶段之前被
战争打乱了。② 作者通过对朱利亚诺·德·梅第奇、贝尔纳多·
达·比别纳、奥塔维诺·弗雷戈索,特别是乌尔比诺公爵夫人伊丽莎
白·贡扎加去世等人事的叙述,对以拉丁短语(ubi sunt)③开头的诗
歌给予了较多的关注。《廷臣》或许确曾被描述为作者献给伊丽莎
白的"公爵夫人之书"。卡斯蒂寥内对伊丽莎白比对公爵要亲近得
多(毕竟,卡斯蒂寥内本人身上有贡扎加家族的一半血统)。

在另一些学者看来,写作《廷臣》本质上是一个政治行为,是卡
斯蒂寥内在乌尔比诺公国及其统治家族——蒙泰费尔特罗家族(the
Montefeltro)连续遭受两任教皇尤利乌斯二世(Julius II)和利奥十世
(Leo X)威胁之时,试图保卫他们而做出的一项努力(它恰巧失败
了)。这两位教皇试图为他们各自的亲戚德拉·罗韦雷家族和梅第
奇家族在意大利创建公国。④

《廷臣》还应被放入其他更为广阔的背景之中。若要用一句话

34

---

① Serassi (1769-1771), vol. 1, 167.

② Cian (1951), 27.

③ 意为"他们在哪里",在中世纪欧洲,经常被作为诗歌的开头。通过提出一系列关
于强者、美女或贤者命运的问题,这些诗歌思考了生命的短暂性和死亡的必然性。该短语
现可指代任何关于此类主题的诗歌。参阅"Ubi sunt",https://www.poetryfoundation.org/
learn/glossary-terms/ubi-sunt,访问日期:2022年5月1日。——译者注

④ Loos (1955); Guidi (1983).

来概括作者所取得的成就,那就是使人文主义适应于宫廷世界,使宫廷适应于人文主义世界。早期意大利人文主义产生于独立的城市共和国,特别是佛罗伦萨。用学者汉斯·巴隆(Hans Baron)的话讲它是一种"市民"人文主义("civic" humanism)。[①] 然而,至 16 世纪早期,这些城市共和国中的大多数却都日渐衰落。一些历史学家称之为意大利的"再封建化"(refeudalized)。无论从政治还是文化的视角来看,公国的重要性都日渐增强。所以,当洛多维克·达·卡诺萨提出完美的廷臣应当对"我们称为人文学科的研究"有较好的了解时(1.44),他在为贵族文化与人文主义文化的相互沟通架起一座桥梁。

然而,只是在面临更为严重的生存威胁时,意大利的公国才在与其对手共和国之间的冲突中赢得了胜利。1494 年法国的入侵打破了米兰、威尼斯、佛罗伦萨、罗马和那不勒斯间脆弱的力量平衡,使意大利半岛变成一个持续六十余年之久的战场。战争将新的作战方法(包括对枪炮的极力强调)引入意大利,迫使意大利人在同其他国家特别是法国和西班牙进行比较时认识到自己的弱点。此时,1478 年出生的卡斯蒂寥内已 16 岁,像马基雅维里(生于 1469 年)、阿里奥斯托(生于 1474 年)和圭恰尔迪尼(Guicciardini,生于 1483 年)等人一样,他属于或许可称为"1494 代"的一员。尽管他们当时都非常年轻,但外敌入侵、军事虚弱和政治危机的经历足以给他们的生活打下印记。[②] 卡斯蒂寥内亲眼目睹法军于 1499 年进驻米兰,在那之前,其前主人洛多维克·斯福尔扎被驱逐了,并表达过对一个有着欣欣向荣的宫廷的城市如今布满酒馆,充斥着牲畜的粪便气味的遗憾。[③]

---

① Baron (1955).

② Burke (1972), 233-234.

③ Serassi (1769-1771), vol. 1, 5; La Rocca (1978), 6.

尽管表面看来是平静的,但该对话实际上却是对一个时代的反 35
映。在这个时代中,政治陷入危机,社会发生变化,社会的行为规范
被认为应当加以调整和明确化以适应变化了的时代要求。对话是在
其传统角色受到威胁之时试图维护意大利贵族身份的努力。他们的
军事功能和价值观念受到重要性日益增强的火药的威胁,阿里奥斯
托在其《疯狂的罗兰》中对该主题进行了探讨。至于贵族的政治角
色,正日益为历史学家所称的"绝对君主制"(absolute monarchy)的
兴起所摧毁。因此,阿里奥斯托和卡斯蒂寥内的作品均带有讽刺色
彩,也就不足为奇了。

若做进一步研究,我们会发现,在对话的平静外表之下,实际上
充满了作者的痛苦、冲突,特别是矛盾心情。例如,洛多维克·达·
卡诺萨所观察到的意大利的毁灭和意大利价值观念的崩溃(如果不
是死亡的话);奥塔维诺·弗雷戈索就当时王子们的堕落以及因廷
臣们的阿谀奉承而致使他们形成错误自我认识所发表的评论(4.9);
弗雷戈索兄弟认为"可怜的意大利"已变成外国人肆意劫掠的战利
品,"虽已至再无可供劫掠之境,但他们仍不停歇"(2.26,4.33)等,
都表现出作者的内心痛苦。

对话及其作者的矛盾心情明显地表现在对外国人,特别是法国
人和西班牙人的尊敬上。一方面,像所有文艺复兴兴盛时期的意大
利人一样,卡斯蒂寥内将意大利看作欧洲的文化中心,而欧洲的其他
地区则是"野蛮人"居住的外围地区。1503年,他写了一首十四行
诗,对意大利处在法国和西班牙"野蛮统治"之下的这一事实大加悲
叹。① 在《廷臣》中,法国人的特点如同历史学家圭恰尔迪尼笔下年
轻的查理八世(Charles VIII)那样——"目不识丁"(1.43)。在圭恰

---

① Guidi (1982),102.

尔迪尼的笔下，1494年入侵意大利的查理八世被描写成一个彻头彻尾的白丁。

另一方面，在作者看来，尽管他们在文学修养上不如意大利人，但在武功方面却强于意大利人。同意大利人相比，他们占有优势。一些外国人，特别是法国的弗朗索瓦一世（François I）、西班牙的伊莎贝拉（Isabella）和奥地利的玛格丽特等诸王子和公主受到作者的赞扬。一些法国贵族被描述得"谦恭有礼"（尽管他们相互之间毫不注重礼节）。此外，对话中的一位发言者将西班牙人描述成"廷臣之楷模"（maestri della corteganía, 2.21）。在对好的外国人与坏的外国人所做的比较中，产生出这样一个文化问题，即模仿。意大利人穿成法国人或西班牙人的样子是否合适，或者根本就是一件没什么大不了的事情？廷臣可以学习西班牙语和法语吗？他可以将法语和西班牙语的词汇引入意大利语中来吗？已进入弗朗索瓦一世时代的法国人是否能够模仿意大利人在艺术方面所取得的成就（2.26, 2.27, 1.34, 1.42）？

在对话中，这些问题理所当然地为发言者所提出，并且一如先例，它们也没有得到解决。然而，卡斯蒂寥内还是给我们留下了一些有关他自己态度的线索。我们在前文中早已指出，出版于1528年的《廷臣》的写作与修改前后大约历时12年（1513—1524）之久。该文本的两部草稿留存了下来，凭借它们所进行的有关文稿修改的认真研究揭示出许多有意义的变化。例如，学者们发现，当卡斯蒂寥内以外交官身份鼓吹教皇与查理五世之间进行结盟时，作为作者的他删除了对话中有关法国的内容，而加入了有关西班牙的内容。同时，作者也在不断地牺牲女性以及普通人（如雕刻家乔万·克力斯托法罗·罗马诺［Giovan Cristoforo Romano］）的空间，将之让给男性贵族。随着作者对文本的不断修改，女性和普通人物的角色在其中所占篇幅及重要性不断缩水。①

　　因此,《廷臣》的模糊性或许并不全部是作者有意为之。例如,
对卡斯蒂寥内在 16 世纪 20 年代成为一名兼职神父以及精神改造的
需要的讨论,通过删除部分笑话和加写讨论精神之恋以及廷臣对君
主进谏之职责的第四卷,使著作变得更加严肃。② 原有讨论离婚的
内容也被删除,这或许是因为在英王亨利八世(Henry VIII)试图抛
弃(西班牙)阿拉贡的凯瑟琳(Catherine)之时,再讨论离婚显得不识
时务。③ 如同他在《廷臣》中所描写的许多朋友一样,卡斯蒂寥内为
适应新时代的需要改变了自己。当贝尔纳多·达·比别纳和本博结
束了红衣主教任职时,比别纳、费代里科·弗雷戈索和洛多维克·
达·卡诺萨都变成了主教。④

37

　　获得一份圣职,当然是知识分子的一个传统选择,但他们中的一
些人却卷入了从内部改革天主教会的运动——今天的历史学家称之
为"反宗教改革"(Counter-Reformation)。费代里科·弗雷戈索被认
为可能是《圣歌注释》(*Commentary on the Psalms*)的作者。在书中,
他对给予诸王子及其支持者的信任表示了遗憾。⑤ 洛多维克·达·
卡诺萨是(意大利北部城市)维罗纳改革派主教詹马泰奥·吉贝尔
蒂(Gianmatteo Giberti)的朋友。本博是其他支持改革者,如支持人
文主义的主教雅科波·萨多莱托和英国红衣大主教雷金纳德·波尔
(Reginald Pole)等人的朋友。卡斯蒂寥内也是萨多莱托的朋友——
他甚至曾在 1518 年时送给他一部《廷臣》的手稿。⑥

---

① Ghinassi (1976, 1971); Guidi (1978, 1982); Floriani (1976), 50-67.

② Ghinassi (1967, 1971); Ryan (1972); Woodhouse (1979).

③ Guidi (1982), 105, 111.

④ Clough (1978).

⑤ Prosperi (1980), 79-80.

⑥ La Rocca (1978), 383.

换言之，即任阿维拉主教时的中年卡斯蒂寥内已不再是服务于乌尔比诺公爵的年轻的卡斯蒂寥内了；我们今天所读到的《廷臣》与卡斯蒂寥内最初所写的《廷臣》在许多重要方面已大不相同。处于不断变化的背景之中的对话形式和漫长的修改过程孕育了一个既自相矛盾又意向模糊的文本，如同列奥纳多·达·芬奇的名画《蒙娜丽莎》那样。对此，人们或许可以如此断言：其多义性，其导致被做出不同解释的自身特性，是对话这种文学形式历经数世纪而不衰的基本原因。[①]

换句话说，我赞同一些现代读者所提出的这样一种观点，即《廷臣》是一部"开放"的著作。它不仅是在意向上模糊不明，而且这种意向上的模糊不明是被以剧本的形式经过精心安排的。[②] "我只赞扬我自己最为欣赏的那类廷臣"，洛多维克·达·卡诺萨在对话之始即开门见山地强调说，但"我不会声称我所欣赏的类型优于你所欣赏的类型"（1.13）。借用一位评论者新近的话说，该文本是"一部充满疑问的戏剧"。[③] 洛多维克的评论不仅可以解释为文明行为的典范，而且可以被看作是对读者如何解释文本其他部分的一种暗示。通过使用对话这种形式，作者无须去清晰明白地阐明一种共识，而可以使基本问题保持悬而未决。[④] 因此，我将更多的篇幅用来描述不同的发言者，用在对他们所使用的词汇的介绍上，而不是对他们所发表的观点的概括总结上。

一种支持对文本进行"开放式"解释的强有力的观点，使人们将

38

---

① Boas (1940).
② Eco (1981).
③ Cox(1992), ch. 5.
④ Contrast Patrizi (1984), 862.

注意力投向文本中许多"自我否定"(self-subversions)之处。① 如果后来的批评中所提出的任何重要异议未曾在对话中为一些发言者在某种意义上预先提出过,那么这一异议将会是令人费解的。例如,认为"从容"之意非但不是要避免做作(affectation),其本身就是一种虚饰的形式(1.27)。再一个例子就是有关掩饰(dissimulation)的讨论。费代里科·弗雷戈索对之表示赞同,加斯帕罗·帕拉维奇诺则表示反对(2.40)。因此,该对话即是对过去和未来针对宫廷的批评的一个反应。②

总之,如我们在下文中所将要努力论证的那样,许多16世纪的读者似乎已从本书中读到了清晰而又明确的启示。

---

① Greene(1983), 61; Rebhorn(1978), 186. Cf. Guidi(1982), 99; Quondam (1980), 17.

② Kiesel(1979), 77-88.

第三章
《廷臣》在意大利

　　欧洲人对《廷臣》的接受早在其正式出版之前即已开始。从约 1518 年起,《廷臣》的文本或其部分内容已在卡斯蒂寥内的友朋与熟人间以手稿的形式流传。如在 1519 年,一位名叫希罗拉姆·西塔迪尼(Girolamo Cittadini)的米兰诗人曾写信给伊莎贝拉·德斯特的秘书马里奥·埃基克拉(Mario Equicola)说,如果能有机会看到一份该对话的副本,"我将会非常乐意读它"。一年后,居住在米兰的法国贵族奥代·德·富瓦(Odet de Foix)向曼图亚侯爵提出了类似的请求。这表明《廷臣》在当时的伦巴底,至少是在名声上早已广为人知。[①]

　　实际上,卡斯蒂寥内的手稿流传范围甚至更广,因为维多利亚·科隆纳不仅在 1524 年曾两度阅读过这一手稿,且还在未经作者允许的情况下私自对之做了转录。对这一背叛行为给他带来的烦恼,卡斯蒂寥内在《廷臣》出版前言,即写给侯爵夫人的信中明确提及。他在信中谈到了"贼"(theft)以及"可怜的《廷臣》的碎片"散于那布勒斯的众人之手。或许正因如此,维多利亚未能像作者熟人中的其他 9 位贵妇那样,收到作者所赠送的该书的印刷本。[②]

---

① Danzi (1989), 293, 301; Kolsky (1991), 184n.
② Serassi (1769-1771), vol. I, 172; Colonna (1889), nos 19, 34.

按照当时的时代标准,对廷臣来说,写书并将之出版是一件有些说不清的行为。出版书籍是一件与利润和名声挂钩的事情(当正式 40 出版其对话后,卡斯蒂寥内为使自己能从中获利,全力卖出了 400本)①,这使得人们认为同出版界合作对贵族来说是不合适的,至少部分当代人持此种观点。据说,圭多巴尔多的父亲、15 世纪的著名手稿收集家、乌尔比诺的费代里科就不仅轻视印刷的书籍,还拒绝将它们收入自己的图书馆。但这些偏见并不普遍。如我们所看到的,阿里奥斯托在 1516 年即出版过他的诗作《疯狂的罗兰》,本博在 1505 年和 1525 年出版了他的对话作品。然而,尽管如此,出版著作仍不是很适合艺术业余爱好者在《廷臣》中所描绘的贵族业余艺术家的形象。

《廷臣》的版本

在做出决定之后,卡斯蒂寥内对其著作的出版投入了大量精力。像他的朋友本博一样,他求助于威尼斯的阿尔多·曼努佐(Aldo Manuzio)出版公司。该公司的创始人尽管已于 1515 年去世,但公司仍处在旺盛的发展时期。这家印刷或出版——两者间功能上的区别在当时才刚刚开始发展——公司是威尼斯最为有名的一家。而威尼斯在当时的欧洲又以其所印刷出版的书籍而名扬天下。由于居住和工作于西班牙的查理五世宫廷,卡斯蒂寥内不得不依赖朋友们帮忙照看其著作的出版事宜。在这些朋友中,本博(尽管他们在有关何为书面意大利语最好的形式这一问题上存有分歧)和詹巴蒂斯塔·拉姆西奥(Gianbattista Ramusio)是最为重要的两位。后者是威尼斯

---

① Cartwright (1908), vol. II, 373-375.

的一名公务员,后来以其所编辑的一部介绍环球航行的文选而闻名
于世。[①] 1528 年 4 月,《廷臣》以用罗马字体印刷的漂亮的对开卷本
出版发行,印数 1030 册,其中的 30 册用特殊纸张印刷,作为礼品以
使人对之产生更为深刻的印象(事实上,作者计划要赠送给亲朋好
友的册数多达 130 本)。

41　　　人们对《廷臣》的需求量非常大,以至于它很快就被重印。但第
二次的重印本没有标明出版地,这说明有些人不理睬阿尔多公司的
权利(全部版本的清单,请见附录一)。在 16 世纪和 17 世纪的意大
利,该书先后出版了大约 62 个版本:16 世纪 20 年代出版的版本有 3
种或 4 种,30 年代增至 13 种,40 年代又有 13 种问世,50 年代为 10
种,60 年代为 9 种,70 年代降至 4 种,80 年代也是 4 种,90 年代 2
种,17 世纪出版了 3 种(最后一个版本的问世是在 1733 年)。

在这 62 个意大利版本中,至少有 48 种印刷于威尼斯。其中,5
种来自其最初的出版者阿尔多公司,然而,在 1541—1574 年间,其竞
争对手希奥里托(Giolito)公司则至少出版发行了 16 个版本。希奥
里托公司也印刷了多种版本的彼特拉克和阿里奥斯托的作品。剩下
的 27 个版本为 14 家威尼斯公司所瓜分——按其出版该书的年代顺
序排列,它们依次是克迪奥(Curtio)公司、特雷萨诺(Torresano)公
司、罗巴尼(Robani)公司、陶蒂斯(Tortis)公司、希格利奥(Giglio)公
司、法伽尼(Fagiani)公司、卡瓦尔卡罗沃(Cavalcalovo)公司、多梅尼
克(Domenico)公司、科明(Comin)公司、法力(Farri)公司、巴萨
(Basa)公司、米弥玛(Mimima)公司、乌高利诺(Ugolino)公司和阿尔
伯特(Alberti)公司。

在这一系列版本中,该书的外形逐渐发生改变。1528 年出版的

---

① 　Cartwright (1908), vol. II, 376-378.

对开卷本虽吸引人们的视线但却不便阅读,后为一些在体积上更小更便于使用的八开本,甚至如 1549 年和 1551 年希奥里托版本那样体积微小的十二开本所代替,成为真正的"袖珍普及本"。在书上标注页码的做法最早在 1529 年的佛罗伦萨版本中被引入。自 1533 年始,诸多版本被以新兴的、优美的斜体字印刷。

在书的扉页上对该书进行广告宣传的做法(揭示了存在于出版者之间的竞争),产生出该畅销书最为吸引人的版本。出版于 1538 年的两个威尼斯版本宣称是该书的"最新修订本"。1546 年的希奥里托版本则在以往宣传的基础上进一步宣称其是该书的"最新权威修订本"。阿尔多公司则在 1547 年对此做出反应说,他们的版本是"与作者亲手撰写的最初手稿重新校对过"的版本。希奥里托公司则又在 1552 年推出了一个宣称"根据作者自己的副本订正"并为肆职于该公司的专业编辑卢多维科·多尔塞(Ludovico Dolce)修订过的版本,予以还击。这一时期的修订工作经常包含编辑者对文本所做的他认为有必要的语言润色。[①] 希奥里托还在其所出版的其他书籍,特别是 1545—1550 年间出版的多尔塞、多梅尼奇(Domenichi)和多尼(Doni)等人的著作上为《廷臣》做广告,吸引人们的注意。[②] 42

同时,该书也日渐获得了一份越来越精细的"派生文本"(para-text)。"派生文本"尽管是一个新近创造出的词汇,但它却方便我们对前言和注释(不管其是居于文本之首还是其后)等材料进行描述。[③] 1528 年的版本即已包含作为代前言的卡斯蒂寥内写给维塞乌主教和阿方索·阿里奥斯托(Alfonso Ariosto)的书信。它们不仅是装饰品,更是——如作者所做的认真仔细的修订所显示的那样——

① Cian(1887),709;cf. Richardson(1994).
② Dolce(1545);Domenichi(1549);Doni(1550).
③ Genette(1981,1987).

为将此书推销给公众而精心安排的一部分。① 1541 年的希奥里托版增加了一份精心编制的"现行本所含内容一览表"（tavola）。该"表"按其在文本中出现的先后次序，依次罗列了从"作者的致歉"到"女性能否拥有神圣的爱"等现行版本中所包含的内容。② 1547 年的阿尔多版中则包含了一份"所有重要内容"索引。该索引按字母顺序编排，将从"意外事件"（Accident）至"宙克西斯"③（Zeuxis）的书中重要内容依次罗列。此外，还附有廷臣品质简表形式的对全书的总结性概括，以及印于扉页的作广告宣传之用的概要。

　　1556 年的希奥里托版通过吹嘘其新增的"旁注"（nel margine apostillato）而成为比阿尔多版更好的版本。自此，旁注日渐成为一种共同的做法。这些旁注通常是对相关内容所做的概括总结，但有时也会以编者注的形式出现。例如，它们会告诉读者，卡斯蒂寥内对阿方索·阿里奥斯托著作做出原创性评论是模仿了西塞罗《论演说家》序言的做法。1559 年和 1573 年版以焦维奥（Giovio）的作者传记为序，而 1584 年的巴萨版则代之以博纳多·玛丽安妮（Bernardo Marliani）为作者做的新传。1560 年的希奥里托版附了一份新编制的索引（从"A chi nasce aggratiato"到"Utilità del riso"）并"增加了对每卷内容的概述（argomenti）"——这种创新很快为威尼斯的其他出版商所效法。威尼斯法力公司 1574 年的版本包括了一份非常精细的派生文本列表（paratextual apparatus）。简而言之，在为争取读者而进行的竞争过程中，16 世纪的出版商和他们的编辑一起改变了《廷臣》的设计。

　　熟悉 16 世纪图书版面设计的读者将不会对我在此对《廷臣》版

① Guidi（1989）.

② Ossola（1987），44ff.

③ 古希腊画家。——译者注

本的叙述感到惊讶。精心设计撰写的前言和献辞,一如作者的朋友们为之创作的诗句,在当时是非常通行的做法。编辑们经常将文本分成章节,并添加旁注和各种索引。例如,乔瓦尼·德拉·卡萨(Giovanni Della Casa)的《加拉泰奥》(Galateo)在初版时是不分章节的,为方便使用者查阅,后来的版本便对其进行了章节分割。再如,阿里奥斯托的《疯狂的罗兰》经其部分编辑者之手获得了包括"说明"(expositions)、"评注"(annotations)、"声明"(declarations)和"注释"(notes)在内的全部内容。这些编辑者中包括了卢多维科·多尔塞,他后来对《廷臣》做了类似处理。①

多尔塞的做法为随着印刷术的发明而可能出现的一种新职业——"多面手"(polygraph, poligrafo)提供了成功的范例。换言之,所谓的"创作型编辑"就是一些通过为出版商工作,编辑、翻译图书和抄袭他人著作,但同时也创作一些个人作品的文人。在多尔塞的358件作品中,许多是配有16世纪综合体现骑士精神与谦恭品质的插图的骑士传奇。② 如若多尔塞对《廷臣》的处理与其他他所编辑的图书相比有什么不同的话,那仅是处理程度不同的问题。

这些目录上的细节或许看起来仅是一些古文物收集者才感兴趣的事,但它们却有着更为广泛的意义。评论家们习惯于将一本书的内容和外在形态做截然分离的对待,但现在已有部分人指出,图书的外在形态是其内容的组成部分,因为图书的物质外观塑造了读者对该书的期望与接受。③ 既然这样,派生文本内容就帮助《廷臣》从一部或许原计划可以朗读的、开放式的对话作品变成一部封闭的论著、

---

① Quondam(1983);Hempfer(1987).
② Guidi(1983);Ossola(1987),43ff;Bareggi(1988),58ff.
③ Mckenzie(1986).

一本教育手册,甚或是一部"处世宝典"(recipe-book)。① 或许,我们
44 在第一章中所讨论的礼仪手册的传统也塑造了读者们的期望。或许
有人会说——如同时代的其他作品,特别是莫尔的《乌托邦》——作
者认为他的著作是一种类型的典范,而编辑和许多读者却不这样认
为,也可能将之视为其他类型的典范。尽管卡斯蒂寥内努力控制其
著作第一版的出版发行,但此后该书就脱离了他的控制,其印刷本同
其初始背景和环境间的联系不可避免地、戏剧性地疏远、淡漠
下去。②

该书 16 世纪晚期版本的购买者已很少需要阅读此书以获取教
诲了。因为只要看一下诸多索引中的任何一份,他或她就会发现论
及"廷臣"的文献有 46 本之多。读者可以有选择地从书的末尾读
起,因为从 1547 年开始,该书所有版本在末尾都附有一份有关完美
廷臣和宫廷贵妇应具有的品质的概括总结。此外,他们也可以在旁
注的引导下浏览全篇。

很难说读者所采用的方法孰优孰劣,因为旁注、索引、内容列表
以及全文总结重复的是其他而不是作者文本的声音。编辑所增添的
内容通常采用守则的形式:"廷臣应憎恶做作";"廷臣应有好的口
才";"廷臣应懂得绘画";"廷臣应避免自我夸奖";等等。再如,在
"应如何"(how)条目下的索引中,我们会发现"在演讲和写作过程
中,廷臣应怎样恰如其分地表现自我";"应如何着装";"应如何择
友";等等。教育手册中的祈使语气是派生文本的主导语气。③ 该书
还被视为至理名言的宝库。多尔塞所编制的索引中提到了 51 条建
议、20 条巧妙应答、11 条评论和 7 则笑话。

---

① Cf. Quondam (1980), 17-19.

② Ricoeur (1981).

③ Ossola (1980), 32.

简言之,卡斯蒂寥内的对话遭到了其编辑者的平面化和去背景化加工处理。讨论中某人就某一特定问题所发表的见解(其他人对之做出回击)常常被转变为一项通则。在初始文本中,有关廷臣行为的格言并未为大家所公认。尽管费代里科·弗雷戈索确曾提出希望"我们的廷臣"应当采用"一些通则"(alcune regole universali),但却立刻为另一位发言者所打断。后者认为由于所处环境不同,他的规则根本就没有用(2.7—8)。但内容图表、旁注等派生文本的编辑者却根本不顾这些争论的存在,而将自己的观点强加给读者。 45

新近一项关于文艺复兴时期对话作品的研究指出,在 16 世纪,对话这种文学形式越来越封闭,其原因部分在于反宗教改革的氛围,部分在于印刷术的持久影响。[①] 这是一个似是而非的观点,它暗示我们不应将太多的责任归咎于多尔塞和他的编辑同行们。他们在对范围更为广泛的运动做出反应的同时,也加强了这些运动。

作为一种室内游戏的《廷臣》

认为《廷臣》是行为手册或处世宝典的想法虽然重要,但它或许并不足以描述其印刷本给予读者的影响。另一重要想法是将之视为一种游戏。一些现代评论家已对《廷臣》是一种游戏的认识发表了文章。[②] 现在我准备探讨的问题是,该文本在 16 世纪时是否已被以这种方式所接受或感知。

印刷术的发明对人类的社会生活产生了诸多影响。尽管人们对此多有论述,但仍有一点尚未为大家所重视,那就是它对人们休闲活

---

① Cox(1992),chs. 6-9.
② Greene(1983).

动组织方面的影响,特别是书籍在渐为大家所熟悉的"室内游戏"这种休闲方式的兴起过程中所产生的影响。印刷书籍的出现促使人们的娱乐活动变得制度化和标准化,以书籍为中心的新游戏被发明出来。这些游戏吸收利用了流行的冬夜消遣娱乐、中世纪的骑士爱情传统与文艺复兴文化的诸多方面。例如,在洛伦佐·斯比尔托(Lorenzo Spirto)的《预言书》(*Book of Divination*,1476),或西吉斯蒙多·范蒂(Sigismondo Fanti)的《财富的胜利》(*Triumph of Fortune*,1527),或弗朗切斯克·马尔科林尼(Francesco Marcolini)的《机智的命运女神》(*Ingenious Fates*,1540)中,我们看到印刷书籍被用作占卜,特别是消遣娱乐的工具和手段。

46   其他游戏指南则吸收了智力辩论的做法。由因诺森蒂奥·林厄里(Innocentio Ringhieri)编辑、1551 年出版的《一百个游戏》(*Book of a Hundred Games*)即以"骑士的游戏"("the game of the knight")作为开篇。游戏的参与者必须对"爱文人和爱武士"孰优孰劣这一问题发表自己的看法。[①] 西皮奥内·巴尔加利(Scipione Bargagli)《关于游戏的对话》(*Dialogue on Games*,1572)引用卡斯蒂寥内的话语,描述了如下一些游戏。在这些游戏中,男士和女士像《廷臣》中的人物那样间隔而坐,讨论《疯狂的罗兰》中哪个人物的行为举止最为优雅得体,或是在创作诗篇与机智诙谐地应答方面独具才华。[②] 在巴尔加利另一部对话《论娱乐》(*The Entertainments*,1587)的"爱情问题的游戏"("game of questions of love")一篇中,游戏参与者以回忆卡斯蒂寥内对话中廷臣人物的方式,就武器之于文学、艺术之于自然、心灵之于肉体哪一个更优越展开辩论。作者没有忘记对他所认为

[①] Ringhieri(1551),no. 1.
[②] Bargagli(1572),34-35,65-66,128,167.

的"文雅和宽宏大量的乌尔比诺宫廷"的"最为可敬的典范"表示感谢。[1]

另一种融严肃话题于游戏方式,繁荣于16世纪特别是16世纪40年代以来意大利的娱乐组织形式是所说的"学园"(academy)——一种有固定会员并定期聚会的讨论小组。[2] 这些学园有些是对妇女开放的,它们所讨论的一些话题,如新柏拉图主义或对绘画与雕刻进行优点比较,重复了《廷臣》中的谈话。西皮奥内·巴尔加利甚至将乌尔比诺宫廷描述为一个学园。[3] 威尼斯作家弗朗切斯克·桑索维诺(Francesco Sansovino)也将乌尔比诺宫廷称作"著名的学园"。[4] 如若他能在某种意义上将《廷臣》视为一个学园的集会会议记录的话,那么我们即可做出这样的推测:学园的参加者们有时会采用对话这一活动方式。

尽管编辑的介入使读者将对话看作行为指南,但这种娱乐传统的存在或许仍使他们中的一些人认为《廷臣》是更具情节性也更为有趣的。马里奥·加莱奥塔(Mario Galeota)似乎就持有这种观点, 47
他宣称他宁写《廷臣》而不写《十日谈》(Decameron)。[5]

对《廷臣》的反应

在16世纪出版的《廷臣》的意大利文版本大约有58种,这表明人们对卡斯蒂寥内的著作有着极大的接受热情。导致这种热情的一

---

[1] Bargagli (1587), 118.

[2] Quondam (1982).

[3] Quondam (1982), 832.

[4] Sansovino (1582), 70 verso, 169 verso.

[5] Cian (1887), 663n.

个确定原因是如下事实：作者为意大利上层阶级的每一位成员提供了他们所需要的东西。书中的发言者来自意大利的不同地区。无论男人还是女人，士兵还是学者，已功成名就者还是未成功而正在努力奋斗者，都能从中找到于己有利的论据和自己所能认同的人物。尽管该对话描写的是宫廷世界，但它并不与共和国公民格格不入。我们不要忘记，书中的三位发言者（费代里科、奥塔维诺·弗雷戈索和加斯帕罗·帕拉维奇诺）来自热那亚城市共和国。因此，当发现有两版在威尼斯出版的《廷臣》被敬献给威尼斯贵族阿尔维希·乔治（Alvigi Giorgio，于 1538 年）和乔治·格拉德尼戈（Giorgio Gradenigo，于 1565 年）时，我们大可不必为之大惊小怪。阿尔维希·乔治被人们形容为一名最具完美廷臣"品质"（ornaments）的年轻贵族。

在此，重点强调附录二中《廷臣》读者群中的几位或许有助于我们更好地理解这一点。尽管在第一章中已讨论过这些问题，但在这里仍需对 16、17 世纪的少数意大利人——一共 89 人——加以考察，以确定他们中哪一位真正拥有《廷臣》，哪一位仅是以某种方式提到了这个文本或其作者。

我们考察的结果表明，这个群体完全就是一个社会混合体。卡斯蒂寥内所处阶层的男性理所当然地成为他们中的一员。在贵族出身的意大利文人中，已经确认引用过该对话的有：费拉拉人卢多维科·阿里奥斯托、安尼巴勒·洛梅（Annibale Romei）和托尔奎托·塔索（Torquato Tasso）；维琴察（Vicenza）人詹乔治·特里西诺（Giangiorgio Trissino）；锡耶纳（Siena）人亚历山德罗·皮科洛米尼（Alessandro Piccolomini）；以及来自蒙费拉托（Monferrato）的卡萨莱（Casale）的、著名的《文明的会话》（*La civil conversatione*）的作者斯特
48 法诺·瓜佐（Stefano Guazzo），最后这本对话在向读者介绍以宫廷为

讨论主题的著作时提到了"创造出完美廷臣者的精练之笔"。①

卡斯蒂寥内的对话也为非贵族读者所喜好。例如,佛罗伦萨评论家贝内德托·瓦尔基(Benedetto Varchi)和威尼斯作家弗朗切斯克·桑索维诺(雕塑-建筑家雅科波·桑索维诺[Jacopo Sansovino]的私生子)都曾赞扬过它,而医生和哲学家阿戈斯蒂诺·尼福(Agostino Nifo)则在写作自己的论廷臣的著作时将之作为资料使用。在艺术家群体中,熟悉该文本者有罗索·菲奥伦蒂诺(Rosso Fiorentino)和乔治·瓦萨里(Giorgio Vasari)。前者早在 1531 年时即已拥有一本《廷臣》。至 16 世纪末,该书也已见于以西西里岛人阿希斯托·朱弗雷蒂(Argisto Giuffredi)为代表的律师群体和以威尼斯人乔瓦尼·桑卡(Giovanni Zanca)为代表的商人群体的藏书楼。乔瓦尼·桑卡拥有一本出版于 1582 年的"奥塔沃版《廷臣》"("Cortegiano in ottavo")。

在神职人员中,除将在下文(边码第 100—106 页)予以讨论的审查员群体之外,卡斯蒂寥内的读者还包括:佛罗伦萨贵族、那一时代的知名学者、本笃会修士文岑兹奥·博格黑尼(Vincenzio Borghini);本人即是一本论廷臣著作作者的乔瓦尼·安德烈亚·希利奥·达·法夫里亚诺(Giovanni Andrea Gilio da Fabriano),他曾赞美过《廷臣》的写作风格;人文主义者保罗·焦维奥(Paolo Giovio)主教,他自相矛盾地将该书描述为一部为取悦于女性而用本国语言写成的古典观念文选。

卢多维科·多尔塞论贵妇的著作也向女性读者推荐过《廷臣》。如我们所看到的,维多利亚·科隆纳曾带着极大的热情阅读过它。伊莎贝拉·德斯特多半也曾如此。因为无论如何,作者曾向伊莎贝

---

① Guazzo (1574), f. 252b.

拉以及其他另外8位贵妇赠送过该书。这8位贵妇分别是：阿洛伊西娅·贡扎加·卡斯蒂寥内（Aloysia Gonzaga Castiglione）、索马利亚伯爵夫人（countess of Somaglia）、玛格丽特·特里武尔齐奥（Margherita Trivulzio）、埃莱奥诺拉·贡扎加（Eleonora Gonzaga）、伊米莉亚·皮娅、斯卡尔达索尔侯爵夫人（marchioness of Scaldasole）伊波利托·菲奥拉蒙达（Ippolita Fioramonda）、玛格丽特·坎特尔曼（Margherita Cantelma）、玛格丽特·迪·圣塞韦里诺（Margherita di San Severino）和贝罗尼克·甘巴拉（Veronica Gambara）。[①]

49　　在这10位贵妇中，我们仅准备重点介绍作者的母亲、伊米莉亚·皮娅和伊莎贝拉·德斯特（她可能曾帮助其丈夫与卡斯蒂寥内达成和解）三位。埃莱奥诺拉·贡扎加是乌尔比诺的新女公爵。贝罗尼克·甘巴拉是著名诗人，也是本博的朋友。玛格丽特·迪·圣塞韦里诺是伊米莉亚·皮娅的姐妹。玛格丽特·特里武尔齐奥来自一个除她之外还拥有多位博学贵妇的伦巴底贵族之家。伊波利托·菲奥拉蒙达曾以高雅的气质与其著作《箴言》（Impresa，一部高深莫测的寓言集）所表现出的大胆而为焦维罗所提及。[②] 至于玛格丽特·坎特尔曼，婚前名叫玛格丽特·马洛塞丽（Margherita Maloselli），则是一位富有的费拉拉公证人的女儿、曼图亚贵族西吉斯蒙多·坎泰尔莫（Sigismondo Cantelmo）的妻子。她是伊莎贝拉·德斯特的朋友，一个名叫阿格斯迪诺·斯特罗齐（Agostino Strozzi）的人曾将一部为女士辩护主题的手稿敬献给她。[③]

　　16世纪末，一位意大利弗留利（Friuli）地区的女贵族伊雷妮·迪·斯皮林贝戈（Irene di Spilimbergo）将一本《廷臣》和彼特拉克与

①　Cartwright（1908），vol. II, 378-383.

②　Giovio（1555），16.

③　DBI, s. v. 'Cantelmo, Sigismondo'; Fahy（1956），36-44.

本博的著作一起作为她的长期伴侣。① 这种做法并非曲高和寡。尽管无法证实这种断言，但我仍相信《廷臣》极有可能广为意大利的贵妇们，特别是 16 世纪中叶的贵妇们所阅读。这种论断当然无法获得图书馆借阅记录这种常规证据的支持，因为图书馆中的借阅登记通常是以丈夫的名义填写的，且他们也是被要求在书上签名的人。

为证明这种论断的正确性，我们需稍稍离题，讨论一下"知识女性"的问题，不管其虚实如何，它以《廷臣》第三卷中作者向宫廷贵妇所推荐的 "文学"（letters）知识，即阅读本国语言文字而非拉丁文与希腊文作品的技能为核心。她们对文学作品的了解程度到底有多深呢？

有两部 16 世纪中叶的意大利语文选被认为是纯粹的女性创作的文学作品。第一部是奥·兰多（Ortensio Lando）编辑的《知名女士书信集》（*Letters of Many Worthy Women*，1548）。它收录了 181 位贵妇的作品——但出于恰当起见，我要告诉读者文选中一些书信的真实性受到了人们的质疑。第二部是由职业文人卢多维科·多梅尼基（Ludovico Domenichi）编辑、收录 53 位女性诗人作品的《高贵而有才情之女性诗选》（*Various Verses of Some Noble and Talented Women*，1559）。② 在这些证据之外，我们或许还可再加上弗朗切斯克·达拉·基耶萨（Francesco della Chiesa）的《知识女性大观》（*Theatre of Learned Ladies*，1620）中所提及或在一部出版于 18 世纪的女性诗人文选中出场的 400 多位 16 世纪女性作家。③

在这些知识女性中，有些是高级妓女，有些是平民，也有少数的犹太人和较多的修女，但多数是世俗女贵族。读出她们的名字犹如

50

---

① Atanagi（1561），preface；cf. Schutte（1991）.
② Dionisotti（1965），237-239；Piéjus（1982）.
③ Chiesa（1620）；Bergalli（1726）.

是对当时意大利贵族家族(有时是以母氏为主线的整个王朝)的点名。这些名字中包含了许多与卡斯蒂寥内的著作有关系的家族。如,巴蒂斯塔·达·蒙泰费尔特罗(Batista da Montefeltra),她是费代里科的女儿,一位创作宗教题材诗歌的修女;伊格利娅·达·卡诺萨(Egeria da Canossa);和比阿特丽斯·皮娅(Beatrice Pia)。讽刺意味十足的是,尽管加斯帕罗厌恶女性的名声远扬,但帕拉维奇尼家族却有4位贵妇名列该榜。而贡扎加家族则有10位之多。此外,还有一位来自米兰的保拉·卡斯蒂寥内(Paula Castiglione),以及来自卡斯蒂寥内妻子家族的托利丝三姐妹。卡斯蒂寥内的妻子也被认为应在这一名单中占有一席之地。

另一点与出版商有关。出版《知识女性大观》的出版商是《廷臣》的主要出版发行者威尼斯希奥里托公司。《知识女性大观》的最后部分收录了多尔塞的作品以及其他纪念"勤奋而杰出的女性"的诗作以及她们的"学术信函"。希奥里托公司分别在1549年和1552年出版过图里娅·德阿拉贡(Tullia d'Aragona)和维多利亚·科隆纳的诗歌,以及劳拉·特拉茨纳(Laura Terracina)的诗作和论阿里奥斯托的一篇论文。这家公司还出版过一系列女性投稿的诗选。其中的一些就是由不知疲倦的多尔塞编辑的。希奥里托公司也出版过多尔塞的《论贵妇的教育》(*Education of Ladies*, 1545)。该书不仅将《廷臣》和多梅尼基的《论贵妇之高贵性》(*Nobility of Ladies*, 1549)向读者做了推荐性介绍,而且还附有一张作者自制的杰出女性名单。作者将卡斯蒂寥内视为这方面的前辈。另一位为希奥里托公司工作的作家朱瑟普·贝图斯(Giuseppe Betussi)翻译了薄伽丘论著名女性的著作,并写有一部以威尼斯诗人弗朗切斯卡·鲍佛(Francesca Baffo)为核心人物的论爱情的对话。

由上述详细资料我们可以做出两点论断。第一,认为1540—

1560 年间意大利知识女性的出现是卡斯蒂寥内对话之影响表现的观点,看起来是合理的。或许正是它给予女性以写作与发表的勇气。与传统做法不同,《廷臣》赋予女性母亲、女儿或妻子以外的角色。第二,以 16 世纪 40 年代和 50 年代的威尼斯为中心,似乎存在一场吸引女性进行文学写作的运动。更具讽刺意味的是,或许还有人会将这场运动描述为一种迎合为《廷臣》所合法化的女性市场的努力,它反过来又鼓励了该书不断重印。然而,如其所表现的那样,这样一个市场若要继续存在下去,使所印的图书能够卖出去,就必须存在一个人数众多的与出版商的期望相一致的女性群体。

那么,在卡斯蒂寥内的对话中,她们发现了哪些令其高兴的事情呢?若该书是一本食谱,读者所喜爱的配方是什么?对这一问题的解答,或可从对 1547 年以后许多版本最后一页所附的内容总结的认真研究着手。这一派生文本分别为廷臣和贵妇列举了 22 条和 13 条他们应具有的品质。其中,"高贵"(nobility)和"善良"(goodness)位居贵妇所应具有的 13 条品质之首,位居其后的是对家庭"良好的管理能力"(bon governo)、"审慎"(prudence)、"荣誉感"(honour)和"和蔼"(affability),再后是"聪明伶俐"(vivacity of mind)、"内心坚强"(strength of soul)、"形体美丽而优雅"(beauty and elegance of body)、"文学"(literature)、"音乐"(music)、"绘画"(painting),位居末位者是"舞蹈"(dancing)。

男性廷臣所应具备的品质列表以"高贵"和"智慧"(wit, ingegno)开始——这次没有提到善良,接下来是"美和优雅"(beauty and grace)与"武艺精湛"(skill in arms)、"热心"(ardour)、"忠诚"(loyalty)、"审慎"、"宽宏大量"(magnanimity)、"节欲"(temperance)和"形体健壮而敏捷"(strength and agility of body),再往下是精于决斗、舞蹈、摔跤、奔跑和跳跃。在这些体能品质之后,男性廷臣应具备

51

的品质还有"文学""音乐""绘画"和"精通外语"。列表的最后是
"狩猎"（hunting）和"任何值得称颂的行为"。我们或许可将这一列
表的内容概括为5项道德品质、5项智力品质，和8项体能品质。读
者或许会自问，这种强调体格（physique）的做法是否准确地描述了
他们对该文本的记忆。

　　揭示《廷臣》对其当代读者影响的另一途径，是收集他们对该对
话所做的简短描述，并设法用这些只言片语制成一幅镶嵌画。如一
位名叫维多利亚·科隆纳的读者强调过卡斯蒂寥内的"意义深远的
格言"。尽管这或许并非现代读者在《廷臣》中所首先注意到的，但
人们对格言警语的爱好却普遍存在。例如，圭恰尔迪尼《意大利史》
52　的一些版本中即附有"格言集"或格言警语索引。此外，科隆纳也并
非是唯一给予卡斯蒂寥内的笑话特别注意的读者（见边码第79页
和第152页）。其他意大利读者阅读该书的目的似乎多是为从中获
取某些指导自己行为活动的建议，而非将之作为一部文学作品阅读。
律师阿希斯托·朱弗雷蒂就曾建议他的儿子们要遵守《廷臣》和《加
拉泰奥》两书所倡导的行为准则。在他看来，这两本书似乎是同一
类型的著作。①

　　当时读者喜爱卡斯蒂寥内著作的另一个标志，是他们对该对话
或其片段所进行的模仿。例如，亚历山德罗·皮科洛米尼就曾模仿
它，先后写过一部论贵妇教育的对话（1539）——该书有时以其发言
者之一拉拉斐拉（La Raffaella）的名字命名，和一本论男性贵族教育
的著作。② 而无论是在内容细节方面还是总体构思方面，多尔塞和
多梅尼基为贵妇们编辑出版的书籍和我们稍后将要提及的一些段

---

① Giuffredi（1896），83.

② Piccolomini（1539）；cf. Piéjus（1980）.

落,也都受惠于《廷臣》。

至于更晚一些的意大利作家对《廷臣》中的哪些内容感兴趣,他们又是如何通过在其对日常问题的讨论中引用《廷臣》的部分内容,将《廷臣》融入一个新的社会环境之中等问题,我们可以用"grazia"和"sprezzatura"这一对孪生概念为例对之加以说明。例如,哲学家阿戈斯蒂诺·尼福在其论著中用一章的篇幅来论述廷臣的"优雅"(grace)品质,并将之定义为"不加注意与不予重视"(neglectus atque contemptus)。① 斯特法诺·瓜佐和托尔奎托·塔索在其各自的对话中对卡斯蒂寥内做了更为接近的追随。前者写有《忽略或从容》(*Negligenza o Sprezamento*),后者写有《宫廷里的从容》(*Isprezzatura Cortegiana*)。② 尽管没有使用同样的词汇,但骑术师 A.马萨利奥·马拉泰斯特(A. Massario Malatesta)在其《骑术概论》(*Compendium*,1600)一书中仍做了类似的论述。他要求初学者在骑马时要尽量给人以"自然优雅""毫不费力"(senza fatica e sforzo)的感觉。③

卡斯蒂寥内创造的新术语在论述音乐的著述中有更多的共鸣。对 1600 年前后的作曲家来说,它似乎已变成一个可用来描述新的歌唱类型并使之合法化的技术性词汇。在新的歌唱类型中,独唱颂歌(monody)取代了复调音乐(polyphony);歌词的可理解性被认为比供行家鉴赏的装饰性展示更为重要。举例来说,朱利奥·卡奇尼(Giulio Caccini),歌剧的倡导发起者之一,将他创作的方法描述为某种从容(una certa sprezzatura),并将之与高贵、优雅联系在一起。他的同行马可·达·加利亚诺(Marco da Gagliano)在允许歌唱者表现

53

---

① Uhlig (1975), 29-33; Hinz (1992), 228.
② Guazzo (1574), 83b; Tasso (1958), 3-113.
③ Quoted in Hale (1976), 245, n. 62.

从容(sprezzatura)方面也持有类似的观点。①

　　sprezzatura(从容)和grazia(优雅)两词也见于论艺术的著述之中。卢多维科·多尔塞，一位被认为是最理解卡斯蒂寥内文本的人物，在其对话《阿雷蒂诺》(*L'Aretino*,1557)中将"从容"一词引入艺术理论领域。在该对话中，法比奥(Fabio)在建议画家不要给予他们的人物太多雕琢(politezza)一节中谈到某种得体的从容(una certa convenevole sprezzatura)②。与其同时代的意大利艺术家乔治·瓦萨里则经常使用"优雅"一词。据说，他"仅将由论行为修养的作家们发展而来的'优雅'这一概念应用于艺术"。③ 我们很难想象，瓦萨里在为其作品创作上的优雅而对米开朗琪罗大加赞美时不会想到卡斯蒂寥内。在这里，"优雅"被定义为一种能够轻而易举地克服困难以使其作品的得来"在别人看来毫不费力"(non paion fatte con fatica)的能力。④ 瓦萨里本人即是一位成功的廷臣。他极为赞赏一些拥有优雅创作风格的艺术家，特别是拉斐尔、罗索和朱利奥·罗马诺(Giulio Romano)。拉斐尔是卡斯蒂寥内的朋友，是"优雅和蔼"(graceful affability)的典范；罗索不仅拥有出众的"仪表"(presence)、学术兴趣(intellectual interests)与绘画方面的"才赋"(facility)，而且还藏有一本《廷臣》；朱利奥·罗马诺不仅与卡斯蒂寥内相熟，而且是拉斐尔创作风格及其技巧的继承者。在艺术创作上，他经常使自己的作品处在一种看似未完成的状态，不喜欢对之做认真的雕饰。这一做法本身即是从容的一种表现形式。⑤

---

① Caccini (1600), dedication; Caccini (1601), To the readers; Gagliano (1608), To the readers.

② Dolce (1557), 156.

③ Blunt (1940), 97.

④ Vasari (1564), vol. VI, 108.

⑤ Vasari (1550), 610-611, 828, 749-751; Gombrich (1986), 167.

再有,詹·保罗·洛马佐(Gian Paolo Lomazzo)在一部关于文艺理论的著述中不仅明确提到卡斯蒂寥内对绘画才能的赞美,而且还将艺术家高登西奥·费拉里(Gaudenzio Ferrari)的创作才赋描述为"他的作品看起来似乎未经艺术加工"。① 在讨论瓦萨里的例子时,或有人会将之称为一种环行,即回归到一个概念的艺术层面。54 这一概念最早是由卡斯蒂寥内在分析人们的行为举止时自艺术领域借用的。最后,18 世纪的艺术评论家路易·兰奇(Luigi Lanzi)曾用"从容"(sprezzatura)一词来形容文艺复兴时期的画家乔尔乔涅(Giorgione)的艺术风格。②

现代艺术史学家喜欢用"过分强调独特风格的奇癖"(Mannerism)这一词汇来描述罗索和帕尔米贾尼诺(Parmigianino)等艺术家们的自觉的优雅或时髦(stylishness)。他们活跃于一个"风格"(maniera)被意大利文人作为一个主题而进行激烈辩论的时代。《廷臣》在其讨论绘画和文学的部分重复了这些辩论。在一处对西塞罗论演讲的创造性模仿中(1.37),卡斯蒂寥内借对话中一位人物之口指出,在他们各自的风格中,达·芬奇、拉斐尔、米开朗琪罗以及其他画家都是完美的。尽管多尔塞将之用来作为抨击艺术中矫揉造作,特别是过分粉饰的武器,但在某些方面,《廷臣》本身看起来仍像是一个"怪癖"的例证以及稍后进行"风格"的讨论中所遵循的一种范式。"怪癖"最终发展成为一场国际性运动。因此,下文我们将开始描述与讨论国际上对卡斯蒂寥内著作的接受情况。

---

① Lomazzo (1590), chs. 7, 15.
② Lanzi (1795-1796), vol. III, 76.

第四章
《廷臣》的译本

16 世纪早期似乎是针对宫廷进行的辩论达到顶点的时代,这或许归功于查理五世、弗朗索瓦一世和亨利八世三位年轻君主的先后即位。1516 年,伊拉斯谟的《论基督教王子的教育》(*Education of a Christian Prince*)与其朋友托马斯·莫尔的《乌托邦》同时出版,卡斯蒂寥内的对话也正在写作之中。伊拉斯谟和莫尔都像卡斯蒂寥内将要做的那样,在各自的著作中讨论了忠告(counsel)的问题。其不同之处在于,伊拉斯谟的讨论是从王子观念的角度展开,而莫尔则是从一个被召进宫廷的知识分子的角度入题。1517—1518 年,两部著名的批评宫廷的著作——教皇庇护二世写于 1444 年的信函《论廷臣的不幸》(*On the Miseries of Courtiers*)和乌尔里希·冯·胡滕(Ulrich von Hutten)的对话《宫廷》(*The Court*)出版。无论是在欧洲背景还是在意大利背景下,卡斯蒂寥内的书的确都是一部论述时事问题的著作。

人们对《廷臣》在意大利之外的影响已做出重要论断。一位学者称其英文译本"成为每一位绅士和每一位贵妇的每日必读之书",另一位则断言说卡斯蒂寥内之于伊丽莎白时代品味的影响是"不管怎样说都不算夸大的"。[1]

---

[1] Praz (1943), 196; Buxton (1954), 19.

　　我们至少可以承认,意大利半岛内外的人们对《廷臣》所投注的热情是同等强烈的。如附录一所示,在 1528—1619 年的 92 年间,出版过大约 60 个非意大利语版本。而且,在一个意大利文化具有重要影响的时代,还有一些外国人或出于对意大利语的学习热情,或纯粹是为在别人面前自夸受过良好教育而阅读卡斯蒂寥内的原著。

　　意大利语可能是法国人、英国人和西班牙人所学的第一门现代外语。自 16 世纪中期开始,意大利语确实越来越为英国人所熟悉。《廷臣》的翻译者托马斯·霍比爵士曾专为亨利·锡德尼爵士(Sir Henry Sidney)[①]写过一本意大利语语法书。此外,威廉·托马斯(William Thomas)、克劳迪乌斯·霍利班德(Claudius Hollyband)和约翰·弗洛利奥(John Florio)也分别于 1550 年、1575 年和 1578 年出版了各自编写的意大利语语法著作。其中,约翰·弗洛利奥是一位被放逐的意大利新教徒的儿子。[②] 正因托马斯和弗洛利奥的意大利语语法著作的出版,加布里埃尔·哈维等人才能够在 16 世纪 70 年代学习意大利语。[③] 弗洛利奥曾在牛津教授意大利语,我们也可以在该大学这一时期的一些校友收藏中看到意大利语的语法书籍。[④]

　　在其对自己所译《廷臣》译本所做的介绍性评论中,托马斯·霍比爵士宣称英国的廷臣应当懂得多种语言,或如其所说的那样,"用语言展现自我",特别是意大利语、法语和西班牙语。依照其老师罗杰·阿斯克姆(Roger Ascham)的说法,伊丽莎白女王"精通"这三种

56

---

① 亨利·锡德尼爵士(1529—1586),英王驻爱尔兰代表。——译者注
② Hale (1954).
③ Stern (1979), 156.
④ Curtis (1959), 140-141.

语言。① 她的许多廷臣似乎也具有这样的水平。例如,菲利普·锡德尼爵士(Sir Philip Sidney)②曾于 1572 年到国外学习语言,并似乎能够熟练使用意大利语、法语和西班牙语三种语言。北安普敦伯爵的继任者亨利·霍华德亦是如此。沃尔特·雷利爵士(Sir Walter Raleigh)则拥有用这三种语言印刷的书籍。③ 莱彻斯特伯爵、伯利(Burghley)勋爵和弗朗西斯·沃尔辛厄姆爵士(Sir Francis Walsingham)三人则至少通晓意大利语。④ 在女性中,库克(Cooke)五姊妹和简·格雷夫人(Lady Jane Grey)皆因曾学习过法语和意大利语而为人所知。⑤

要想探究 16 世纪不同国家中能阅读意大利语的读者有几何,是一件不容易的事。这一问题可成为好的专论主题,但这种研究尚未开展。我自己主要建立于图书馆详细借阅记录基础之上的印象是,阅读意大利语原著者在欧洲贵族中,至少在那些第一语言是法语、德语、西班牙语、捷克语、波兰语或匈牙利语的人中大有人在。蒙田(Montaigne)、加尔奇拉索·德·拉·维加(Garcilaso de la Vega)、维力巴尔德·伯克海莫(Willibald Pirckheimer)、卡雷尔·哲罗廷(Karel Zerotin)、让·扎莫斯基(Jan Zamojski)和巴林特·巴拉萨(Bálint Balassa)等人分别是来自这些语言区的例证。

一系列有关行为修养的书籍证实了当时的人们对获得和掌握这些技能的愿望。如,在后文将要详细讨论的卢卡什·古尔尼茨基(Łukasz Górnicki)的《波兰的廷臣》(*Polish Courtier*,1566)中,读者被

---

① Ascham (1568), 21.
② 菲利普·锡德尼(1554—1586),英国政治家、军事领袖、散文作家、诗人。——译者注
③ Peck (1982).
④ Firpo (1971), 38.
⑤ Warnicke (1988), 42-46.

告知要学习德语、意大利语、法语和西班牙语,其优先性依次递减。在论廷臣的评论文章(1604)中,路易·古扬(Louis Guyon)建议法国读者要学习意大利语、西班牙语,"如果可能的话,还要学习德语"。而在《诚实的男子》(*Honnête bomme*,1630)中,作者尼古拉·法雷特(Nicolas Faret)向法国贵族推荐学习的语言则是意大利语和西班牙语,称"它们是在欧洲,甚至异端间比其他语言更为通用的语言"。①

鉴于该时期欧洲贵族对意大利语的这种通晓程度,在对该文本的诸多译本及其为欧洲不同地区所接受情况进行讨论之前,外国人对以最初语言(即意大利语——译者)印刷发行的《廷臣》的反应值得我们予以考察。

文本的扩散

在 1528 年写给其母亲的一封信中,卡斯蒂寥内请母亲派人送 70 本《廷臣》给身在西班牙的他。毫无疑问,这是为满足他向那里的友朋和熟人分赠之需。不管怎么说,西班牙人对他的对话的兴趣受到阿拉贡(Aragon)和卡斯蒂尔(Castille)二人先后卷入意大利事务的助长。《廷臣》,特别是其最终定稿的印刷文本中对西班牙的频繁提及,已为人们所注意。这些涉及西班牙的内容包括对借用"继承"(acertar)或"公务员"(criado)等西班牙语词汇和短语之适当性的讨论(1.31)。但不管怎么说,我们都拥有良好的证据来证实西班牙人对该对话所表现出的兴趣。例如,尽管存在这样一个事实,即《廷臣》的西班牙文译本早已流传几十年了,但巴塞罗那的一位书商在他 1561 年离世时竟仍拥有多达 24 本意大利文《廷臣》(由于他经常

58

---

① Górnicki (1566), 100; Guyon (1604), 194; Faret (1630), 31.

从法国里昂进口图书,我们因此可将他的收藏看作是在此地出版的意大利文版《廷臣》的汇展)。① 而且,许多西班牙贵族都拥有被一份图书清单称为"意大利文版《廷臣》"("el cortegiano en italiano")的书。② 当然,我们不应忘记精通多种语言的查理五世皇帝的著名评论。他说,意大利语是最适合于同朋友交流的语言,而法语则是最适合于同女性交流的语言,德语是最适合于同马交流的语言,西班牙语是最适合于同上帝交流的语言。该皇帝据说"只喜欢读三本书"——卡斯蒂寥内的《廷臣》、马基雅维里的《演讲集》(*Discourses*)和古希腊历史学家波里比阿(Polybius)的著作。③

在葡萄牙,维塞乌主教、卡斯蒂寥内的朋友米格尔·达·席尔瓦(Miguel da Silva)是我们开始讨论《廷臣》对葡萄牙人影响时所要提到的不容置疑的人选,他曾获得卡斯蒂寥内对他的赠书;米格尔又带我们找到他的熟人弗朗切斯科·德·霍兰达(Francisco de Holanda),他以论艺术方面的著作而著称;接着是宗教作家弗雷·海特·平托(Frei Heitor Pinto)。1624 年里斯本索引(Lisbon Index of 1624)曾较为详细地讨论过一版意大利文《廷臣》。这一事实进一步证实了该文本在当时的葡萄牙为相当多的人所了解。④

卡斯蒂寥内在对话中对法国最为有名的谈论是一处贬损性的论述。洛多维克·达·卡诺萨称,法国人"不仅不能欣赏文学,而且还痛恨它们,轻视作家"。然而,他遭到了朱利亚诺·德·梅第奇的反驳。梅第奇说,时代已经发生了变化,如若"丹古莱梅阁下"(Monseigneur d'Angoulême)得以继承王位(他在远远早于该对话正式出版的

---

① Kamen (1993), 412 (Joan Guardiola).
② Le Flem (1973), nos 424-425.
③ Sansovino (1567), 21.
④ Deswarte (1989, 1991).

1515 年即位,是为弗朗索瓦一世),法国人的文学将会如他们的武功
一样繁荣(1.42)。在其书的第一稿中,卡斯蒂寥内声称弗朗索瓦一
世(他曾见过他两次)曾鼓励他继续该对话的写作。[1]

1553—1562 年间,里昂曾出版过《廷臣》的三个意大利文版本。 59
由于里昂是一个居住着众多意大利商人的城市,所以我们难以断定
这些书是为侨居于此的意大利人而准备,还是为意大利化的法国人
或实际上为出口西班牙和葡萄牙而准备的。幸运的是,我们找到了
有关该意大利语文本的法国读者的更为直接的证据。

例如,让·格罗斯烈(Jean Groslier,约 1486—1565)是一位图书
收藏颇广的公务员。在成为国王路易十二的秘书之前,他曾在巴黎
师从一位意大利人文主义者。在 16 世纪的第一个十年,他作为驻米
兰的皇家司库(royal treasurer)工作、居住在意大利,并逐渐同本博和
出版商奥尔多·曼努齐奥(Aldo Manuzio)相熟。通过阿尔多公司的
关系,格罗斯烈先后得到了《廷臣》的一部手稿、6 册第一版和 5 册
1533 年版(由同一家公司出版)。[2]

居住于意大利的另一位拥有《廷臣》的法国人是贵族尼古拉·
德埃尔伯雷(Nicolas d'Herberay),他是埃萨特勋爵(Seigneur des Ess-
arts),一名职业炮兵,但又是一位像卡斯蒂寥内那样文武全才的人。
德埃尔伯雷因奉弗朗索瓦一世之命将骑士传奇《阿马迪斯·德·高
拉》译成法文而广为后人所知,但实际上他还是当时骑士精神与谦
恭两种价值观念相互兼容,至少是相互影响的一个标志。还有,历史
学家雅克-奥古斯特·德·图(Jacques-Auguste de Thou)曾拥有两本
意大利文版的《廷臣》,其中的一本现存于牛津大学图书馆。[3] 蒙田

---

[1] Clough (1978), 24-25.

[2] Austin (1971).

[3] Thou (1679), 400; cf. Coron (1988).

的朋友埃迪纳·拉博埃西（Etienne La Boétie）曾在一首十四行诗中如此赞美他所拥有的一本装帧华美的、镀金的《廷臣》："我有一本托斯卡纳语图书，它的书脊以贵重的金箔装饰；它外表光辉灿烂，里面是巴尔达萨尔有关廷臣的高论。"其法文原文照录如下：

> J'ai un livre Tuscan, dont la tranche est garnie
>
> richement d'or battu de l'une et l'autre part;
>
> le dessus reluit d'or; et au dedans est l'art
>
> du comte Balthasar, de la Courtisanie.①

来自弗朗什-孔泰的贝桑松（Besançon in Franche-Comté）的政治家、红衣大主教德·格朗韦勒则拥有一册用红色摩洛哥皮装订的外观类似的 1545 年威尼斯版本。② 在奥地利和德国的藏书目录中，我们也可发现《廷臣》的意大利文版。③ 波希米亚和匈牙利贵族，如汉斯·德内施瓦姆（Hans Dernschwam）、洛布科维克（Lobkovič）家族和米科洛斯·帕斯迈尼（Miklós Pázmány）等也都各自拥有《廷臣》的意大利文版。④

在英国，在 1561 年英文版之前，人们即已多次提到《廷臣》，这进一步证实了该译本译者在其前言中所做的评论，即"《廷臣》在王国中荡游久矣"。⑤ 英国人对《廷臣》的提及最早可追溯至 1530 年，这仅比其第一个意大利文版本的出版晚两年。在那一年，一位名叫埃德蒙德·邦纳（Edmund Bonner，后成为伦敦主教和反宗教改革派的领袖人物）的年轻外交官曾向托马斯·克伦威尔（Thomas

---

① La Boétie (1892), 275.
② Picquard (1951), 206.
③ Brunner (1956); Roeck (1990).
④ Dernschwam (1984); Kasparová (1990); Ötvös (1994).
⑤ Vincent (1964); Gabrieli (1978).

Cromwell)请求借阅"一本名曰《廷臣》的意大利文图书"。[1] 克伦威尔年轻时曾在意大利生活过,并也藏有彼特拉克的《胜利》(Triumphs)和马基雅维里的图书。在知道了这一点后,我们就不会再对这位繁忙的、身兼红衣大主教沃尔西(Cardinal Wolsey)和亨利八世两人秘书之职的人何以会有《廷臣》而表现出过分的惊奇了。[2]

1548 年,一位名叫威廉·帕滕(William Patten)的人曾将一位熟人形容为"如意大利人巴尔达萨尔在其著作《廷臣》中所构造出的"人。[3] 一年后,威廉·托马斯在其《意大利史》(History of Italy)的写作中参考了《廷臣》。[4] 北安普敦的新伯爵亨利·霍华德,如我们将会看到的那样,为《廷臣》的 1541 年版做了认真的旁注。这可能是他在年轻时做的,因为他仅在书上写了他的名字而没有写上头衔。[5]

即使是在其英文译本出现以后,我们仍不难发现时常会有人提到原著的英国读者或收藏者。如,一位名叫托马斯·赖特(Thomas Wryght)的人曾签名于一册现藏于剑桥大学三一学院图书馆的 1562 年版《廷臣》之上,他当时可能是该学院的牧师(1570—1572)。剑桥大学基督圣体(Corpus Christi)学院研究员亚伯拉罕·蒂尔曼(Abraham Tilman,1589 年去世)也曾拥有一本意大利文的原版《廷臣》。[6] 61
该书的其他拥有者还有苏格兰的玛丽女王、苏格兰贵族威廉·德鲁芒德(William Drummond)、贪婪的图书收藏家托马斯·特雷瑟姆爵士(Sir Thomas Tresham)和加布里埃尔·哈维。哈维是三一学院教师和剑桥大学修辞学讲师,且如我们所将要看到的,他是一位似乎完

---

① Hogrefe (1929-1930).

② Dickens (1959), ch. 1.

③ Patten (1548) H vii recto.

④ Thomas (1549).

⑤ Juel-Jensen (1956); Barker (1990).

⑥ Leedham-Green (1987); cf. Jayne and Johnson (1956), 187-188.

全为《廷臣》所倾倒的人。

对这些读者中的一些人来说,该文本之所以具有吸引力,是因为他们将之视为学习当时惯用意大利语的最佳范本。如,邦纳在到意大利博洛尼亚和罗马任职之前即打算学习意大利语。1580 年里昂和 1585 年巴黎出版的双语版以及 1588 年伦敦出版的三语版《廷臣》,皆明显是为那些想学习意大利语和良好行为的读者而设计的。其中,1580 年版更是专为"那些希望理解"两种语言中任一语言者准备的。我们可以从约翰·弗洛利奥所提到的那些"从卡斯蒂寥内的《廷臣》中学到一些意大利语"的人身上看到这些痕迹。[①] 然而,该书在翻译界的繁荣兴旺则清楚地表明,对话的内容同其形式一样对读者具有吸引力。

译　本

在文艺复兴时期的欧洲,对意大利文原著的翻译工作是一件非常重要的事情。如,阿里奥斯托的《疯狂的罗兰》于 1549 年被译成西班牙文,1543 年被译成法文(1614 年又被重译),1591 年被译成英文。1549—1588 年间出版的该书西班牙文译本多达 18 种。[②] 而马基雅维里的《君主论》,尽管被广为诟病为一部邪恶之作,但仍被译成法文(1553 年有两个译本,1571 年时又出现一个译本),1560 年被译成拉丁语,1615 年被译成荷兰语,而其法文译本到 1616 年时至少已达 19 种。[③] 圭恰尔迪尼的《意大利史》先后被译成拉丁语(1567)、法语(1568)、英语(1579)、西班牙语(1581)和荷兰语(1599)版本。

---

① Florio (1591), dedication.
② Cioranescu (1938); Chevalier (1966), 74.
③ Gerber (1913).

塞巴斯蒂亚诺·塞尔利奥(Sebastiano Serlio)论建筑的著述也先后被
译成德语(1542)、法语(1545)、西班牙语(1552)、拉丁语(1569)和 62
英语(1611)——更不必提被部分地译成荷兰语了。卡斯蒂寥内所
取得的成绩同他的四位同代人差不多。到1620年,人们不仅可以读
到原文版的《廷臣》,而且还能读到西班牙文、英文、德文(两种译
本)、法文(三种译本)和拉丁文(三种,或更确切地说是二又四分之
一个译本,四分之一个译本是指其第一卷的单卷译本)等版本。

尽管很难确定是否可由社会状态、语言状态(甚或偶然)给予解
释,但我们仍相信考察一下这一时期《廷臣》未被译成的欧洲语言或
许是有所裨益的。举例来说,直到17世纪末(尽管至少已有三个西
班牙文版本在安特卫普出版),仍未有佛兰芒语或荷兰语译本、葡萄
牙语译本(虽然葡萄牙人被认为可以不怎么费力地阅读西班牙语译
本)、斯堪的纳维亚半岛各国语言译本(虽然一些丹麦人和瑞典人藏
有该书的法语、德语、意大利语或西班牙语的版本)、凯尔特语译本
和斯拉夫语系语言译本(我们下面将要讨论的波兰语改写本和可能
存在的俄语译本除外)。① 也没有一个匈牙利语译本,尽管匈牙利人
具有接受文艺复兴的能力——但该书于莫哈奇战役(the battle of
Mohács)②两年后才出版。在其出版时,土耳其人已摧毁匈牙利军
队,占领了该国的大部分领土,这使其潜在的读者将注意力转向对其
他问题的思考。

《廷臣》的译本,或至少其中的一部分(英语、法语和西班牙语译
本胜于拉丁语、德语和波兰语译本)已被主要从语言学和文学的视

① Benini (1778), 40, garbled in Cartwright (1908), vol. II, 440.
② 指1526年匈牙利反对土耳其人侵略的一场战役。在此次战役中,匈牙利被土耳
其人彻底击败。匈牙利君主国灭亡。——译者注

角做了相当细致的研究。① 然而，在接下来的叙述中，我们所用的研究方法将是比较性的，所讨论的重点也将落在该文本的不同译本向我们讲述的不同译者背后的文化因素上。

1534 年的西班牙语译本是《廷臣》的第一个外国语译本。由于当时作者正工作、居住在西班牙，所以这是再适当不过的事情。译者是胡安·博斯卡·阿尔莫格瓦尔（Juan Boscà Almogáver，他是加泰罗尼亚贵族，但以卡斯蒂利亚语②[Castilian]写作，且更以"胡安·博斯坎"[Juan Boscán]的名字为人所知）。作为一位以彼特拉克风格创作的西班牙诗界重要人物，博斯坎了解当时意大利人对创造性模仿所进行的讨论，并将其原则在其散文与诗歌创作中加以实践。③ 到16 世纪末时，他的译本至少已有 12 个甚至多达 16 个版本（其中 3个出版于安特卫普）。

在《廷臣》的 16 世纪西班牙读者中，有三位是军旅作家（soldier-writers）。他们是将此书推荐给博斯坎并引起他注意的加尔奇拉索·德·拉·维加、稍后将被讨论到的阿隆索·巴罗斯（Alonso Barros）和在《堂吉诃德》（*Don Quixote*）及《伽拉泰亚》（*Galatea*）④中间接提到卡斯蒂寥内的对话的米格尔·德·塞万提斯（Miguel de Cervantes）。⑤ 此外，西班牙读者还有外交官迭戈·乌尔塔多·德·门多萨（Don Diego Hurtado de Mendoza，他收藏有 3 册《廷臣》）、意大利理事会（the Council of Italy）助理秘书弗朗西斯科·德·伊迪亚克斯（Francisco de Idiáquez，他收藏有 2 册《廷臣》）、作家费尔南多·德·

63

---

① Morreale（1959）；Klesczewski（1966）；Nocera（1992）.
② 现为西班牙的官方语言。——译者注
③ Darst（1978）.
④ 塞万提斯的第一部广为流传的小说，可能成书于 1581 年至 1583 年间，1585 年在阿尔卡拉·德·艾纳勒斯出版。——译者注
⑤ Lopez Estrada（1948）；Fucilla（1950）.

罗哈斯(Fernando de Rojas)和"印加人"加尔奇拉索·德·拉·维加、音乐家路易·米兰(Luis Milán)、人文主义者劳伦西奥·帕尔米耶诺(Lorencio Palmireno)与克里斯佗瓦尔·德·比利亚龙(Cristóbal de Villalón)。西班牙语译本也为16世纪末17世纪初(该时期西班牙文化的影响在帝国范围内仍然强盛)的奥地利读者所阅读,同时也为西班牙帝国境内远至秘鲁(Peru)的读者所阅读。① 此外,丹麦贵族与大臣雅科布·乌尔费尔特(Jakob Ulfeldt)、法国作家让·查普林(Jean Chapelain)和苏格兰诗人霍桑登的威廉·德鲁芒德也都各藏有一本对话的西班牙语译本,虽然前者曾在意大利的北部城市帕多瓦(Padua)学习过。

卡斯蒂寥内的对话在法国的销售情况甚至更好。1537—1592年间,法国共出版过3个《廷臣》译本的23种版本,其中的一个译本是佚名的。3个译本中最为成功者是署名为"J.科林"(J. Colin,可能是外交官雅克·科林[Jacques Colin])的译本。该译本出版于1537年,后在1540年为人文主义出版商埃迪纳·多尔特(Etienne Dolet)和诗人梅林·德·圣-格雷斯(Melin de Saint-Gelais)所修订。他们社交圈中的成员对该书的兴趣为16世纪40年代一次有关宫廷贵妇的谈话所揭示,我们将会在下文中对该对话进行讨论(边码第76、112页)。在16世纪将要结束的1580年,科林的译本为一个新译本所取代。新译本的译者是一位半职业翻译家,名叫加布里埃 64 尔·沙皮斯(Gabriel Chappuys,约1546—约1613)。除《廷臣》外,他还曾将阿里奥斯托、薄伽丘的著作和《阿马迪斯·德·高拉》的一部分译成法文。

像西班牙文译本一样,这些法文译本的流通也并不仅限于法国

---

① Brunner (1956);Hampe (1993).

境内，它们还扩散至欧洲的其他国家和地区。如，瑞典国王埃里克十四世（King Erik XIV）曾在 1561 年从英国特使约翰·迪默克（John Dymock）那里获赠了一册法文版《廷臣》。"大约是在圣诞节前夕，阿什利（Ashley）问他说，国王是否会讲意大利语？他回答说不会，并在他的建议下买了一本用法文印刷的名叫《廷臣》（*Courtisan*）的小书。"在抵达瑞典后，迪默克送给国王一副手套、一条狗，和"一本叫《廷臣》的、封面以镀金装饰的小书"。①

德国贵族乌尔里希·福格尔（Ulrich Fugger）和萨里郡（Surrey）绅士洛斯利的威廉·莫尔（William More of Loseley）也都各自藏有一本法文版《廷臣》。莫尔 1556 年的图书清单中如此写道："《廷臣》，法文。"尽管通晓意大利语，但克里斯托弗·哈顿爵士仍藏有《廷臣》的法文译本。荷兰莱顿（Leiden）的赫伊赫·范·阿尔克梅德（Huijch van Alckemade）也藏有"巴尔达萨尔·德·卡斯蒂寥内的《廷臣》"。17 世纪，丹麦贵族法斯考的涅尔斯·弗里斯（Niels Friis of Favrskov，曾就读于法国奥尔良大学）和雅科布·乌尔费尔特也各自藏有《廷臣》的法文译本。

在紧随原著本出现的西班牙译本和法文译本之后，对《廷臣》的翻译出版工作出现了短暂的停歇。尽管托马斯·霍比爵士早已计划在 16 世纪 50 年代出版他的《廷臣》英译本，但这一计划直到 1560 年才得以变成现实。霍比是由新教知识分子（还包括威廉·塞西尔[William Cecil]、罗杰·阿斯克姆和约翰·切克[John Cheke]）组成的"剑桥联合会"（Cambridge connexion）的成员，曾在 1558 年伊丽莎白登基一事上发挥过重大影响。② 霍比的译本先后在 1577 年、1588

---

① Stevenson（1867），219，223；cf. Andersson（1948），167.
② Hudson（1980）.

年和 1603 年重印过三次。

《廷臣》曾有过两个单独的德语译本,但没有一个被重印过。其中,第一个译本出版于 1565 年,译者是巴伐利亚王国布格豪森(Burghausen in Bavaria)的海关官员(Mautzabler)劳伦茨·克拉策(Laurentz Kratzer)。他将该书献给他的公爵。另一个译本也是由一位巴伐利亚人完成,他将他的译本献给了福格尔家族(the Fuggers)的一员,并希望它能改善当时宫廷中的腐化堕落行为。① 我们也能 65 偶尔看到有关这些译本在讲德语地区之外的地方流通的文献记载,特别是在丹麦王子克里斯蒂安(Christian,国王克里斯蒂安四世的大儿子)的图书目录中。该目录编纂于他过世的 1647 年,上面如此写道:"卡斯蒂寥内,霍夫曼公司四开本。"

在意大利、西班牙和法国之外,《廷臣》为人熟知的重要途径可能就是它的拉丁文译本了。因为拉丁文是当时国际文学界的通用语言,它不仅为当时的学者所掌握,而且也为受过教育的男子更为普遍地使用。例如在欧洲,对马基雅维里和他的朋友、历史学家弗朗切斯科·圭恰尔迪尼的著作,人们更为熟悉的可能是它的拉丁文译本而非其意大利文原著。②

约翰内斯·特勒(Johannes Turler)所译的《廷臣》拉丁文译本1561 年在维滕贝格(Wittenberg)出版。1571 年,由巴塞洛缪·克拉克(Bartholomew Clerke)翻译的第二个拉丁文译本在伦敦出版。1577 年,由约翰内斯·里奇乌斯(Johannes Ricius)翻译出版的第三个拉丁文译本仅有全书的第一卷。它们被认为是为供应大学市场而策划的。因为不管特勒是不是马尔堡大学(the University of

---

① Stöttner (1888),494-499.
② Burke (1993),41-42;对此我做过更加细致的研究。

Marburg)的罗马法教授,克拉克确实是剑桥大学的修辞学教授和国
王学院的研究员。

克拉克的译本在 18 世纪时受到了批评。在英文译本前言中,杉
伯批评它"形式呆板,且比喻牵强"。尽管如此,它在它所处的那个
时代似乎仍取得了相当大的成功。那时正是拉丁文化在英国繁荣发
展的时期。① 该拉丁文译本现在仍可见于剑桥大学的诸多学院图书
馆和剑桥人(包括两位书商,约翰·德尼斯[John Denys]和雷诺·布
里奇[Reynold Bridge],后者于 1590 年去世时藏有 3 册该译本的《廷
臣》)的藏书清单中。加布里埃尔·哈维曾建议他的学生亚瑟·卡
佩尔(Arthur Capel)去阅读的《廷臣》也是这个拉丁文译本。在牛津
大学,也有许多学生和老师(包括罗伯特·伯顿[Robert Burton])拥
有《廷臣》的克拉克英文译本。在 1561—1611 年间英国出版的《廷
臣》的 10 种版本中,克拉克的译本占了 6 种,其余 4 种是霍比的英文
66 译本。如此,无怪乎有那么多的人用其拉丁化的名字"Castilio"来称
呼该对话的作者了!

对文本的改写

现在,让我们来更为细致地考察这些译本,看一下译者们是如何
翻译和介绍卡斯蒂寥内的文本的。译著现在日益受到学者们的关
注,因为它们也可自然地被从多种视角进行研究。如我们可从"意
译"与直译之间的矛盾视角对其进行研究,也可从翻译者个人的偏
好,或不同语言间的兼容性和非兼容性视角对其进行研究。举例来
说,曾在剑桥大学教过托马斯·霍比的约翰·切克爵士曾如此建议

---

① Binns(1990).

霍比说，"我们自己的语言在书写时应通过借用其他语言的方式，保证其形式上的纯美与所表达语义的简洁与完整"。① 又如，在翻译《新约》时，切克就喜欢用 crossed 来代替 crucified，用 hundreder 来代替 centurion。

《廷臣》译著的重要性在于，它们向研究者提供了非常详细的研究资料。这些资料涉及读者在对该文本进行非常认真仔细的阅读后所产生的反应。如若说旁注是用以研究读者反应（reader-response）的宝贵文献的话，那么，译著在这方面则拥有更高的价值。因为它们不仅时常揭示读者们的热情以及偶尔的批评，还会主动地告诉我们当时的读者，至少在意大利之外的读者是如何理解该对话的关键片段的。

当然，离开对文献细节的研究，将会如针对《廷臣》某个译本的研究专论所揭示的那样，人们是无法对该文本某一译本的被接受情况进行讨论的。② 因为，存在于原著与译本之间虽小却明显的分歧有时会是文化间差异的极为明晰的标识。如，在西班牙文译本中，cittadino 和 civile 这两个词语完全消失了。这告诉我们，西班牙缺少那种为文艺复兴时期的意大利所特有的市民文化（civic culture）。③

此外，霍比还将意大利语中的"建筑师"（architetti）翻译成英语 67 中的"木匠"（carpenters）。这或许是因为他不喜欢英语中的 architect 这个新词，也或许是因为他试图将卡斯蒂寥内融入英国的实际情形之中。因为在当时的英国，建筑物是由匠人设计的，且木材是比石头更为普遍的建筑材料。另一方面，在其有关音乐技术词汇的

① Letter prefixed to Hoby（1561）.
② Klesczewski（1966）; Morreale（1959）; Nocera（1992）.
③ Morreale（1959），110，113.

翻译方面，霍比被一位专家称赞说比他的法国同行们翻译得更为
"成功"（托马斯爵士非常喜欢音乐，并收藏有许多意大利文版的音
乐书籍）。①

　　然而，在这样一个相对简短的解释说明中，所呈现的文献学方面
的细节材料必须经过严格的精挑细选。鉴于这一原因，我们的讨论
将主要集中于对卡斯蒂寥内作品中某些关键词，特别是 cortegianía、
grazia 和 sprezzatura 等词的翻译上。我们将努力比较不同的译者克
服这些障碍的方式，但目的不是要按其各自技巧上的优劣给予他们
奖惩，而是要凭此对他们对该文本所做出的反应进行总结。显然，这
样的计划将会使历史学家的语言资源被开发至极限。因此，其英文
译本将会被作为一般性问题的研究个案做最为详细的考察。

　　cortegianía（廷臣）在为卡斯蒂寥内所使用时，似乎一直是个不寻
常的词语，但它在意大利似乎并没有获得广泛的使用，尽管它曾为伦
巴底作家马泰奥·班德罗所使用。作者的同姓者萨瓦·达·卡斯蒂
寥内（Sabba da Castiglione）也曾在他论进谏的著作中专辟一章来讨
论他所说的"我们时代的廷臣"（la cortegianía de' nostri tempi）。② 博
斯坎则毫不费事地将该术语翻译成西班牙语中的 cortesanía，但其他
译者却似乎将之视为一块绊脚石。如，在法国，科林为之创造了一个
新词 courtisannie，沙皮斯则使用了拐弯抹角的解决办法，将之译为
forme de courtiser，而佚名的法文译者则试用了诸如 profession courti-
sane，l'art du courtisan，或 façon de bon courtisan 等可相互替换的解
释，但似乎又对它们中的任何一个都不十分满意。③

　　托马斯·霍比也发现该词较难处理。在英语中，courtesy 和

---

① Kemp（1976），361.
② Bandello（1554），book II，no. 57；Castiglione（1549）. Cf. Sigismondi（1604），5.
③ Klesczewski（1966）.

68

courtier 最晚在 13 世纪时即已开始使用,但中世纪意义上的 courtesy
并不完全符合卡斯蒂寥内所讨论的内容。可能是由于霍比译本的流
行,至 16 世纪末时,包括 courtliness 甚或非恋爱意义的(in a non-ar-
morous sense)courtship 在内的新词汇才开始出现。① 然而,这些术语
并未为他所使用。霍比不得已创造出一个新词 courtiership,他有时
更喜欢将之解释为"廷臣的行业与行为"。② 其拉丁文译者也发现
该词的棘手。于是,里奇乌斯干脆彻底将之回避,而克拉克则在其
致读者的前言中谈到该问题时变得能言善辩起来。"我应当如何
翻译英国人所说的 courtiership 和意大利人所说的 cortegianía 呢?
称之为 curialitas,并不是一个好的想法……我不得已使用 curialitas
这个术语。虽然它不是纯正的拉丁文,但却比较接近古典拉丁语
的用法。"

　　"优雅"(grazia)是另一个困扰一些译者的关键概念,在一些众
所周知的背景下尤其如此。在这些背景之中,该词所指的并不是君
主的善行(the favor of a prince),而是一种行为风格。例如,在第一
个德文译本中,译者克拉策用 Gnade(用来翻译"优美"的传统词汇)
来翻译 grazia;而在第二个德文译本中,译者诺耶斯则更喜欢引入
Gratia 这个词汇。在以哥特体印刷的整本书中,该词和其他几个单
词被以罗马字体突出地标识出来。霍比也曾写道,"廷臣应当在他
的社交活动、姿态、举止,总之他的所有动作上表现出优雅"。有人
或许会问,他的老师约翰·切克爵士是如何看待这一从拉丁语中借
来的词语的。在拉丁文译者中,里奇乌斯选择使用的是 venustas;克
拉克偶尔也使用该词。博斯坎是幸运的,因为西班牙语与意大利语

————————————

① Bates (1992).
② Nocera (1992).

是如此相像,以至于他可以使用与文雅相对的词 gracialdesgracia。

  一个更为重大的挑战,正如有人已猜到的那样,是由卡斯蒂寥内
全书中最为著名的概念"从容"(sprezzatura)带来的。该词汇被用来
(如我们在第二章中所看到)"表示一个人的所言所行来得全不费
力,犹如没有经过思考一样"(1.26)。它发展了古罗马粗心大意
(negligence)的观念(见边码第 11 页)。文艺复兴早期,彼特拉克曾
在"在行为上非常随便"(habitus neglectior)的意义上使用过这个词,
人文主义者皮尔·保罗·韦尔杰里奥(Pietro Paolo Vergerio)则在
"悠闲、不费力"(facilitas)的意义上使用过它。①

  译者们在不同片段——甚或同一片段中为"从容"选择不同的
语义匹配词的做法向我们揭示了他们所遇到的难题,似乎他们根本
就不满意自己所找到的解决办法。如,博斯坎有时将 sprezzatura 直
译为"不重视"(contempt, desprecio),而在更多的时候又将之意译为
"粗心大意"(carelessness, descuido),将 cuidado 和 descuido 这一对
反义词译成相对的"做作"(affectation)和"疏忽"(negligence)。相比
较而言,卡斯蒂寥内所使用的其同义词 disinvoltura 则没有什么问
题。因为它本身即是从西班牙语中借用来的,能够还原回去。②

  面对同一障碍,科林选择使用 nonchalance 一词与之相对应。该
词后来几乎成为一个与原意大利语词汇在意思上相近的单词(不管
怎样,在他那个时代情况即已如此)。佚名法文译者和沙皮斯两人
对此都更为小心谨慎,有时甚至将一些单词叠加在一起使用。前者
使用的是 nonchallance et mesprison,后者使用的是 mespris et noncha-
lance。③ 在这里,不早于 19 世纪早期出现的法语词 insouciance 应当

① Loos (1955), 116.

② Cf. Morreale (1959), 163-165.

③ Cf. Klesczewski (1966), 168ff.

引起注意,它目前似乎是 sprezzatura 的一个适当的对等词。

在两位德文译者中,克拉策的译文显出较多的意译与自信,而诺耶斯则显得较为犹豫,且过于为行文中的字面意思所囿。前者将"做作"(affectation)译作德语词 Begierlichkeit,而后者则将之译为 affectation。克拉策将 una certa sprezzatura 译作某种 Unachtsamkeit,而诺耶斯则推荐全部使用 ein Verachtung oder Unachtsamkeit。在这里,他再一次使用了叠加词。

在拉丁文译本中,巴塞洛缪·克拉克非常适当地使用了西塞罗使用过的 non ingrata neglegentia,并按这样的方式谈论了"以一种疏忽的方式"(in a negligent manner, negligenter)做事的必要性。他对该词注解曰(ut vulgo dicitur) dissolutè。现在看来,最后一个单词在这样的语境下有点怪,但在 16 世纪的英语中,"放荡的"(dissolute)一词具有"粗心大意"(negligent)或"安逸"(at ease)的意思,而非该词汇所表示的道德"散漫"(loose)之意。克拉克也使用了 incuria 这个词汇,它可以被翻译为"蓄意的疏忽"。里奇乌斯则像卡斯蒂寥内那样发明了一个新词,并将 una certa sprezzatura 解释为 certa quaedam veluti contemptio。certa quaedam veluti 这种婉转曲折的陈述清晰确切地表露出他对自己这种译法的些许犹豫和不安。

在为其译文寻找最为准确恰当的单词方面,托马斯·霍比像博斯坎、沙皮斯和其他人一样,曾做过不懈的努力。在他翻译我们前面所引用过的那节意大利文时,他写道,廷臣必须"(用一个新词来说)……在每一件事情上用多少有些使人丢脸的东西来掩盖所做的技术性修饰,并使他的一切言行举止都看似全不费力气,丝毫不曾为之劳神费心"。在"从容"第二次出现时,它仍被翻译成 disgracing(丢脸的)。但到它第三次出现时,霍比却选择了使用 recklessness(鲁莽)一词。霍比译稿的出版商或编辑们看起来都对他的译

70

法不甚满意。在他去世 22 年后出版的 1588 年版本中,他们将 reck-lessness 改成了 disgracing。①

霍比在用词上的选择,是其在翻译过程中与卡斯蒂寥内互动的宝贵证明资料。只要我们能够翻译解释它,我们就能从中收获颇多,但这并非易事。因为 400 多年来英语语言中所发生的一切变化已将我们与他分隔开。要从事这项研究,我们可以先从研究那些可供他选择的词汇入手。他没有像该书的法文译者们(由于他的翻译工作是在巴黎进行的,所以他可能读过他们的译本)那样选择 nonchalance(冷淡)一词,原因可能是他认为这将意味着要创造新的词汇(《牛津英文词典》迟至 1678 年才第一次提及 nonchalance 一词)。

霍比也没有使用 carelessness(粗心)、effortlessness(容易)和 negligence(疏忽)等词汇。他没有使用 negligence 一词,或许是尤为令人惊奇的。因为早在乔叟时代该词即已在英语中使用了。之所以会出现这种遗漏,其原因可能是在传统用法上,"疏忽"被用于有关道德和精神的语境之中,具有几分"玩忽职守"(omission of duty)或"懒惰"(sloth)的意思。② 然而,到 18 世纪,当《廷臣》的两个新英文译本同在 30 年代出版时,negligence 一词的积极含义已占据主导地位,且两位译者皆注意到了这一词汇。1724 年出版的罗伯特·杉伯的译本,说廷臣需要"利用某种 Negligence,轻轻松松地做一切事情,并显得好像毫不把它放在心上一样"。在其他地方,他写道"一种从容的粗心"(an easy Carelessness)。在 1727 年出版的更多按字面意思翻译的译本中,廷臣被描述为需要"在任何事情上都表现出某种程度

71

---

① Nocera (1992).

② Kuhn and Reidy (1954).

的 Negligence,用以隐藏他的技术性修饰,并使他的一切言行举止显得自然、轻松,且皆不曾劳神费心过"。

那么,霍比所使用的这些词汇相互间的关系是什么呢? Recklessness 是一个古老的英语单词,在 10 世纪时即已被使用。霍比选择使用该词或许反映了切克对使用可信的(authentic)英语单词的关注。该词在 16 世纪的用法是否具有像现在这样强烈的贬抑色彩,我们尚不太确定。但有意思的是,我们发现一位与霍比同时代的译者在翻译斯莱丹(Sleidan)的历史著作《评论》(Commentaries)时,竟使用了 a certain negligence and recklessness 这样的短语,仿佛这两个词在某种程度上是同义词似的。

现在我们来讨论 disgracing 一词。与 sprezzatura 不同,disgracing 并不是一个新创的词汇,它相当于 disgrazia。而 disgrazia 曾为卡斯蒂寥内一次又一次地用来描述那些为对话中的发言者所不赞同的行为(如做作)。在英语中,该词似乎也有着强烈的贬抑色彩。如鲁滨逊(Robinson)在其 1551 年翻译出版的莫尔的《乌托邦》中曾如此写道:"粗鲁无礼而又无知的发言丑化和玷污(disgraceth)了一件极好的事情。"诺顿(Norton)在其 1561 年翻译出版的加尔文的著作中写道"丑恶的丢脸之事"(filthy disgracements)。①《空爱一场》则以对"死亡的耻辱"(the disgrace of death)的讨论开篇。最接近于霍比的用法的是菲利普 · 锡德尼在其《为诗辩护》(Defence of Poetry)中的用法。在该书中,disgracefulness 似乎具有 inelegance 之意。但这是在霍比之后的事,锡德尼或许是间接借用了霍比的译法。②

尽管霍比可能只是想努力理解卡斯蒂寥内经深思熟虑而提出的

---

① OED, s. v. 'disgrace'.
② Sidney (1973), 111.

72　似是而非的论点和对惊奇之事的期望,但我们至少应考虑这样一种可能性,即他正在自觉或不自觉地颠覆他的文本。鉴于对他的人生与世界观的了解,或许有人曾发现霍比对待《廷臣》的情绪是有些自相矛盾的。一方面,霍比是一个喜爱意大利的人(Italophil),他曾就读于帕多瓦大学(University of Padua)。另一方面,他是一位在宗教问题上极为严肃认真的新教徒(像他的老师约翰·切克那样)。在玛丽女王统治英国、新教被宣布为非法的年代,他一度因之遭到流放。① 在法国的斯特拉斯堡(Strasbourg),他居住在著名新教神学家马丁·布歇(Martin Bucer)的家中。他的朋友罗杰·阿斯克姆是新教人文主义者身上并存正反两种感情的一个较为直观的例证,我们将会在下文对他的世界观予以讨论(边码第76—77、112页)。

在即将结束本部分的讨论时,研究一下其他试图将西塞罗的 neglegentia 和卡斯蒂寥内的 sprezzatura 或 grazia 翻译成英语的努力,或许将是一件有趣的事情。加布里埃尔·哈维在对霍比译本所做的旁注中将 disinvoltura 解释为 negligent diligence(疏忽的努力),虽然曾有人认为将之译为 diligent negligence(勤勉的疏忽)更为合适。② 乔治·帕特纳姆(George Puttenham)的《英诗技巧》(*Arte of English Poesie*)追溯到了比西塞罗更远的"如希腊人所称的 charientes,人类文明而优雅地行事和繁衍"。③ 另一位伊丽莎白时代的作家乔治·佩蒂(George Pettie)更喜欢这样的解释,即指那些"绅士身上最值得表扬的行为,在每一件事情上隐藏其所做的技术性与技巧性努力,使

---

① Garrett (1938), no. 204.
② Stern (1979).
③ Puttenham (1589).

他所做的一切事情看起来皆似源于他天生的智力"。① 最后的发言
留给本·琼森(Ben Jonson):②

> 平常的脸,自然的眉,
>
> 朴实无华就是美;
>
> 衣衫松松拂动,头发自由飘散:
>
> 这种美好的疏忽我却更加喜欢,
>
> 掺假的艺术只吸引我的眼睛,
>
> 但是打动不了我的心灵。

虽然他是在重复贺拉斯和奥维德的话,但他最早开始使用的"美好
的疏忽"(sweet neglect)却作为一个为人所乐意使用的从容(sprezza-
tura)的同义语而流传下来。

派生文本

研究读者对《廷臣》的反应还有一个途径,即采用我们在上一章 73
中考察意大利文版本时所使用的方式对其外文版本进行研究,关注
作为展示该文本如何被阅读的系列线索的派生文本部分。若要对每
一个文本进行逐个讨论,肯定会导致解释的冗长乏味,也可能会导致
含混不清,但对其中一些版本的分析则是绝对必要的。

例如,西班牙文译本的早期版本与意大利文版本看起来即存在
很大的差别,它们是以黑体字(in black-letter)印刷的。除正文内容

---

① Pettie (1576).

② 这段诗文是本·琼森《总是衣冠楚楚》(*Still to Be Neat*)的第二节。其第一节是:
总是衣冠楚楚,总是乔装打扮/仿佛你要去赴宴一般,/总是涂脂抹粉,总是洒露喷香;/夫
人,我倒是这样想,/虽然艺术的潜因还不知道,/但并非一切艺术都悦目,都美好。译文来
源于何功杰:《诗苑内外拾零》,苏州大学出版社 2011 年,第 64 页。——译者注

外,多出了诸如前言、序等一些内容。这尤以胡安·博斯坎为其译本写的序言及所附的一封来自其朋友、诗人加尔奇拉索·德拉维加的信件最为典型。博斯坎在序言中说该书的内容"不仅是有用和令人喜爱的,而且还是为人所必需的"（no solamente provechosa y de mucho gusto：pero necessaria）,还指出在西班牙和意大利这两个民族间存在着风俗习惯上的差异,并对在翻译该书时给予过他鼓励的两位贵妇表达了谢意。加尔奇拉索则在信中对该译本和其中所使用的"极似廷臣用语的词汇"（teminos muy cortesanos）及其作者努力预测并回应可能的批评（我们将在下文对之进行讨论,边码第99—116页）的做法给予了赞扬。

自1540年开始,新出版的西班牙文《廷臣》译本中增加了旁注。1574年安特卫普版将全书内容分成32章,并在最后以表格的形式进行概括总结。其前言中的一个注释对这样划分的意义进行了解释。这个注释被认为是该译本的出版商菲利普·努齐奥（Philippo Nucio）所加,是一个历史学家非常感兴趣的注释。"作者并没有对书的内容分章;但现在看来,对一些人来说,要从头至尾、没有任何停歇与休息地阅读完一整本书,是一件多少令人疲惫不堪的事情。"

《廷臣》的第一个法文译本在出版时虽没有任何索引或旁注,但却附有一首尼古拉·波旁（Nicolas Bourbon）写给读者的赞美科林译本的拉丁文诗。在其1538年版中,增加了一封埃迪纳·多尔特写给梅林·德·圣-格雷斯的信。多尔特在信中告诉梅林·德·圣-格雷斯,他们正在里昂一起阅读这本书,"并发现了许多错误和遗漏"。这确证了罗杰·夏蒂埃（Roger Chartier）的观点,即近代早期的阅读有时是集体性的,而非私人的。①

① Klesczewski（1966）, nos 7-12, 14；Chartier（1987）, 231.

可能是出于降低成本的考虑,16 世纪 40 年代和 50 年代时《廷臣》的许多版本删除了原有的那些作为代前言的信件。但另一方面,沙皮斯的译本(1580)不仅附有一份致尼古拉斯·德·鲍弗雷蒙特(Nicolas de Bauffremont)的新献词,而且还模仿当时新出版的意大利文版本,附有一份精心设计的表格——"最重要的内容与格言"(Tabel des principales matières et sentences)。该表格不仅罗列了"君主所应具有的品格""讲述有趣的故事时所应有的姿态",还指出"荣誉是女性之于男性的缰绳",等等。

《廷臣》的霍比英文译本,不仅和其早期西班牙文译本一样,以黑体字印刷,而且还在卡斯蒂寥内的对话之前增加了多达 4 人的言论。它们分别是:出版商威廉·色雷斯(William Seres)向读者所做的关于该译本的出版何以耽搁的解释说明;诗人托马斯·萨克维尔(Thomas Sackville,他与霍比可能在学生时代即已相识)以十四行诗的形式对该书作者和译者所作的颂词,他将《廷臣》描述为"一部值得赞扬的著作";约翰·切克爵士致"他亲爱的朋友托马斯·霍比少爷"(Master Thomas Hoby)的一封信,对"你将你的译作送给我向我征询意见"表示感谢,并提出了他的翻译理论(见前文,边码第 66 页);最后是霍比自己写给亨利·黑斯廷斯勋爵(Lord Henry Hastings)的信,他在信中自满地说,卡斯蒂寥内终于"变成一个英国人了",其著作被间接评论或"不为人们完整地接受"或仅为"懂其语言"者所阅读的时代一去不复返了。

诸如此类的派生文本内容还有:出版者在书的版权页上所做的夸大其词的广告,将该书描述为"对居留于宫廷、(大主教或主教的)官邸或特殊场所的年轻绅士和贵妇非常必要和有益";如今司空见惯的旁注;在书的最后,也是尤为值得我们注意的对廷臣和宫廷贵妇主要品质的"简短复述"或总结(绅士 82 条;贵妇 48 条)。我们在前文（边码第 42 页）看到，卢多维科·多尔塞已在其译本中编制过一份类似的明细清单，但此次霍比对它进行了极为精心的扩充。他为男性开列的清单内容包括"出身高贵、富有资财""对一切都不

75　可感情用事或表现出好奇心""用鲁莽（recklessness）隐藏技巧""在学习拉丁文与希腊语时要给人以虽毫不用功但却学得很好的印象""具有绘画的艺术才能"，以及"不但能够演奏鲁特琴①，还能和之以小曲"。

　　在以典雅的斜体活字印刷的克拉克《廷臣》拉丁文译本中，新增写的序言数目增加至 6 篇，但卡斯蒂寥内曾以之作为序言的、他自己写给米格尔·达·席尔瓦的信却被删掉了。译者将他的译著敬献给伊丽莎白女王，并给他的资助人巴克赫斯特勋爵（Lord Buckhurst，即亦曾是霍比资助人的托马斯·萨克维尔，此时他已成为贵族）写信介绍他的书。巴克赫斯特给克拉克写了回信。克拉克的剑桥同事、医生约翰·凯厄斯（John Caius）也写信给他。牛津伯爵爱德华·维尔（Edward Vere）和克拉克自己则分别写有致读者的信。该书的最后还附有克拉克的一些朋友赠给他的诗作。该拉丁文译本没有进行章节划分，也没有索引，但却带有合乎习惯的旁注。这样做的原因被解释为"习惯的力量""假装的疏忽"，等等。在其后来的版本中，又增加了一份索引，以当时惯用的方式，列出了对读者的劝告："廷臣不应当做演员"；"廷臣不应当嫉妒别人"；"廷臣不应当轻视狩猎"；"绘画艺术对廷臣是必要的"；等等。和诸意大利文版的情况一样，《廷臣》法文、英文和拉丁文译本中的派生文本内容皆鼓励读者将该对话当作一本行为准则汇编或处世宝典。

------

　　①　14—17 世纪流行于欧洲的一种弦乐器。——译者注

读者的反应

现在,让我们离开这些语言文献学与目录学方面的细节,而将目光投向 1528—1619 年间意大利之外的世界,以更为全面地揭示读者对《廷臣》的反应。在本章和接下来的第五章中,我们将重点讨论读者对《廷臣》的赞许性反应,对那些批评性反应我们则将之留至第六章中进行讨论。

在法国,一份该书第三卷译稿的前言曾如是说,"在精心编印并得到行家高度赞美的意大利图书中,我们认为《廷臣》是最为优秀的一部,也将是最后一部从读者的视野中消失的书"。① 尽管没有指名道姓,但卡斯蒂寥内的对话似乎是引发了一场被称为"论女友"(querelle des amies)的关于骑士爱情(courtly love)的全法大辩论。这场辩论包括了伯特兰·德·拉博尔迭(Bertrand de La Borderie)的《宫廷女友》(*Amie de cour*, 1541)、查尔斯·方丹(Charles Fontaine)的《宫廷之友》(*Contr'amie*, 1541) 和安东尼·黑洛特(Antoine Héroet)的《完美朋友》(*Parfaite amie*, 1542)。② 这些对宫廷贵妇之行为的生动有趣的考察包含了对优雅的评论,其中包括 une grace assurée,一个与 sprezzatura 意思上非常接近的同义词。值得注意的是,博尔迭和黑洛特两人的书都是由人文主义出版商埃迪纳·多尔特出版的,他曾亲自参与翻译过《廷臣》的一个法文译本。

其他读者则更看重该书中有关政治方面的内容。在《不可或缺的君主》(*Necessary Prince*)中,诗人让·德·拉·泰勒(Jean de La

76

---

① BNP fonds français. 2335, quoted Héroet (1909).
② Screech (1959).

Taille)希望得到一位"如卡斯蒂寥内笔下的廷臣那样的"廷臣，以教导君主学习如何"公正地实施统治的艺术"。该诗大约写于 1572 年法国新教徒遭遇大屠杀之时。在泰勒看来，该事件使许多人看到年轻的查理九世（Charles IX）身边特别需要好的建议和顾问人员。①蒙田——他曾读过《廷臣》（但可能是它的译本，尽管他通晓意大利语）——在《散文集》（Essays）中曾两次声明他反对在言谈衣着方面表现做作，认为漫不经心的行为举止展现着优雅。② 此外，蒙田的朋友雅克–奥古斯特·德·图，一位后来成为著名历史学家的律师，也对该对话报以热烈的反应。当 1573 年去意大利时，他访问了乌尔比诺，并在曼图亚会见了卡米略·卡斯蒂寥内（Camillo Castiglione），"巴尔达萨尔伯爵的儿子，他以自己的学识、诗作，特别是他的《廷臣》——一部如同西塞罗《论演说家》的富于想象的著作（a work of imagination）而扬名"。③

在 16 世纪 60 年代中期的英国，霍比的英文译本出版后不久，霍比在剑桥大学的朋友之一、人文主义者罗杰·阿斯克姆，在其一部论对年轻贵族教育的著作中对《廷臣》如此评论说：

> 要想学得培养优雅行为（comely exercises）的知识，巴尔达萨尔·卡斯蒂寥内伯爵的《廷臣》中有条理清晰的讲授。我认为，对一名年轻人来说，用一年的时间留在国（英国）内，对该书进行明智的阅读，并坚持不懈地遵循、实践书中提出的原则，要比花三年时间到意大利游学好得多。当看到尊敬的绅士托马斯·霍比爵士如此好地将之译成英文时，我不禁惊奇于为何此

77

---

① La Taille (1878-1882), vol. III, cxxi; Daley (1934), 218.

② Montaigne (1580-1588), book I, no. 26 and book III, no. 10.

③ Thou (1713), 24, 43.

书在宫廷中没有得到更为广泛的阅读。托马斯·霍比爵士不仅在诸多方面有着广博的学识,而且还精通各种语言。

此外,阿斯克姆还提出了自己的建议。他说"宫廷中的绅士"应当能够骑马、跳舞、唱歌和演奏各种乐器。但他没有提到绘画,而以箭术代之。①

除以上所述外,对《廷臣》的赞许性反应还有:北安普敦新伯爵亨利·霍华德曾在 1569 年说道:"卡斯蒂寥内伯爵最为优秀的作品名字叫《廷臣》";②16 世纪 70 年代,在牛津大学开设的"阿里奥斯托修辞学"讲座课程中,约翰·雷诺兹(John Rainolds)在授课时顺便提到了《廷臣》,他想当然地认为他的听众熟悉该文本;③此外,大约是在 1580 年,加布里埃尔·哈维在给其朋友、诗人埃德蒙·斯宾塞(Edmund Spenser)的一封信中说,卡斯蒂寥内在剑桥"名声很响"。④

几乎与此同时,在一部作者佚名的《论文明与非文明生活》(*Civil and Uncivil Life*)的对话中,一位发言者拒绝"承担构造廷臣的责任"(to take upon me to frame a courtier),并说他更愿意"将之留给巴尔达萨尔伯爵(Earl Baldazar)。他的书现已由托马斯·霍比爵士译出,我想您已经读过。如若您还没有读过的话,您真应当去读一读"。⑤ 1589 年,托马斯·纳希提到其熟人中几位绅士间的一场讨论,说该讨论提出了"种种问题,同时也提到了卡斯蒂寥内《廷臣》中所要求的许多品质"。⑥ 3 年后,尼古拉·布雷顿(Nicholas Breton)在将一本书献给彭布罗克伯爵夫人(菲利普·锡德尼爵士的姊妹)时,

---

① Ascham (1568), 19-20. Cf. Ryan (1963).
② Peck (1991), 150.
③ Rainolds (1986), 336.
④ Harvey (1884), 78-79.
⑤ Javitch (1978), 5n.; cf. Breton (1618).
⑥ Nashe (1589), dedication.

将她比作伊丽莎白公爵夫人，并将她在维尔顿（Wilton）的"高雅住宅"比作乌尔比诺的宫殿。①

78 　　1608 年，在意大利的一位英国旅行家朝拜了曾写有堪称"最为优秀"之书——《廷臣》的"值得尊敬的诗人和演说家"的墓（在曼图亚外的一座教堂内）。② 1612 年，埃克塞特的法官在论及年轻人的培养时，向他的儿子及其他年轻人推荐了"这本经卡斯蒂寥内深思熟虑而写成的读物，并建议他们对这本优秀的和永远最为值得称道的作品进行认真的思考，因为卡斯蒂寥内通过由他精选的规则，将年轻的绅士们投入比他们的父亲所能达到的更好的模具之中"。③ 1615 年，一位英国骑士在论及"最为博学与明智的高贵绅士康特·巴尔德瑟·卡斯蒂利奥（Count Baldesser Castilio）"时，对他在学习"骑马、绘画、跳舞"以及武器运用等方面所提出的建议给予了赞扬。④

　　我们在此所提供的此类论据——它们可以被非常容易地加以扩充，且欧洲的其他许多地方也有类似之说——毫无疑问地过于简短与概括，以致都不能给出一个有关《廷臣》读者之观点的最为模糊的印象。对此，我们至少有两种可超越它们的方法。

　　首先，如研究该书的历史学家们所指出的那样，要研究一个文本的被接受情况，可以通过读者们潦草地写在页边空白或书皮底纸等处的评论来进行。⑤ 如，约翰·哈克特（John Hacket）主教所拥有的一册拉丁文版《廷臣》中含有诸如"注意"（Nota）或"仔细阅读"（Perlege）等旁注。⑥ 甚至连读者在阅读时标记的下划线，或 16 世纪时的

---

① 　Waller（1979），41-42.

② 　Coryate（1611），1，268.

③ 　Martyn（1612），109.

④ 　Sir George Buck quoted Hale（1976），231.

⑤ 　Chartier（1987）；Darnton（1986）.

⑥ 　UL，L＊.15.10.

代替标识——画于页边空白处的十字或"手形指针"（maniculus）等，在告诉我们是文本的这些部分而非其他部分唤起了读者的反应方面也具有一定的价值。因此，研究卡斯蒂寥内著作被接受情况的最为英勇的方法就是去检查目前尚存的该文本的每一个副本，从中找出其 16 世纪和 17 世纪早期的读者们在阅读时所做的评注。我无法假装有如此的胆识，但对分析《廷臣》的部分评注本还是有一定兴趣的。

剑桥大学的加布里埃尔·哈维先生对《廷臣》所做的评注，是保存最为完好的 16 世纪读者对卡斯蒂寥内的反应之一。哈维不仅拥有许多意大利文书籍（阿雷蒂诺［Aretino］的剧本、瓜佐的《论会话》［*Conversation*］、塔索的《阿敏塔》［*Aminta*］等），而且还用漂亮的手写体（Italianate hand）频繁地对他所读过的书进行评注。哈维曾评注过的意大利文版《廷臣》已经佚失，但他曾评注过的霍比英文译本现藏于美国芝加哥的纽贝里图书馆（Newberry Library），其中有许多的注释。尽管这些注释大多是对文本内容的概括总结而非评论，但它们至少使我们知道，对话中给一位读者留下最深刻印象的内容是什么。

如，哈维的旁注强调了"优雅或良好行为举止"（grace, or fine comely behaviour）的重要性；同时也强调了"能文善武、文武双全"（skilful and expert in letters and arms，此处对原著中"the arms and letters"之表述做了一个重要的词序颠倒，因为哈维是一位文人）的必要性。"做任何事情，都应表现出相宜的优雅与礼貌"，他曾在一处如此写道。而在另一个地方，他则这样写道：

> 最为重要的是，它为我们引进了这样一个榜样性的廷臣形象，他气质优雅，举止得体；口才出众，待人得体；能文善武，文武双全；在所有宫廷活动中表现活跃，并对女士殷勤无限；反应灵

79

敏,才思敏捷;行动坚决、勤勉、勇敢;行事时尽可能表现得知识渊博,战无不胜;所言所行豪放大胆,机智幽默,充满活力。①

如同 16 世纪的其他读者,哈维对卡斯蒂寥内著作中有关笑话的部分表现出巨大兴趣。他在对昆体良论修辞的著作中所做的旁注提到了这一部分内容。哈维对该文本所做的最接近于批评性的注释是他所提出的一个建议:一个人不仅要"文雅"(urbane),而且还要"注重实际"(pragmaticus),不管他所想要表达的是什么(可能是政治意识,可能是法律意识)。②

就我所知,有关卡斯蒂寥内著作的最全也最为系统的旁注也是来自英国。它们载于为北安普敦新伯爵亨利·霍华德所有的一册 1541 年威尼斯版的《廷臣》中。霍华德仔细阅读了该书的第一卷和第二卷的大部分内容,不仅在许多段落下作了下划线,而且还在书页的天头地脚写下了总结性话语。这些总结性言论一般是用意大利语写的。这些旁注不仅表明霍华德爵士阅读过该文本,且对之进行了认真的研究,同时也表明一些读者已意识到对该书作主题索引与旁注的必要性。如前文所见(边码第 42 页),后来的版本向读者提供了这些内容。

80　　尽管很少有明确的评论性文字,但霍华德对旁注段落的选择却向我们展示了他的一些兴趣偏好。首先,这些注释告诉我们,对他所处时代的年轻贵族来说,荣誉与战争是他们最为看重的事情。这为霍华德的例子所进一步证实,因为他的图书馆中藏有许多军事著述。对书中强调从事战争应是廷臣之主要职业的段落,针对荣誉与"清醒的头脑"(animo invitto)之重要性以及作为战场上之激励的名声

① Ruutz-Rees (1910), 635; Stern (1979), 159; Jardine and Grafton (1990).
② Moore Smith (1913), 114; Stern (1979), 160-161.

（il vero stimulo e la gloria）等方面所做的评论部分,霍华德都做了
标记。

图书拥有者对视觉的特别兴趣在他的注释中也得到了体现。他
在涉及这些主题的书页上方用大写字母写有"音乐"（MUSIC）、"绘
画"（PAINTING）、"雕塑"（SCULPTURE）、"透视画法"（PERSPEC-
TIVE）等词,而在提到拉斐尔和米开朗琪罗的地方则在书页空白处
标记以"最优秀的画家"。这些评注也表明——与一些 20 世纪的读
者不同——霍华德将该文本视为一部有寓意的,甚或具有道德教化
功能的著作,因为（举例来说）他曾为"不名誉之事"（dishonourable
matters）和"老年人的堕落"（the vices of the old）等内容做注。霍华
德在页边空白处将之与西塞罗的四部著作进行多次对比,则表明他
认为《廷臣》在写作思路上受到了西塞罗的影响。

然而,卡斯蒂寥内著作给霍华德印象最深的似乎是其对优雅的
讨论。Sprezzatura（从容）和 Affectatione（矫揉造作）被和其他单词一
起写在页面的空白处,而有关质朴（simplicity）——消除技巧修饰、舞
会中的高尚举止（gracious movements）的评论部分则像作者断言廷臣
应给人以"好的印象"（good impression）部分那样被标以下划线。以
类似的方式,乔治·帕特纳姆将廷臣的艺术应用于诗的艺术,建议
"宫廷诗人"应当如此创作——他的技巧"不应显现出来或看起来是
他通过对规则标准的学习或交换而得来的,而是出自他的本能"。①
此外,弗朗西斯·培根在他题为"论仪式与尊重"（"Of Ceremonies
and Respects"）的文章中,对那些"费力"（labour too much）去获取好
的形式（good forms）却因之"丢失了他们的优雅"的人提出了批评。
他认为优雅是"是天生的而非矫揉造作的"。

①　Puttenham（1589）, 302, quoted in Javitch（1972）, 881.

与其说帕特纳姆和培根是在评论卡斯蒂寥内，倒不如说他们是在模仿他。由此，探究当时人们是以何种方式对该文本做出反应的另一个方法就是考察他们对它的模仿。有关这种模仿的一些最为著名的例子我们将在下一章予以讨论。

第五章
被模仿的《廷臣》

尽管《廷臣》的版本、译本与读者清单现已明了,但它们却并非
是评估该文本在欧洲文化中之重要性的仅有途径与方式。我们仍
需对该文本的可仿效性(exemplarity),及其在生活或文学创作中以
怎样的程度和模式激发了人们对它的模仿、这种模仿采取的是剽
窃的形式还是该对话中曾讨论过的创造性模仿等诸方面内容进行
研究。

模仿的问题

通常情况下,要证明某一特定的书或人模仿了另一本书或另一
个人,或反过来说,某一特定的书或人影响了另一本书或另一个人,
是很难的(见前文,边码第3页)。回想一下我们自己的生活,我们
或许确实会记得那些曾给我们留下深刻印象的书或人,但这总是因
为存在这样一种可能性,即它们对我们的影响恰是时候。它们在我
们早已准备(不管是有意识地还是无意识地)朝着某个方向出发时
轻轻地推了我们一把。

模仿的概念远比它初看起来复杂得多。对该方法进行的讨
论,事实上是辩论,发生在文艺复兴时期。文艺复兴是这样一个运
动,即它的定义性特点是要复活古典时代特别是西塞罗和维吉尔

时代的古代遗产。西塞罗和维吉尔都遵循了古希腊模式，并试图将它们适用于古罗马的价值观念。如，在 1512 年的罗马，詹弗朗切斯科·皮科·德拉·米朗多拉（Gianfrancesco Pico della Mirandola）主张要对模仿采取一种折中的方法，而卡斯蒂寥内的朋友本博则支持个别作家的模仿。这些个别作家强调对被模仿的风格（西塞罗之于散文，维吉尔之于诗歌）进行全部吸收以及"效法"经典的必要性。①

82

卡斯蒂寥内对话中的人物也讨论了这个问题。围绕该问题，他们中的一位做出了这样一个结论，即如果我们模仿古人，那我们根本就不能模仿他们——因为古人没有模仿其他人；而另一位则指出罗马人模仿了希腊人（1.31–1.32）。《廷臣》不仅对创造性模仿进行了讨论，而且还给它以例证，特别是在讨论其与对话一开始提到的三部经典著作——柏拉图的《理想国》、色诺芬的《居鲁士的教育》以及最为重要的西塞罗的《论演说家》之间的关系时。

现在，卡斯蒂寥内的对话逐渐成为后人所模仿的对象。评估人们对《廷臣》的模仿的重要性更加困难，因为同马基雅维里的著作相比，《廷臣》并未提出多少新颖的观点。一位美国学者曾开列出多达 945 本 1625 年前在欧洲出版的与绅士有关的著述，后来她又发现了另外 472 本，另外还有为"文艺复兴时期的贵妇"提供"教条"（doctrine）的 891 本。② 在我看来，她把网撒得太广了，但即使该清单被缩减一多半，它仍将包含上千个标题。另一位学者则为藏于芝加哥纽贝里图书馆的 2000 本"礼仪手册"（courtesy-books）开列出一份清单。③ 在本章或第七章中，我们将会讨论到这些文本中与本书主题

---

① Santangelo（1954）; cf. Greene（1982），171-176.

② Kelso（1929，1956）.

③ Heltzel（1942）.

特别相近的五六十本著述。在讨论过程中,我们必须牢记这样一个重要问题:如果卡斯蒂寥内没有写作《廷臣》,那么,所有这些文本将会与现在有什么不同?

在接下来的讨论中,我们应当努力避免两个极端。一方面,存在着这样一种危险,即如一些学者那样,认为卡斯蒂寥内无处不在,即使是在对有关绅士美德的最为平常的讨论中亦是如此。我不会说莎士比亚的主人公——如比特阿丽斯(Beatrice)和本尼迪克(Benedick)——源自《廷臣》中的人物,特别是伊米莉亚夫人和加斯帕罗·帕拉维奇诺,甚或认为他们是来自此书的某一特定理念的化身。[①] 同样,那种认为阿隆索·德·埃尔西利亚(Alonso de Ercilla),一部关于征服今日之智利的著名史诗的作者,是卡斯蒂寥内的模仿者的说法也因缺乏证据而无法成立。[②]

相反的危险是,只有当其作者的名字被提到时,才注意到从《廷臣》中借用来的东西。例如,可以肯定地说,著名的行为指导手册《加拉泰奥》的作者乔瓦尼·德拉·卡萨和一部同样著名的批评宫廷的著作的作者安东尼奥·德·格瓦拉(Antonio de Guevara),都使用了《廷臣》而没有提到该书及其作者的名字。此外,法国军人弗朗索瓦·德·拉努(François de La Noue)在其演讲中虽未提及巴尔达萨尔,但却借用了《廷臣》中一则最为著名的轶事。该故事说的是,一位军人炫耀自己只能谈论与战争有关的事情,结果一位贵妇使他安分下来。这位贵妇对他说,在和平时期,他应当披盔挂甲、全副武装地被摆在橱柜中(1.17)。[③] 在书后的附录二中可以看到,有35位作家明显地使用了该文本而没有对之致谢。

83

---

① Scott (1901); cf. Bhattacherje (1940), 38ff; Praz (1943), 195-196.
② Corominas (1980), 6.
③ La Noue (1587), 235.

　　《廷臣》中一个被广为模仿的对象是书末本博就神圣爱情的发言。如，稍后将在本章讨论到的路易·米兰即在描述宇宙、造物主和天体时模仿了它。他借马斯特罗·萨帕特尔（Mastro Zapater）之口在其对话即将结束之处做了相关的论述。① 此外，葡萄牙行乞修道士海特·平托在《论基督徒的生活》（*Dialogues on the Christian Life*，1563）讨论爱情的部分也模仿了它。② 弗朗西斯·培根在 1592 年的一场宫廷娱乐游戏"致颂词"（Of Tribute）中也模仿了本博的发言。③

　　当然，通过超越宫廷而完全描写其他的行为方式——如医生的行为方式（像一位 16 世纪西班牙佚名作家曾做过的那样），对卡斯蒂寥内进行创造性地模仿是比较容易的。④ 毕竟，卡斯蒂寥内正是以这种方式模仿柏拉图的《理想国》和西塞罗的《论演说家》的。有关理想的老师或学生的讨论，是人文主义者选择的一个自然话题。但实际上，在《廷臣》本身的内容中，奥塔维诺·弗雷戈索曾因建议君主应当表现得"更像一位好教师而非一位好廷臣"（4.36）而受到听众切萨雷·贡扎加的批评。

　　一位英国人文主义者似乎在相同的方向上感兴趣，他赞美卡斯蒂寥内著作的话早已为我们所引用。罗杰·阿斯克姆的《教师》（*Schoolmaster*，出版于作者死后的 1568 年）序言中，讲述了一场发生于几个朋友间的对话。其参加者包括威廉·塞西尔爵士（Sir William Cecil）、理查德·萨克维尔爵士（Sir Richard Sackville）和沃尔特·迈尔德梅爵士（Sir Walter Mildmay）。其中沃尔特·迈尔德梅爵士对教育的兴趣使他创建了伊曼纽尔学院（Emmanuel College）。

84

---

① Milán（1561），362ff.

② Deswarte（1991）.

③ Martin（1992），64-66.

④ Bataillon（1939），vol. II, 266.

对话发生于塞西尔在温莎堡（Windsor Castle）的家中。他们像薄伽丘《十日谈》中的人物一样，在这里躲避瘟疫（此时正在伦敦肆虐）。晚饭时，他们听到一些学生因害怕挨打而从伊顿公学（Eton）逃走了，于是，他们就开始谈论教育的方法问题。阿斯克姆断言说："要想孩子们学习好，应当用爱来吸引他们，而非用敲打来驱赶他们。"

该对话引发了仅在萨克维尔与阿斯克姆之间进行的另一场谈话。他们讨论了"英国人大量前往意大利"的问题。最后，谈话以萨克维尔要求阿斯克姆写一本关于"年轻人的教育"问题的书而结束。此后书中讨论的内容包括：对宫廷的反思、优雅、学习对贵族的重要性、法国国王弗朗索瓦一世、在意大利旅行的危险以及卡斯蒂寥内著作的价值。然而，《教师》本身采用了专著的不带个人色彩的形式。这或许是因为，在阿斯克姆这样一个更为严格意义上的新教徒看来，对话的形式不够严肃，所以不予采用。[①]

事实上，将《廷臣》用于学术环境的类似尝试在西班牙早已有人做过，只是阿斯克姆无从知晓而已。大约在16世纪50年代，人文主义者克里斯佗瓦尔·德·比利亚龙就写过一本论教育的对话，只是直至20世纪它才得以正式出版。[②] 该对话题为《学者》（*El scholástico*），其主要内容是描述一个"学术共和国"（academic republic）的情况，换句话说，即描述大学中完美的学生与完美的老师。该对话被安排在西班牙萨拉曼卡大学（University of Salamanca）[③]及附近的贵族阿尔巴（Alba）公爵名下的一座花园中进行，采用的是该大学校长与包

85

---

① Ascham（1568）.

② Villalón（1911, 1967）; cf. Bataillon（1939）, vol. II, 266-271; Kerr（1955）; Kincaid（1973）.

③ 创建于1218年，是西班牙最古老的大学，也是世界上历史最悠久的几所高等学府之一。从建校起到16世纪末，它一直是欧洲的重要学术中心之一，与巴黎大学、牛津大学和波伦亚大学（意大利）齐名。——译者注

括著名学者埃尔南·佩雷斯·德·奥利瓦（Hernán Pérez de Oliva）在内的 9 位在这里工作的教师进行讨论的形式。像在《廷臣》中那样，该讨论进行了 4 天，被分成 4 卷进行描述，并被有些怀旧意味地安排在过去（1528 年，一个被认为是用来表达对卡斯蒂寥内敬意的年份）发生。

《学者》所讨论的主要议题是该大学的课程，包括了诸如巫术的地位和异教经典的作用等具有时事性质和争论性的问题。但在讨论过程中，发言者的发言却渐渐超出对学术问题的关注，而越来越多地关心起发生在乌尔比诺的讨论。至第四卷时，对女性的优点与缺点，以及她们在学者生活中的地位（像爱情那样）；音乐、绘画、建筑及其他艺术（强调它们在古代的重要性）间的相互关系；以及在不同社会场合中的言行方式，要将庄重与优雅结合在一起等问题的讨论则成为其描写与讨论的重要内容。最后，该书以发言者讲述有趣的故事收尾。

比利亚龙觉得有必要反驳对他的剽窃指控。"一些早已看过我们的书的人，"他在其书的序言中写道，"对它提出了批评，说我对巴尔达萨尔·卡斯蒂寥内伯爵《廷臣》的模仿是如此地接近，以致实质上我是在翻译它。"他通过指出他们目的的相似性和他们使用了同样的古典材料（特别是柏拉图和西塞罗的著作）来为自己辩护。"然而，如果看过这些智者的著作的人仍认为我更喜欢模仿巴尔达萨尔·卡斯蒂寥内伯爵的话，我没有任何反对意见，因为……他是博学的意大利应当为之骄傲自豪的那些最为博学者中的一员。"①

---

① Villalón（1911）. 作为 1967 年版基础的手稿中缺少这一段；cf. Kerr（1955）。

1. 拉斐尔创作的卡斯蒂寥内肖像画

2. 鲁宾斯(Rubens) 对拉斐尔卡斯蒂寥内肖像画的临摹本

3. 伦勃朗（Rembrandt）对拉斐尔卡斯蒂寥内肖像画的意象摹本

4. 第三手的卡斯蒂寥内肖像画：
对拉斐尔卡斯蒂寥内肖像画摹本的临摹

COMES

BALTHASSAR CASTILIONIUS

E TABULA RAPHAEL. URBINATIS
IN ROMANO INSIGNI MUSEO
CARDINALIS VALENTI.

alt p. 2 unc. 4 ½   *lat. p. 1. unc. 10.*

5. 以拉斐尔卡斯蒂寥内肖像画为范本的匿名雕刻画

6. 被描绘成一位 18 世纪绅士的卡斯蒂寥内

7. 乌尔比诺宫廷的画作

8. 乌尔比诺宫廷的雕刻画

《学者》不是一部伟大的文学作品,也缺少卡斯蒂寥内著作那种格调上的轻盈与灵活,但该对话仍具有一定的吸引力。它未能出版于当时,这对 16 世纪的读者来说是一个损失。究其原因,毫无疑问是其中的一些人物发表了伊拉斯谟式的观点,将柏拉图描述为"神圣的",将塞内加描述为"虔诚的"(religious);以及,最为重要的是,一些基督徒的批评意见。这些基督徒"在他们的信仰方面非常敏感"以致认为古希腊与拉丁文学是异教著作而拒不接受。[①] 如《十日谈》在反宗教改革运动期间的命运所揭示的那样(见边码第 102—103 页),宗教裁判所总是对那些反映其自身的文学作品特别敏感。因此,文艺复兴时期的西班牙读者在阅读劳伦西奥·帕尔米耶诺的《宫廷学者》(*El estudioso cortesano*,1573)时,不得不倍加小心谨慎。《宫廷学者》中虽包含了对好教师应具有的品质进行概括总结的格言警语,以及教导读者在谈话中如何使自己为人瞩目的暗示性建议,但无论是在外在形式还是具体内容上,它都不能与比利亚龙的著作相竞争,更不用说卡斯蒂寥内的著作了。

86

宫廷的肖像

既然本书的目的之一是要探究近代早期欧洲变动中的贵族价值观念,我们就应当关注一下那些身居意大利之外的作者们为描述统治阶级中的完美成员所做的诸多努力。他们极有可能熟悉卡斯蒂寥内的著作。托马斯·埃里奥特爵士(Sir Thomas Elyot)的《管理者之书》(*Book of the Governor*,1531)即该类著述中为人熟知的一个典型。另一本是《完美议员》(*The Ideal Senator*,1568),作者是瓦

[①]　Villalón (1967), 145, 152.

夫日尼亚克·戈斯里奇（Wawrzyniec Gosĺicki），他自取的拉丁文名字是"劳伦丢斯·戈里马里乌斯·哥斯利茨乌斯"（Laurentius Grimalius Goslicius）。

波兰的君主政体跟英国的一样，是立宪君主制，贵族和乡绅对他们所享有的独立自主引以为豪。这使上述两本著述都具有明显不同于文艺复兴时期论宫廷与廷臣著作的偏向。因此，埃里奥特选择描述的是"下层管理者"或"地方官员"阶层成员，换言之，即"在公共领域享有权威的绅士"的教育问题，无论他是治安法官还是议会议员。由此，他重点论述的是他们学习历史与法律知识的必要性。① 以类似的方式，加布里埃尔·哈维在霍比所总结的廷臣应具有的重要品质中增加了"民法"（civil law）一条。②戈斯里奇在强调学习历史与法律知识之必要性的同时，还强调在波兰"议会"（senate）中演讲要具有说服力的必要性。他主张他的读者不要像西塞罗、柏拉图和色诺
87　芬那样，应当注重实际。这间接表明了他与《廷臣》的距离，因为这些人都是卡斯蒂寥内所主张模仿的经典作家。

埃里奥特与托马斯·克伦威尔相熟，并可能是通过他早在1530年即对《廷臣》有了非常好的了解。因此，这两个文本间的最为相似之处是，埃里奥特向年轻贵族所提出的建议：不仅要学习音乐，还要学习视觉艺术，"好像是自然引他前往"，虽然并不见得要成为"公共画家或雕刻匠"。③ 埃里奥特的自辩（defensiveness）强调了这样一个事实，即这一建议在亨利八世时代的英国是不同寻常的。

戈斯里奇是波兰贵族中的学识渊博者。他从政（他的情况同卡

---

① Elyot（1531），book I，chs. 3-4.

② Ruutz-Rees（1910），628.

③ Eloyt（1531），book I，ch. 8. Cf. Woodward（1906），292；Major（1964），60-76；Hogrefe（1967），118，129，138-139，149-150，152.

斯蒂寥内一样,先后担任外交官和主教)之前,在意大利帕多瓦大学完成了大学教育。虽然他的著述中没有谈到半点儿视觉艺术,但事实上,他对音乐与体操学习以及他所认为的完美议员之形体美等方面的评论,却与那些通常强调庄重优于优雅、威尼斯共和国的优点多于君主朝廷的著述有着明显的不同。在一个豪强(magnates)仍保留有私人军队,以及基督教世界的边境生活仍在鼓舞人们以好勇斗狠为美德的国家中,作者对于威尼斯共和国的热爱必定会给其贵族读者带来一定的惊奇。戈斯里奇似乎已成为认为应当给予议会更多权力的波兰贵族的事实发言人。①

一转向有关宫廷生活的著述,我们就遇到了资料过于丰富的麻烦,它给我们造成了文本选择上的困难。它们并不总是采用著述或对话的形式,如阿隆索·赫罗尼莫·德·萨拉斯·巴瓦迪略(Alonso Jerónimo de Salas Barbadillo)的《完美绅士》(the Perfect Gentleman,1620)是一部小说,其主人公被赋予"仔细的疏忽"(descuido cuidadoso)的特点。② 此外,遵循意大利室内游戏的传统(边码第45—46页),西班牙人阿隆索·巴罗斯的《宫廷哲学》(Philosophy of the Court,1587)教读者如何玩一种用骰子的棋盘游戏——非常像20世纪的"蛇爬梯子"游戏。在这种游戏中,棋盘上的63个方格代表廷臣职业生涯的每个阶段,他先从名誉之门进入,然后努力工作,不断爬升,在其资助人过世时回到起点,等等。③ 88

巴罗斯的著作为其读者提供了一份详细的获取成功的手段(光明磊落、阿谀奉承、勤奋与工作)清单以及成功路上可能遇到的危险("虚伪的友谊"、贫困、"健忘"等等)清单。所有这一切都不是什么

---

① Goślicki (1568), 28, 75; Bałuk-Ulewiczowa (1988).

② Salas (1620); cf. Brownstein (1974), ch. 3.

③ 时隔400年,特雷弗·达德森(Trevor Dadson)博士再次推出了这款游戏。

新发明，只要你阅读 100 本论宫廷的书，你就能把它们的出处全部找出来。然而，由于巴罗斯拥有《廷臣》是人所共知的事情，所以，或许有人会说，他只是将卡斯蒂寥内对话中所包含的或多或少的不够明晰的"游戏"的"规则"变得明了与确定而已。①

　　我对下面将要详细讨论的文本做了挑选，它们以巴罗斯文本所不具有的方式与卡斯蒂寥内的文本明确地衔接在一起。即使是按这样的标准，我们仍挑选出了相当多的文本。例如，德国作家希波吕托斯（Hippolytus à Collibus）的《君主、顾问、廷臣》（*The Prince*，*Counsellor*，*Courtier*，1599）即在其关于高贵、习俗及其他话题的讨论部分借鉴利用了卡斯蒂寥内文本中的相关内容。② 此外，法国贵族路易·古扬题为"论廷臣及其行为规则"（"Of the Courtier，and how he should behave"，1604）的文章则向读者提供了一份长达 10 页纸的《廷臣》第一卷的内容总结（高贵的出身；武功高强；能歌善舞；精于乐器演奏；穿戴黑色或深色的服装；等等）。最后，古扬以提到"巴尔达萨尔·卡斯蒂寥内"（Baltazar Castillonnois）这个名字的方式向卡斯蒂寥内表示感谢。③ 与其相反，另一位法国贵族托马斯·佩尔蒂埃（Thomas Pelletier）则早在 10 年前就撰文对存在于意大利人与法国人之间的行为方式上的差异做了强调。他的论题远离宫廷和城市共和国，而更多地强调人的刚毅和实用的事情。例如，他不仅反对鲁特琴演奏，还建议绘画应仅为军事之需。④

　　更加接近于卡斯蒂寥内的是剑桥的加布里埃尔·哈维先生。哈维在 1578 年发表了两首拉丁文诗，一首关于完美的廷臣，一首关于

---

① Barros（1587）；cf. Wilson（1964-1968）；Dadson（1987），nos 98，130.
② Collibus（1599），310，345，346.
③ Guyon（1604），192-202.
④ Pelletier（1594），62，64，88-89，96.

宫廷贵妇。他这样大胆地介绍它们说：

让卡斯蒂寥内做老大，卡萨做老二，瓜佐做老三，而第四把　89
交椅的位子则应当由我来坐。①

如其在上文评论中所期望的那样，在从绘画与音乐到优雅
（gratia）和轻松的印象（effortlessness，Ars casus videatur）等各方面，
哈维都认真遵循了他引为榜样的卡斯蒂寥内的建议。他所做的仅是
通过最小的努力使卡斯蒂寥内的观念适应于英国的现实（特别是在
贵妇方面，她们被要求去阅读乔叟、萨里［Surrey］和加斯科因［Gas-
coigne］，以及彼特拉克和本博的著作）。哈维甚至还将他心目中的
完美形象描述成像"卡斯蒂寥内的廷臣"（Castilionaeus Aulicus）
那样。

在这一点上，我们将重点放在以下四个文本上或许是有所帮助
的。这四个文本分别来自西班牙、波兰、葡萄牙和法国四种不同的文
化，它们不仅将卡斯蒂寥内作为榜样，而且还将他适用于当地的环
境。按年代顺序排列，这些文本分别是《朝臣》（El cortesano，1561）、
《波兰的廷臣》（Dworzanin Polski，1566）、《乡村的宫廷》（Côrte na al-
deia，1619）和《诚实的男子》（L'honnête homme，1630）。

路易·米兰（约1500—约1561）在今天最为人知的一个成就可
能是他的比维拉琴音乐（吉他乐的前身），但他也应当以他的对话
《朝臣》为人们所记得。对话发生在西班牙巴伦西亚的赫尔马纳女
王（Queen Germana）和她丈夫卡拉布里亚（Calabria）公爵宫廷中的一
群贵妇与绅士之间，人物包括作者自己和他的朋友、诗人胡安·费尔
南德斯·德·埃雷迪亚（Juan Fernández de Heredia）、宫廷小丑"希

---

①　Harvey（1578），book IV，17；英文译文见 Barnett（1945），148。

洛特"（Gilot）和许多贵妇——多尼亚·弗朗西斯卡（Doña Francisca）、多尼亚·门西亚（Doña Mencía）、胡安·费尔南德斯（Juan fernández）长期忍受苦难的妻子多尼亚·耶罗尼玛（Doña Hierónima）。①

如同在《廷臣》中那样，对话在时间上被安排在与当时相去不远的一个时间——16世纪30年代。谈话内容持续了6天，构成了一部涉及奇闻轶事、笑话、歌曲、谚语，和有关服饰、节日和箴言（imprese）的描写等各方面内容在内的文选框架。

路易·米兰承认自己是卡斯蒂寥内的门徒。他称卡斯蒂寥内为"巴尔达萨尔·卡斯特朗伯爵"（Count Baldasar Castellon）。他在序言中解释说，写作此书的想法来源于"巴伦西亚的几位夫人"对他的建议，并说他看到"她们手上"都有卡斯蒂寥内的书。在对话的第一天，公爵和他的骑士们讨论的是宫廷行为（像博斯坎一样，他们使用了cortesanía一词）的行为准则。这些行为准则包括（例如）在适当的场合与时间"懂得如何发言与保持沉默"，或如何将庄重与优雅的才智（agudeza muy graciosa）结合在一起。

90

但米兰的书中缺少那种给予卡斯蒂寥内著作以统一性的中心故事或论点。还有就是，《朝臣》完全没有涉及经典的古代著作。在提及阿喀琉斯、赫克托耳②、安德洛玛刻（Andromache）③、赫卡柏（Hecuba）④及其他人时，他也只是把他们当作一部有关"特洛伊故事"的传奇中的骑士和贵妇而已。例如，阿喀琉斯守护着一眼清泉防止所有的来者汲取泉水。该文本对以周游的骑士（kinghts errant）、纹章

---

① Milán（1561）；Trend（1925）.
② 荷马史诗《伊利亚特》中的一位勇士，特洛伊王子。——译者注
③ 赫克托耳的妻子。——译者注
④ 末代特洛伊王普里阿摩斯的妻子。——译者注

（heralds）、打猎（hunting）、马上比武（tournaments）和骑士爱情为典型代表的中世纪传统予以借鉴、例证和赞美。可以毫无疑问地说，作者在写作时心中装着卡斯蒂寥内，只是写出来的东西与《廷臣》相去甚远。一般而言，吸引米兰之处恰是其榜样中最为传统的东西。他用中世纪晚期的眼光，通过举例对卡斯蒂寥内的观点给予了较为清晰的证明。

卢卡什·古尔尼茨基发表于 1566 年的《波兰的廷臣》为《廷臣》提供了一种虽不甚传统，但也生动地展示了文艺复兴时期欧洲各地区间文化差异的解读。该书的出版比米兰的书晚了 5 年。古尔尼茨基和戈斯里奇一样，是在意大利帕多瓦大学完成大学教育后才回国效力于国王齐格蒙特二世（Zygmunt II August）的，并且将自己的书敬献给了他。[①] 这位国王以其对艺术的兴趣而广为人知。他的母亲是意大利公主博纳·斯福尔扎（Bona Sforza）。

如古尔尼茨基所指出的，《波兰的廷臣》既是对卡斯蒂寥内用"智慧、博学和雄辩的语言写成的"《廷臣》一书的翻译，也不完全是对它的翻译。或许将之描述成一部对初始文本的"转换"（transposition）较为合适。该对话在这样一种意义上被进行了字面上的转换，即将发生的场景从乌尔比诺转移到了位于克拉科夫（Cracow）附近的古尔尼茨基前资助人名下的普拉尼克（Pradnik）别墅。这位资助人是克拉科夫主教、波兰大臣萨穆埃尔·马切约夫斯基（Samuel Maciejowski），他死于 1550 年。（同比利亚龙、米兰以及卡斯蒂寥内本人的对话一样，《波兰的廷臣》亦将对话发生的时间安排在过去。）其发言者是 9 位波兰贵族，其中几位——扬·德尔斯尼亚克（Jan Dersniak）、安杰伊·科斯特卡（Andrzej Kostka）、沃伊切赫·克雷斯基

---

① Górnicki（1566），i-cxxvi；cf. Löwenfeld（1884）；Welsh（1963）.

91　（Wojciech Kryski）曾就读于意大利的帕多瓦大学。其中克雷斯基被一位与其同时代的人描述成"极为文雅与极为博学的人"（homo perurbanus et pereruditus）。①

　　此类转换在文艺复兴时期并非罕有。例如，当詹巴蒂斯塔·希拉尔迪（Gianbattista Giraldi）论市民生活（civil life）的对话被诗人洛多维克·布里斯基特（Ludovick Bryskett）改写引入英国时，其场景即从意大利转换为作者位于都柏林附近的"村舍"（cottage），人物则变成布里斯基特朋友圈子中的几个人（其中包括埃德蒙·斯宾塞）。②

　　古尔尼茨基的对话不仅以上述方式移植了卡斯蒂寥内对话的场景，而且还以类似的方式移植了它的内容。它与文艺复兴研究的接受问题极为相关，因为其作者对让一本根植于意大利环境的著作适应于波兰社会所遇到的问题有着非常好的认识。他在开始他的书的写作时，也确实是从"Groph Balcer Kastiglio"（他如此称呼卡斯蒂寥内）为"那些风俗习惯与我们相去甚远的"人们写作的观察视角开始的。③

　　因此，古尔尼茨基明确表示他将省去卡斯蒂寥内书中对绘画与雕刻问题的讨论（尽管阿普里斯[Apelles]后来在该书中还是出了场），并用"我们在这里对此不了解"（u nas nie znaja）这样一句使人释然的评论对为什么要这样做的原因做了解释。④　此外，有关音乐的讨论部分也被省略了，因为波兰贵族们并不演奏乐器（在该文本的后半部分有一次提到了鲁特琴的演奏，但是在匈牙利）。⑤　古尔尼

---

①　Górnicki（1566），lxxix-xciv；cf. Damiani（1929）.
②　Bryskett（1606）.
③　Górnicki（1566），8.
④　Ibid.，8，74.
⑤　Ibid.，198.

茨基还指出,不同于意大利的风俗习惯,在波兰,人们并不戴面具,绅
士也不伺候已婚妇女,因此需要对文本进行更多的更改。

更具重大意义的是,该书还省略了女性人物。如我们所看到
的,她们在初始文本中扮演着非常重要的角色。她们为何从《波兰
的廷臣》中消失了?古尔尼茨基的解释是:在波兰,妇女们不具有
足够的学识来参加此类讨论。不管怎么说,她们出现在反宗教改
革的一个主教宫廷中被看作极为不合适的——1550 年时特兰托公
会议(Council of Trento)①正在开会,且直到古尔尼茨基著作正式出
版的前三年即 1563 年才结束它的辩论。以同样的理由,《波兰的廷
臣》还删除了一些意大利文初始文本中关于神职人员(僧侣)的
笑话。

贵妇们的离去自然导致对话中的其他变化。公爵夫人和其助手
伊米莉亚夫人作为活动组织者(animatrices)的位子为主教本人所取
代。但她们的缺席并没有影响科斯特卡和梅什科夫斯基
(Myszkowski)在第三卷中引入"宫廷贵妇"(dworna pani)这一话题,
尽管与其意大利原型不同——波兰妇女在跳舞一事上被劝阻,并被
建议要甘于卑微(to be humble)。另一方面,加斯帕罗·帕拉维奇诺
厌恶女人的心理自然变得多余了。斯坦尼斯瓦夫·卢帕·波德洛多
夫斯基(Stanislaw Lupa Podlodowski)取代了他的位置。斯坦尼斯瓦
夫·卢帕·波德洛多夫斯基是美好的旧时代的公开拥护者。在美好
的旧时代,波兰人最为关心的是战争而非文学,克雷斯基等对意大利

① 又译"天特会议""特伦特会议""特伦特大会"等。指 1545—1563 年间,天主教
会在今意大利北部的特兰托召开的主教会议。为天主教第十九次公会议。会议的主旨
是反对宗教改革,重申天主教会旧有的原则和戒律,厘定天主教教义。由于与新教以及在
天主教会内部存在分歧,会议时断时续,前后历时 18 年。会议产生的《特兰托公会议的
教条和教令》,成为罗马天主教教义的主要立场与最高准则,直到梵蒂冈第二次会议
(1962—1965)才有较重要的更改。这奠定了近代天主教的基础。——译者注

一切事物都赞美有加的人遭到了强烈的批评。波德洛多夫斯基的插话在为读者提供了喜剧性调剂的同时，也为古尔尼茨基提供了另一个发表有关模仿与接受过程的观点的机会。

为增加其地方特色，作者用匈牙利人、哥萨克人（Cossacks）、俄罗斯人（Muscovites）和塔塔尔人（Tartars）代替了卡斯蒂寥内书中频繁提及的西班牙人和法国人。对我们在上文中已提到的语言问题——它在《廷臣》中是一个重要的时代热门话题，卡斯蒂寥内曾安排其中的人物围绕何为意大利语的最佳形式进行过一场辩论——古尔尼茨基则将之转变成了一场对波兰语作家在写作过程中可以借用的多种语言，特别是拉丁语、捷克语、克罗地亚语（Croat）和古老的斯拉夫教会语言（尽管保加利亚语和土耳其语也被照顾到了）的讨论。①

在那些幸免于被转换的因素中，值得一提的是本博论创造的演讲、论宇宙的演讲（它被认为是克雷斯基做的）、对智慧（dowcip）的讨论，以及关于优雅（gracyja，一个从意大利语中借来的术语）和sprezzatura（被翻译成 niecudna，字面意思是"不使人惊奇的"）的定义。就卡斯蒂寥内本人关于模仿这一论题的观点而言，我们或许可以得出这样的结论，相比较于霍比和克拉克等纯粹的翻译者（他们只是对文本进行纯粹的字面意思上的翻译），古尔尼茨基的译文恰恰更忠实于他的初始摹本，因为他在翻译过程中并未为该文本的字面意思所囿。虽如此，存在于这两个文本间的差异却仍实实在在地反映出存在于 16 世纪之波兰与意大利之间的文化差异。波兰文本的被接受情况也反映了这种差异的存在。虽然在今天它是一部经典，但在 16 世纪时它却没有第二个版本。或许，这是由于波德洛多

93

---

① Górnicki（1566），80ff.

夫斯基们在社会中占据了多数的缘故。

将下面这一自称为反传统译法译本的初始文本予以真实的展示，或许会给我们一定的启发。尼古拉·法雷特的《诚实的男子》（*Honnête homme*）最早出版于 1630 年。它并不是以"宫廷愉快生活的艺术"为论题的一部对话，而是一部专著。该书虽没有提到《廷臣》，但却全力以赴地对其内容进行盗取。法雷特显然是一位使用"剪刀加浆糊"的行家里手。① 其书中对优雅的讨论尤为清晰地显示出法雷特对其原始资料的依赖。他向其读者推荐的观念是"一种实实在在的自然的优雅……艺术领域除外"（une certaine grace naturelle…au dessus des preceptes de l'art），驳斥了"疏忽的做作"（la negligence affectée），但对 nonchalance——即从容（sprezzatura）却给予了赞美。②

要对该书做出一个公允的判断并非易事。它是路德维格·维特根斯坦（Ludwig Wittgenstein）所提出的著名"鸭–兔"形象（换句话说，即一个可被以两种相距甚远的方式感知到的形象）在文学上的一个化身。如接受理论家所指出的，在这里，关键之处是人们的"期望水平"。如果你在阅读《诚实的男子》时心中装有《廷臣》，那么你将会立刻发现该书是一个彻头彻尾的剽窃品。但另一方面，如果你将之看作一部译著，则它的意义将会马上变得明显起来。首先，与米兰和古尔尼茨基不同，法雷特隐瞒了其榜样中的对话因素，使其文本变得单调。其次，他从晚近作家论良好行为的著作（特别是德拉·卡萨、瓜佐有关谈话的著作，以及蒙田论儿童教育的著作——对卖弄学问的做法进行批判的著作之典型）中汲取了一些素材。③

①　Quondam（1980），29.
②　Faret（1630），18-20.
③　Ibid.，24，66n.，67n.

对《廷臣》中包括讨论音乐与绘画在内的一些内容,法雷特只是一提而过,好像当时的法国犹如一个世纪之前的埃略特(Elyot)时代的英国,人们认为绅士们不应当拥有这方面的兴趣。① 作为补偿,他94 扩大了包括论及诗、自夸的人、君主以及宗教等内容在内的其他内容。这可能是他对他所感觉到的《廷臣》之不足部分的回应。法雷特将君主视为“国家”(state,一个在《廷臣》中找不到的术语)的“心脏与灵魂”,而且他似乎还受到了 17 世纪 30 年代法国道德恐慌(moral panic)的影响。在这场恐慌中,东正教的作家们对他们称之为无神论者的“令人憎恶”“新潮”与“傲慢自大”给予了公开指责。②

古尔尼茨基在学徒与师傅之间所做的对比揭示了与意大利及欧洲其他地区(国家)间的文化差异,以及和 1528 年后发生的文化变革——特别是反宗教改革运动与君主专制政体的出现——相关的一些事情。法雷特的著作写于路易十三(Louis XIII)和黎塞留(Riche-lieu)时代。在这一时期,贵族们日渐被希望服务于国家,成为宫廷的装饰品(见边码第 119—120 页)。

偏离《廷臣》字面意义更远,但却离卡斯蒂寥内的精神更近的著述是我们四个个案中的最后一个,出版于 1619 年的《乡村冬季夜晚的宫廷》(*Côrte na aldeia e noites de inverno*)。该书的作者弗朗西斯科·罗德里格斯·洛博(Francisco Rodrigues Lôbo),是后来成为葡萄牙国王若昂四世(João IV)的布拉干萨(Bragança)公爵身边的一名贵族。③ 该书之所以取这样一个名字,是出于政治的考虑,因为西班牙国王兼并葡萄牙后,宫廷被认为在向乡下退隐。该书的主要内容是:在 16 个夜晚,5 位主要人物就多个文学与社会话题进行了讨论。讨

---

① Faret (1630), 31.

② Ibid., 32, 36.

③ Rodrigues Lôbo (1618); cf. Schnerr (1961) and Preto-Rodas (1971).

论以探讨骑士传奇文学的优点与缺点开始,后转向拜访的礼节、讲话的正确形式、爱情与文学这一对孪生艺术、箴言(特别是他们的座右铭)的撰写、谦恭的本质、根据不同场合需要做出相应之明智反应的方式方法,以及对话本身的艺术等话题。

其概念和部分谈话题目明显得益于《廷臣》的启发。如廷臣(cortesanía)、优雅(grace),以及语言问题。在谈及语言问题时,葡萄牙语被描述成一种拥有拉丁语、希腊语、西班牙语、法语和意大利语等多种语言中最为优秀品质的语言。然而,同法雷特一样,罗德里格斯·洛博不仅对诸如德拉·卡萨和瓜佐等更为晚近的作家论行为的成果进行了借鉴与吸收,而且也从卡斯蒂寥内所认为的古典榜样那里寻找素材。这些古典榜样不仅仅包括在第一场对话中被引用过的 95 柏拉图、色诺芬和西塞罗,而且还有贺拉斯、昆体良和塞涅卡等人。实际上,他对优雅和文雅(graça, urbanidade)的讨论更接近于西塞罗、昆体良的观点以及他们带有修辞色彩的行文,而非卡斯蒂寥内。

在某些方面,《乡村的宫廷》似乎比其"初始文本"更加反映出对作者所处的地位与时代的思虑。虽然整个欧洲都在讨论骑士传奇文学的价值,但伊比利亚半岛的讨论却显得尤为激烈。对此,路易·米兰的例子——更不用说塞万提斯了——或许会引起我们的注意。此外,拜访(visiting)仪规和文学创作(letter-writing)的可塑性似乎在距卡斯蒂寥内 100 年后的 17 世纪早期得到了更为严肃的讨论。

罗德里格斯·洛博对《廷臣》的模仿取得巨大成功之处并非在于其方式(manner)、格调的轻盈(lightness of touch),尤其是通过两个认识上存有分歧的人物(作为个体,他们给读者留下了深刻的印象。如作为主人与谈话主持人的利奥纳多、学者利维奥[Lívio]和富有幽默感而又严苛的索利尼奥[Solino]等)就某一问题进行辩诘的形式介绍一个事例的艺术这样一些具体细节方面。如若卡斯蒂寥内在天有灵，能读到这本对话，他肯定会对在处理西塞罗著作的方式上对自己的著作进行了创造性与优雅的模仿的《乡村的宫廷》给予赞美。

可模仿的生活

如果我们仅将有关《廷臣》被模仿情况的讨论限制在文学著作的文本范围内，是会令人感到奇怪的。尽管对一位历史学家来说，要回答这样一个问题肯定存在困难，但我们必须至少问一下卡斯蒂寥内的对话是否对他所生活的那个世纪的社会行为产生了某些影响。要想对这一问题做稍进一步的探究，考察一些个体的生活或许是一条可行的途径。这些被考察的个体应当是被他们的朋友或熟人描述为榜样的人——像卡斯蒂寥内本人在他所生活的时代或不久之后所被描述的那样。我并不准备告诉大家这些个体都是因阅读了卡斯蒂寥内的书后受到启发而改变了他们的行为。我在这里要告诉大家的是，他们之所以被认为榜样，是因为他们在公开场合中的行为举止与《廷臣》中的人物所给出的劝告在某种程度上具有一致性。因此，这些个体可以告诉我们一些有关他们自己以及其他读者的反应的有用信息。

我们以宫廷贵妇作为研究的开始。在一部为纪念作者英年早逝的两卷本诗篇（verses）中，来自弗留利的年轻女贵族伊雷妮·迪·斯皮林贝戈在其敬慕者眼中不仅是《廷臣》的忠实读者，还是一位牢记其建议并对诗歌、绘画与音乐有着巨大兴趣的人。① 在英国，有学识的贵妇被鼓励去培养和拥有多种不同的兴趣。如，托马斯·莫尔

96

---

① Atanagi（1561），preface；cf. Schutte（1991）.

爵士的女儿被教授过拉丁文、希腊语、数学和天文学；安东尼·库克爵士的女儿学习过拉丁文、希腊语和希伯莱文。[1] 简·格雷夫人的情况亦是如此，她精通古代的多种语言，可以用希腊文阅读柏拉图的《斐多篇》(*Phaedo*)，并曾在其住过的监狱牢房的墙上刻下一首拉丁诗篇。所有这些例子，如我们前面所看到的，给了我们一个关于都铎王朝时期的英国与卡斯蒂寥内时代的意大利间存在某种文化差异的印象，一个为诸如阿斯克姆和霍比等男性进一步确认了的印象。英国社会的上层文化似乎更为严肃、更注重实际和更为虔诚。

现在，让我们将目光转向有德行的男性典范。如，在伊比利亚半岛，加尔奇拉索·德·拉·维加用洛多维克·达·卡诺萨在卡斯蒂寥内对话第一卷中所建议的方式将文武两个领域的声望结合在了一起。在都铎王朝和斯图亚特王朝时期的英国，至少有四位绅士被他们的同时代人描述为卡斯蒂寥内的完美化身。

萨默塞特郡(Somerset)邓斯特(Dunster)的约翰·勒特雷尔爵士(Sir John Luttrell)在一段我们已引用过的内容中被描述成一个"如同意大利人巴尔达萨尔伯爵在其名为《廷臣》的书中所设计好"的人。[2] 勒特雷尔在 1544 年被授予爵位，在因汗热病(sweating-sickness)早逝之前，他曾在法国和苏格兰服役。除知道他是托马斯·克伦威尔(他拥有一本《廷臣》)的委托人(client)，以及有记载说他曾为阐明斯多葛学派的格言"如同狂怒的大海中的岩石/忠实的内心不知道何为危险与恐惧"而站在齐腰深的水中这些事实之外，人们对他所知甚少。勒特雷尔堪与完美廷臣相比的事迹仍不 97 清楚。[3]

---

① Warnicke (1988), 46-47.

② Patten (1548), H vii recto.

③ Maxwell Lyte (1909), 141-165; cf. DNB, s. v. "Luttrell".

几年后,约翰·阿斯特雷(John Astley)在意大利流放者皮埃特罗·比扎里(Pietro Bizzarri)的一首诗中被描述为"唯一仿制于卡斯蒂寥内的模型的廷臣"(solus est ille Aulicus...qualem Castilio praecepit)。加布里埃尔·哈维重申了这一定论,写道:他并不惊奇于"皮埃特罗·比扎里,一位博学的意大利人,被提议为卡斯蒂寥内所描绘的廷臣的完美样品"。像勒特雷尔的例子一样,后人无从对他加以评判。事实上,阿斯特雷所有为人所知的事迹也只有他是女王宝库的管家和一本1584年出版的论骑马艺术的著作的作者。他的例子加强了一些读者对《廷臣》中论骑马部分的强调。阿斯特雷肯定曾在马上示范过何谓"从容"。①

在菲利普·锡德尼爵士的例子中没有这样的困难。菲利普·锡德尼爵士被他同时代的人描述为"一位彻头彻尾的卡斯蒂寥内的学徒"甚或"被赋予血肉的卡斯蒂寥内的廷臣"。② 加布里埃尔·哈维也做过相似的论述,他曾写过一篇赞美锡德尼为廷臣的拉丁散文,并将之同他的诗歌《卡斯蒂利奥》(Castilio)一起出版。该种看法为托马斯·纳希所加强。纳希曾报道过一次关于卡斯蒂寥内之理想的谈话。该谈话最后以这样一句话结尾,"英国曾出过许多平庸之才,但却从未见过什么人比令人尊敬的菲利普·锡德尼爵士更为非凡,他或许才真正称得上是(维吉尔在其《埃涅阿斯纪》史诗正文第一句)"我所歌颂的武器和人"(Arma virumque cano)中的人。③ 此外,由他的朋友富尔克·格雷维尔(Fulke Greville)撰写的菲利普爵士的传记也称他为"美德的真正典范",并对其"与生俱来的谦恭"做了

---

① Ruutz-Rees (1910), 614, 616; Firpo (1971), 39. Cf. DNB, s. v. "Astley".

② Myrick (1935), 26; Buxton (1954), 37.

③ Harvey (1578), book IV, 17; Nashe (1589).

强调。①

　　阿伦德尔（Arundel）的第十四任伯爵托马斯·霍华德（Thomas Howard，1585—1646）曾被他的图书管理员、荷兰学者弗兰齐斯库斯·尤尼乌斯（Franciscus Junius）描述为卡斯蒂寥内《廷臣》的"缩影"（epitome）。② 阿伦德尔伯爵是一位艺术品鉴赏家（virtuoso），曾在意大利旅行，收集古典时代的雕像和文艺复兴时期的绘画（包括13幅拉斐尔的作品）。他雇用了后来写下《英国绅士》（*The English Gentleman*）的亨利·皮查姆（Henry Peacham）作为他儿子们的导师。

　　去世于1603年的亨利·基利格罗爵士（Sir Henry Killigrew）也 98 值得被添加到这些例子中来。基利格罗，一位来自康沃尔（Cornish）的绅士，年轻时便与托马斯·霍比在意大利相互熟悉。③ 像霍比一样，他入赘盛出博学女性的库克家族，并做过外交官，这使他有机会向苏格兰玛丽女王赠送了一册《廷臣》（霍比的译本）。在17世纪，基利格罗作为"完美绅士"之典范，历史学、地理学、筑城术的研究者，以及对骑马、射击、音乐和绘画等才艺的精通者而闻名于世。在绘画方面，他是"比例画法方面的丢勒（Dürer）、大胆画风（bold touch）方面的霍尔齐厄斯（Goltzius）、快乐系幻想风格（happy fancy）方面的安吉洛（Angelo）和油画领域的霍尔拜因（Holbein）"。④ 假若其同时代的人并没有将他比作卡斯蒂寥内所描绘的完美廷臣的话，他们确实应该那么做。

　　然而，我们不应认为《廷臣》的所有读者都过着可供模仿的生活。名列附录二清单的个别人就不得善终。乔瓦尼·弗朗切斯科·

①　Greville（1907），33，35，154.
②　Taylor（1948），225，其中的引用有误。
③　Hoby（1902）；cf. Miller（1963），13-14.
④　Lloyd（1665），585-586.

瓦列尔(Giovanni Francesco Valier)和威廉·托马斯都被以通敌叛国罪处死。其中,托马斯早年还曾因一项挪用公款的指控而被迫逃往国外。

人们对《廷臣》所表现出的各种形式的热情就这么多。现在让我们将注意力转到人们对卡斯蒂寥内及其著作所做出的较为冷淡的反应上来。

第六章
被批评的《廷臣》

历史学家们正日益认识到对过去的文化作同质性叙述的危险，认为有必要对它们的故事作多角度的讲述。就卡斯蒂寥内而言，我们应当记住他所遇到的并非总是人们对他的热情接受。实际上，人们对他的反应有时是非常冷淡的。因此，本章的目的就是来描述他所遭到的冷遇，并试图解释为什么一本在部分读者中博得某种狂热的著作却会激怒另一些人。如同我们在上文中对《廷臣》被模仿情况的研究，在这一问题的研究上我们也很难确切地知道应在何处打住以及将何人排除在外。尽管在对宫廷所进行的全方位的攻击过程中，许多作家或直接或间接地提到了卡斯蒂寥内的对话，但实际上只有他们中的核心成员将谴责指向了他的书，或指名道姓地提到了书的作者。

对《廷臣》的审查

对该问题的叙述，以卡斯蒂寥内的自我审查（self-censorship）开始或许比较合适。对其书的不同草稿进行比较，我们发现作者曾对书中那些可能会与 16 世纪 20 年代的思想环境相悖的段落进行了修

改。在 16 世纪 20 年代，路德事件①赋予了人们对神职人员的嘲笑
100 以另一种不同的含义。② 卡斯蒂寥内朋友中的一些人则走得更远。
如，当雅科波·萨多莱托在 1533 年准备出版其论教育的著述时，他
觉得有必要对"假装"（simulation）给予批判，并在音乐演奏和舞蹈中
坚持中庸。在他看来，《廷臣》在这些方面似乎已走得太远了。③

审查跟随批评而来。对意大利或其他地方的书商和出版者来
说，1528 年后的岁月绝非一个平静的时期。新教改革者依赖印刷品
来散布他们的信息，天主教会则试图凭借宗教裁判所和《禁书索引》
（*Indices of Prohibited Books*）来控制出版。《禁书索引》是禁止天主教
信徒阅读的图书及相关作者的目录——有人称之为"反禁目录"
（anti-catalogues）。特兰托公会议批准通过了关于此类目录的总索
引，并于 1564 年将之公布。该索引对整个教会都具有约束力。在此
索引中有三类图书被禁——异端的书，如路德的著述；邪恶的书，如
马基雅维里和阿雷蒂诺的作品；与巫术有关的书。此外，特兰托公会
议索引（Tridentine Index）还对作者和作品一起被禁的情况与仅是作
品被禁至"其改正为止"（换言之，即删除）的情况进行了区别。该索
引在具体执行过程中被不断修订与更新。④

例如，在威尼斯，书商们开始被审查官以从海外走私异端书籍的
罪名进行审问。曾通过出版卡斯蒂寥内的著作获利的加布里埃尔·
希奥里托（Gabriel Giolito）等出版商现在开始将他们的投资从原先的
世俗书籍转向宗教著作。《廷臣》及其同类书籍同样无法摆脱这些
变化所带来的影响。对此，我们将以曾效力于希奥里托公司的职业

---

① 即马丁·路德所领导的宗教改革运动。——译者注
② Guidi（1982），111.
③ Sadoleto（1737）.
④ Rotondò（1973）.

作家卢多维科·多梅尼基为例加以说明。如我们上文所述(边码第50页),他曾于1549年出版了一本论"女性的高贵"的著作,对《廷臣》第三卷中所提出的观点进行了解释说明。然而,在1564年出版的一本题为《宫廷贵妇》(*Court Lady*)的书中,多梅尼基则在某些重要方面改变了他的观点。尽管他仍赞同卡斯蒂寥内所提倡的宫廷贵妇应当是和蔼可亲的,但他在书中表达的主要观点却是"廷臣的美德不适合于贵妇"。他还对有关贵妇与绅士间的爱情的讨论进行了谴责。[①]

同样,我们在前面章节中已讨论过的、出版于1566年、以一位主教的宫廷为场所对《廷臣》的波兰语改写本,在一开始就开门见山地宣布说"淫荡"(lascivious)之事应当被删除。[②] 在这两本于特兰托公会议结束后不久出版的书中,我们可以感觉到反宗教改革运动所带来的冷峻形势。对《廷臣》初始文本的审查已为期不远了。

但令人无比惊奇的是,对《廷臣》的审查竟最先开始于英国。1561年,在霍比译本的第一版中,其出版者威廉·色雷斯告诉读者说,该书原本可以出版得更早一些,但由于"在其中存在着某些不为那些吹毛求疵者所喜欢的地方,作者认为将之暂时隐藏比将之呈之于众和以牺牲全书完整性来迎合时代要求好一些"。对于这些含义不甚清晰的评论性话语,人们认为它们指的是玛丽女王统治时期的出版审查制度。玛丽女王如果不是比教皇更为笃信与维护天主教的话,那么,她至少是在几十年前即已预料到罗马教皇今后将在这方面执行的政策了。[③]

只是到1576年,卡米略·卡斯蒂寥内伯爵,巴尔达萨尔的儿

101

---

① Domenichi(1564),3,9.

② Górnicki(1566),12.

③ Raleigh(1900),xxxvi.

子,才被罗马的审查员通知需要对此书作删除处理。对此,自认为有责任为一本其先人曾为之饮誉的著作进行辩护的乌尔比诺公爵向罗马写了一封支持卡米略·卡斯蒂寥内的信,但他却未能阻止他们对原书进行修订的准备工作。该修订本的第一版出版于1584年。① 其间,意大利北部城市帕尔马(Parma)当局在1580年查禁了《廷臣》。②

　　《廷臣》很难被认定为异端的书、邪恶的书或与巫术有关的书。既然如此,那为什么虔诚的天主教徒还被禁止阅读此书呢? 当我们发现一流的耶稣会学者安东尼奥·波塞维诺(Antonio Possevino)在讨论"撒旦的计谋"时,将阿里奥斯托的《疯狂的罗兰》、薄伽丘的《十日谈》和蒙塔尔沃的《阿马迪斯·德·高拉》也包括在其中时,这一封禁就变得不难理解了。③ 如果我们研究一下由神学家安东尼奥·齐卡雷利(Antonio Ciccarelli)"修订与纠正"的1584年版本的话,我们就会对令当局烦恼的事有一个更为清晰的认识。齐卡雷利曾以为回应马基雅维里论李维④的演讲而出版的论李维的演讲集而闻名。⑤他的献词——是给乌尔比诺公爵的,这毫无疑问是为了平息他的不满——强调了这样一个事实,即卡斯蒂寥内是一名"最为善良的堪称道德典范的绅士",他不会有意去写一些诽谤性的东西。但他接着强调说,"与作者的意图相反",该书或许会引起他人对教会的不尊重,因此,任何"可能会玷污其纯洁"的内容都做了修订。

　　齐卡雷利所做的大部分改动虽然很小但却具有启迪意义。如

---

① Cian (1887); Guidi (1983), 162-182. Coseriu (1987) 几乎没有添加什么内容。
② Reusch (1886), 581.
③ Possevino (1593), 113.
④ 李维(Titus Livius, 前59—公元17),罗马科学家、诗人、历史学家。——译者注
⑤ Cian (1887); Mattei (1967).

"好运"(fortune)一词被删除了(蒙田也曾在 16 世纪 80 年代因使用这个异教徒的词汇而被一名罗马审查员批评)。应用于世俗内容的与神学有关的比喻被替代。如,献词中提到维多利亚·科隆纳之"神圣"(divine)美德的地方变成了"崇高与珍贵的"(lofty and rare);占星术用语"影响"(influence)被删除;提及神职人员的内容被从第二卷中的有趣的故事中去掉;在一则讲述真实笑话的故事中——一个人发誓说如果洛雷托的圣母(the Virgin of Loreto)能够治好他的失明,他将贡献一对银眼珠,"发誓"(vow)一词被删除了;在其他地方,凡涉及忏悔(confesion)和渎圣罪(sacrilege)的词汇也都作了同样的处理。

《廷臣》中被重点处理的更长段落包括:责备教皇亚历山大六世的一则笑话(2.48)、一则暗示红衣主教们是异端的笑话(2.62)、一段谴责男修道士们伪善的内容(3.20)。本博关于精神恋爱的演讲也让审查员大为忧虑。除删除了一段等同于论述美与善良的内容(4.57),并将一处"爱情之最圣洁的神秘性"描述改成"爱的奥秘"外,齐卡雷利还增加了一个旁注向读者说明"作者除复述柏拉图学派的观点外并未发表自己的观点"。在 16 世纪末期,教会对新柏拉图主义变得日益敌视。这一点我们可从它分别于 16 世纪 70 年代和 90 年代对人文主义者弗朗切斯科·乔治(Francesco Giorgi)和弗朗切斯科·帕特里齐(Francesco Patrizzi)两人的著作所进行的审查看出。[1]

接近于对薄伽丘《十日谈》所做的删除,也是与其关系极为密切的一个案例是,齐卡雷利从《廷臣》中摘除了卡斯蒂寥内对《十日谈》所做的评论(2.49)。如果不是因为佛罗伦萨公爵科西莫·德·梅第   103

---

① Rotondò (1982).

奇(Cosimo de' Medici,其荣耀系于对"他的"一名作家的保护,如同在卡斯蒂寥内案中乌尔比诺公爵所做的那样)派遣了一位使节前往特兰托公会议乞求暂缓执行的话,薄伽丘的故事或许会被特兰托公会议全部封禁。薄伽丘的故事几经删改后仅比齐卡雷利的《廷臣》早两年出版,即在 1582 年。在新版中,一则讲述检察官的伪善的故事被彻底删除,其他嘲弄神职人员的故事则被大幅修改。类似于"男修道士"和"大天使"的词汇遭到剔除,结果使一则故事变得毫无意义可言。该故事讲述的是男修道士阿尔贝托(Alberto)的故事。他为诱奸一名虔诚的威尼斯妇女而假扮成大天使加百利(Gabriel)①。简而言之,对《十日谈》所做的改动像对《廷臣》所做的改动一样,向我们揭示了教会审查员对文学作品的重视,以及他们对针对神职人员的批评的敏感。②

1584—1606 年间,《廷臣》有 4 种经删改过的意大利文版本出版。读者或许想知道一些在 1584 年的意大利早已流通的未被删改过的《廷臣》的情况。官方的说法是,此类版本的收藏者均会自己动笔删去或修改那些令人不快的章节。特兰托公会议索引的一些版本对如何进行此类自我审查给出了指导。一些未经删改的《廷臣》副本即因此而幸存下来。如,大英图书馆(the British Library)藏有一册未经删改的佛罗伦萨 1531 年版《廷臣》,它原归一个名叫罗莎蒂(Rosati)的任职于佛罗伦萨宗教裁判所的修订者所有。③ 然而,对60—70 册幸存的意大利文版《廷臣》的研究却告诉我们,这些《廷臣》收藏者中的大多数对来自宗教裁判所的指示都未怎么用心执

---

① 七大天使之一,上帝传送好消息给人类的使者。——译者注

② Cian (1887) , 713; Sorrentino (1935); Brown (1967); Richardson (1994), 140-188.

③ BL, C. 28. a. 4.

行。被发现的风险可能不是太高。

更引人注目的例子是威尼斯出版商多梅尼克·希格利奥(Do-menico Giglio)1587年的行动。该年他出版了未经删改的《廷臣》,并写了一封致读者的信。在信中,他抱怨该文本被那些"太过脆弱的"或"太过小心谨慎的"人"撕裂和损坏"了,并宣布还准备出版一本未经删改的《十日谈》。两年后,另一位威尼斯出版商图尔蒂斯(Tortis)出版了另一个未经删改的《廷臣》版本,但却没有赢得像其同行希格利奥那样多的关注。这些出版者可以对齐卡雷利的修订不予理睬而不受惩罚,原因可能是直到西克斯图斯五世(Sixtus V)统治下的1590年,《廷臣》才被列入国际天主教的禁书索引之中。但"1584年威尼斯修订版除外"。[①]

几年后,《廷臣》在克莱门特八世(Clement VIII)统治时被从天主教禁书索引中删除,但在格里高利十五世(Gregory XV)统治时的1623年又被恢复。在此后的300多年中,《廷臣》一直处于被正式封禁的状态。有效期至1966年的1948年版天主教禁书索引,仍禁止天主教信徒阅读除1584年修订版之外的任何版本的《廷臣》。[②] 但到18世纪时,替代齐卡雷利修订本的新的《廷臣》版本已在意大利出版,如,1771年版即属此类情况。它虽表面上将"DIO"和"CRISTO"印成大写字母以宣示它的虔诚,但实际上却恢复了那些有损红衣主教和教皇声誉的笑话。其1822年版亦是如此。在1842年的学校用版本中,出版者对针对一部古典文本所做的"该受天谴的"删除行为,和对诸如"神圣"(divino)和"影响"(influsso)等词汇所做的压制行为进行了批评。

104

---

① Reusch(1886),471.
② Reusch(1883-1885),vol. I, 529.

　　另一方面,到 19 世纪,就连意大利人也变得非常"具有英国维多利亚女王时代的特色"而反对《廷臣》中某些似乎并未曾烦扰齐卡雷利的段落了。如,其 1831 年版即删除了有关罗马青年人性倾向的双关语:"罗马娈童多如遍野的羔羊"(2.61),而其 1842 年版则对这个笑话进行了重写以使之读来令人舒服一些。由此我们可以发现,原先神学意义上的由牧师执行的审查已为一种道德的审查所取代。其 1889 年版即遵循了类似的指导方针,它对自己的描述是"为适应学校之使用,对书中内容进行了必要的修订、删除和旁注"。

　　16 世纪的西班牙人以对有关图书实施比教皇更为严厉的封禁措施而臭名远扬。早在 1534 年,加尔奇拉索·德·拉·维加即在一封作为西班牙文译本前言的信中谈到,人们的耳朵是如此的"娇嫩"和"脆弱",以致他们将会为该书中的"一两件"事情而生气。他是完全正确的,尽管批评者们在花费了一些时间之后才将自己组织起来。从 1573 年到 1873 年,在西班牙没有出版过《廷臣》的任何版本。[1]在 1582 年的利马(Lima),弗赖·胡安·德·阿尔马拉斯(Fray Juan de Almaraz)手拿《廷臣》出现在宗教裁判所的法官席前,抱怨说该书含有矛头直指红衣主教的"许多诽谤性叙述",而且他"教给人们许多自由"(enseña mucha libertad),换言之,即自由思想。[2] 大检察官贝尔纳多·德·桑多瓦尔(Bernardo de Sandoval)的 1612 年索引即规定,无论是西班牙文译本还是意大利文版本,卡斯蒂寥内的书只有经删改后才可流通(这为意大利文版本在海外流通提供了额外的证据)。[3]

---

① Darst (1978), 27.

② Guibovich Pérez (1989), 41-42.

③ Reusch (1883-1885), vol. I, 529; Cartwright (1908), vol. II, 443. 后者指出,在 1576 年时,这本书即已被列入西班牙的索引了。

其早期版本的拥有者被认为将会亲手纠正它们,于是,为此目的所做的指导说明被印刷在索引的各种版本上。被写于一些单册上的注释也在讲述着同样的故事。如,现藏于马德里国家图书馆(Biblioteca Nacional of Madrid)的一册1544年安特卫普版的《廷臣》中即有这样一条注释。该注释说,该册书被删改于1613年,而1540年的萨拉曼卡(Salamanca)版则被描述为"根据新的指导说明纠正和删改"于1614年,1542年版被描述为"据1623年目录删改而成"。① 然而,在一册安特卫普1561年版的《廷臣》中,那些原本应被删除的章节虽被用墨线圈画出来,却仍完全清晰可读。1569年巴利亚多利德(Valladolid)版的一册副本中的一些笑话亦被做了同样的处理。②

上文中提到的1566年古尔尼茨基的改写本也是一种删改(边码第90—93页),而博斯坎的译本则在1569年被以类似的方式修订。此外,反抗西班牙统治时期的荷兰还曾发生过这样一个引人好奇的试图进行审查的例子。一名叫赫伊赫·范·阿尔克梅德的新教徒,在因卷入莱顿(Leiden)人反抗西班牙人统治的斗争而逃亡海外后,家产被查抄,其中包括他的藏书——他曾在1568年为之制作过一份详细的目录清单。这些书中被认为与新教神学有关的部分被焚毁,而其中的一本法文版《廷臣》却被一位天主教徒归入应"删改"(repurgatie)者名单,尽管此时天主教会尚未对此书采取任何行动。③但,在其原著本被列入索引三年后的1593年出版的《廷臣》第二个德文译本中仍包含反对教权和反对教皇的笑话。

从这些纠正和为纠正所做的努力中,我们可以看到16世纪虔诚

106

---

① BNM, R. 1092, R. 10, 672, U. 6575.

② BNM, R. 4267, R. 7909. 奥普代克(Opdycke)说,该"删减版"就好像是由出版商完成的删减似的。

③ 信息来自 Frieda Heijkoop。

的天主教徒眼中的《廷臣》图像。尽管它为一些反教权性质的评论、带有对教会怀疑意味的故事和对异教信仰的提及(不谙世事的读者或许会照字面意义来解释它)所毁坏，但它基本上仍是一部健康的著作。

对宫廷的攻击

对《廷臣》的反对意见并非全部来自宗教原因。保罗·焦维奥怀有恶意的观察，即卡斯蒂寥内为使自己看起来年轻而将头发染色，可被解读为是对《廷臣》中推荐的自我展示艺术的批评。[①] 然而，要说在紧随其出版后的几年中对之最为直率的世俗批评，非皮特罗·阿雷蒂诺(Pietro Aretino)的批评莫属。

阿雷蒂诺是一位来自阿雷佐(Arezzo)的皮匠的儿子，后来成为一名以写作滑稽与讽刺诗作、剧本、信函和对话见长的著名作家。其1534年出版的剧本《高级妓女》(Courtesan)讲述的是一个外省青年人到罗马充当廷臣、谋求发迹的故事。这位青年人的老师送给他一本书，并告诉他廷臣应当知道怎样骂人，怎样做一名赌徒、恶棍无赖、异端、迎风拍马者、吵架者和同性恋者，以及怎样对别人的成功表现出恶意、冷漠和嫉妒(第一幕第22场)。阿雷蒂诺的所作所为除对我们上文(边码第55页)业已讨论过的反宫廷传统加以利用外，几乎没有增添什么新的东西。但他所提及的那本行为指南却让人心生卡斯蒂寥内是其攻击目标的猜疑。

107　　如果我们看一下1534年和1536年出版的阿雷蒂诺的高级妓女间的对话，猜疑将会得到彻底的确认。阿雷蒂诺的对话被人们称为

---

① Giovio (1546), 47-48.

"对《廷臣》中所赞美与法典化的诸美德系统的非神秘化启蒙",①当富有经验的南娜(Nanna)教授她女儿皮帕(Pippa)其行业中的从业窍门时,她不时以一部行为指南的口吻告诉她女儿何为正确的就餐行为以及怎样的姿势(诸如伸手)才算"优美"(galantamente)。她甚至比卡斯蒂寥内对话中的发言者更为明确地谈到演戏的必要性。当你和一些客人在一起时,对"即使你不喜欢也听不懂"的音乐必须加以赞美。而和其他人在一起时,装聋作哑则是较好的选择(fa sempre la semplice e la babiona)。②

如若读者仍不相信阿雷蒂诺拙劣模仿的对象就是《廷臣》(连同卡斯蒂寥内的朋友本博的著作)的话,他或她应当再来看一下作者将该对话敬献给贝尔纳多·巴尔道亚(Bernardo Valdaua)的献词"谦恭的高贵典范"。在该献辞中,阿雷蒂诺宣称自己著作中对自然(nature)所做的描绘犹如提香(Titian)③在其绘画中对自然的描绘——该节是对卡斯蒂寥内将自己的书描述为具有拉斐尔或提香风格的乌尔比诺宫廷肖像画一节带有敌意的模仿。④

或者,也可去阅读一下第一场对话。在这场对话中,一名高级妓女将另一名高级妓女描述为喜欢嘲弄任何"不按规则说话"(che non favella alla usanza)的人。她们喜欢用"finestra"代替更为文雅的词汇"balcone"来指代"窗子"(window),等等。⑤ 今天,该节内容听起来非常像是在20世纪50年代的英国困扰某些人群的有关"U"(上流阶层)和"non-U"(非上流阶层)的茶杯风暴的离奇预演。然而,其在

①　Larivaille(1980),212; cf. Guidi(1985); Paternoster(1993).
②　Aretino(1534-1536),154,163,173.
③　意大利文艺复兴时期的威尼斯画家。——译者注
④　Aretino(1534-1536),145-146.
⑤　Ibid.,82.

16 世纪 30 年代的背景则是一场对口头与书面意大利语进行改革的运动。阿雷蒂诺处处嘲弄规则与榜样,而不管它们是来自柏拉图还是西塞罗,是来自彼特拉克还是本博。他的对话可以被看作一种与《廷臣》唱反调的著作。阿雷蒂诺之所以要摹仿卡斯蒂寥内,目的只是为提出他自己的观念。

其他人群,特别是新教徒,对《廷臣》中的新柏拉图派哲学原理的敌意表现得甚至更为强烈。但是,该书在本质上并非就与新教教义的一些外在形式没有任何兼容性。因为,霍比曾毫不犹豫地将之译成英文出版,其拉丁文译本在路德发起宗教改革运动的大本营维滕贝格(Wittenberg)也印刷了两三次。然而,在新教文化中,特别是加尔文派教徒的文化中,卡斯蒂寥内的书在 16 世纪越来越容易受到道德上的批判。

"真诚文化"(culture of sincerity)(或许可以如此称谓)的兴起在时间上通常被认为是在浪漫主义运动(Romantic Movement)①时期。因为可以肯定地说,在 19 世纪早期,某些英国诗人确曾对其成员之一约翰·济慈(John Keats)②所谓的"情感的真实声音"(the true voice of feeling)给予空前的强调与重视。然而,正如美国评论家莱昂内尔·特里林(Lionel Trilling)30 年前所指出的那样,有关真诚的观念的发展如果不是更早的话,可大幅度地向前追溯到 16 世纪末。根据《牛津英语词典》,"真诚"(sincerity)一词在 1557 年时已被用来形容讲话,在 1611 年时被用来形容感情。特里林研究的虽是英国,但他的观点却可被运用到几乎整个西北欧:法国、荷兰、斯堪的纳维亚半岛和德意志的新教地区。

---

① 18 世纪末及 19 世纪初西欧掀起的一场文学艺术运动。——译者注
② 济慈(1795—1821),英国诗人。——译者注

这种为宗教改革所表达与鼓励的新观念日渐抛开礼仪或表演等"纯粹的"外在情绪而强调人的内心情感，不管它们是发生在剧院中还是在日常生活的舞台上。许多针对卡斯蒂寥内的新教评论家对"表演文化"（culture of performance）的此类拒绝是含蓄的，但偶尔也会表现得很直率。① 像一些较为热心的读者，他们以一种毫无想象力的平淡方式将该对话解释为一系列建议和劝告。

例如，在法国加尔文派贵族让·德·拉·泰勒 1573 年发表的一首题为"退休的廷臣"（*Courtier in Retirement*）的诗作中，发言者——一位为追求乡村生活而放弃了宫廷的年老而清醒的人——声称他知道怎样掩饰自己以及实践"卡斯蒂寥内"在其所"虚构的"《廷臣》中所鼓吹的一切。他认为《廷臣》向人们展示了存在于虚构文本与骗子间的不明确关系。

> 我知道如何隐藏，我知道如何实施
>
> 巴尔达萨尔·卡斯蒂廖内所提出的
>
> 廷臣身上应有的从容。②

对掩饰（dissimulation）或伪善（hypocrisy）的道德批评有时集中 109
于"从容"观念之上。如，乔治·佩蒂，一位翻译过瓜佐论谈话著述的伊丽莎白时代的作家，即小心地将自己同那些"认为掩藏在一切行为中所运用的技巧，使所做的一切事情看起来都如完全凭借天生的智力，是一位绅士身上最为值得表扬的品质"的人保持距离。在造作的意义上，这是"好奇心"。③ 以类似的方式，菲利普·锡德尼的朋友富尔克·格雷维尔也不认同他口中所称的"伪善者伊罗尼亚"

① Trilling（1972），ch. 1.

② La Taille（1878-1882），vol. III，xxvii-xxviii. Cf. Daley（1934）；Smith（1966），164ff, 203ff.

③ Pettie（1576），preface.

(Ironia)——据他所说,人们"似乎可以最大限度地制造玩具"。[①]

在剑桥大学伊曼纽尔学院被称为清教徒的老巢的那段时间里求学于此的诗人埃弗拉德·吉尔品(Everard Guilpin),在其名为《斯基亚莱特希亚》(*Skialetheia*,1598)的一部讽刺文学作品集中将《廷臣》作为其嘲讽的对象之一。他将一位身着西班牙服装的"骑士"戏谑为"卡斯蒂寥内所认为的完美廷臣的典范"。西班牙对伊丽莎白时代的英国人自然比对卡斯蒂寥内时代的意大利人更怀有恶意。吉尔品将"谦恭"(courtesy)同伪善、"马基雅维里先生"、"脸涂成杂色的小丑",特别是空洞的承诺联系在一起。书中对穿着西班牙服装的准确建议说明,作者实际上对《廷臣》做了仔细的阅读,而非只是对它进行间接的谴责。但不管怎么讲,新教徒陈腔滥调的乌云在吉尔品的期待视野中清晰可见。

> 来宫廷吧,巴尔达萨尔会用
>
> 无数神圣和芬芳的话语款待你。
>
> 你需要他吗?你会觉得他友善吗?
>
> 如若你否认且弃他不顾,那您就是有眼无珠。[②]

几乎是与此同时,吉尔品的堂兄弟、诗人和剧作家约翰·马斯顿(John Marston)以类似的方式将"全能的卡斯蒂利奥"(the absolute castilio,他如此称谓)作为一个所言所行均无真才实学、没有头脑的纨绔子弟的标志。

> 但,哦!全能的卡斯蒂利奥
>
> 他能告诉你求爱的所有要点

---

① Greville (1907), 154.

② Guilpin (1598), 65, 86.

能驾驭骏马……   110

能用优美/造作的韵律表达心意……

啧啧,他闻达于他的聚会,

精心安排的演讲,和赋诗作赋……

从你那里获得恭维,

唉,在我眼中,卡斯蒂利奥就是一个乞丐。①

不仅如此,马斯顿还在剧本《安东尼奥与梅林达》(*Antonio and Mellida*)中设置了一个名叫"卡斯蒂略"的廷臣角色。

此时英国的舞台确实为纨绔子弟们所占领。例如,我们可以记起《无事生非》中唐·彼得罗(Don Pedro)的侍从"巴尔达萨尔"(Baltasar),以及他在婉拒别人要他唱歌时所使用的过分夸张的谦逊用语:"在我歌唱之前请注意这一点/我的歌唱中没有一个音符值得您的注意。"在这里,巴尔达萨尔的名字不可能是随便选取的。或者我们还会记起"奥斯里克"(Osric),一位在同社会贤达讲话时拒绝遮盖他的头,即使在被要求如此时也拒不执行的廷臣。哈姆雷特王子(Prince Hamlet)因他对"相遇的外在习惯"的关心而批评了他。此外,我们还可忆起本·琼森《失去幽默的每一位男子》(*Ervery Man Out of His Humour*,1600)中的"法西蒂丢斯·布里斯克"(Fastidious Brisk),一个被描绘为"优雅、整洁、感人的廷臣"的角色。他"以不同的举杯方式向别人敬礼"。这种对某一"格拉迪亚托伯爵"(Count Gratiato)的描述是对巴尔达萨尔伯爵的另一种口头攻击。

当然,视《廷臣》的作者与其主要人物之一在描述从容(sprezzatura)时所予以特别抵制的做作行为为一体是不公平的。上文内容(边码第38页)早已显示,为抢先其批评者一招,卡斯蒂寥内巧妙地

---

① Marston (1961), 68; Marston (1934-1939), vol. I, 1-62.

利用了对话的形式。然而,对研究接受史的历史学家来说,重要的不是否定对文本的这种 16 世纪的解释,而是努力去理解它。对此,做两方面的观察是必要的。第一,将否定《廷臣》作为否定宫廷的手段;第二,对宫廷的批评同对意大利的北方批评日益紧密地联系在一起。

从 12 世纪索尔兹伯里的约翰和 15 世纪的教皇庇护二世,到诸如德国人文主义者乌尔里希·胡滕和西班牙主教安东尼奥·德·格瓦拉等与卡斯蒂寥内同时代的作家们,写作有关宫廷的讽刺文学一直是欧洲人的传统。曾为美因茨(Mainz)大主教服务过的胡滕,在 1518 年出版了他的讽刺对话《宫廷》(The Court)。在对话中,他带着极大的厌恶情绪对廷臣们挥霍无度的荒谬衣着、令人震惊的饮食和宫廷生活的其他不适之处进行了描写。[①]

格瓦拉以其 1539 年出版的《对宫廷的蔑视和对乡下的赞美》(Contempt for the Court and Praise of the Countryside)而广为人知。该书的版本、译本和模仿作品数量之多可与《廷臣》媲美。[②] 曾以传教士身份在查理五世的宫廷中生活过多年的格瓦拉,在书中对廷臣们的忧虑、不适和花费与可以其乡下不动产为生活来源的贵族的安逸、悠闲与无忧无虑的轻松生活进行了对比。他并没有完全否定宫廷,但却建议廷臣在自己到了需要为死亡做准备的年龄时就从宫廷中退休。同时,他还发现,在宫廷中"任何事情都是被许可的","任何事情都是伪装的"(todo se dissimula)。因此,在这里,词汇改变了它们的意思。如奢侈(extravagance)被称为"华丽"(magnificence);害人之预谋(malice)被称为"智慧"(wit);等等。[③]

---

① Uhlig (1973); Kiesel (1979), esp. 31ff on Pius II and 67ff on Hutten.
② On Guevara, Uhlig (1973), 235-256; Jones (1975); Redondo (1976).
③ Guevara (1539b), chs. 8, 9.

很难断定格瓦拉是否看过卡斯蒂寥内的书。他有可能在查理五世的宫廷中遇见过伯爵，但他在编纂这部关于古典时代与中世纪的老生常谈之事的集子时几乎不需要阅读他的著作。他只是偶尔反驳了《廷臣》中某人的观点，特别是在讨论对君主进谏的部分。例如，当君主决定要去做某件可能会损害大众福利的事情时，在格瓦拉看来，好的廷臣不应当众大声对他进行劝告，而应当等待机会，私下向他提出自己的建议；而在奥塔维亚·弗雷戈索看来，好的廷臣似乎应当对君主的这种不当行为当众直谏（1.9）。[1]

后来的批评家比格拉瓦更为强调这样一种观念，即宫廷助长了道德上的堕落——溜须拍马、伪善、虚荣自大等等。例如在英国，亨利八世的廷臣之一，托马斯·怀亚特爵士（Sir Thomas Wyatt）专为他的一位同事弗朗西斯·布赖恩特爵士（Sir Francis Bryant）（他后来出版了一部格瓦拉著作的英文译本）写了一首讽刺诗——《对廷臣生活的指责》（*A Dispraise of the Life of the Courtier*，1548）。该诗建议怀亚特要"逃避真理"、避免信守诺言，而"只需嘴巴甜蜜"。[2] 这首关于伪善的讽刺作品被称为"当代英国评论界对《廷臣》最有分量的批评"。[3] 112

在怀亚特的文本中，我没有发现作者提到任何与《廷臣》特别相关的事情，尽管他身边的人（包括托马斯·克伦威尔、埃德蒙德·邦纳和托马斯·霍比的兄弟菲利普）的确都知道卡斯蒂寥内的著作。像格瓦拉一样，怀亚特重申了反宫廷文学著作的共同点。在他个人这里，还增添了来自其不幸经历的痛苦。在宫廷生活的沉浮中，诗人两次被囚禁于伦敦塔。

罗杰·阿斯克姆也表达了类似的态度。他在追忆格瓦拉的同

---

① Guevara（1539a），ch. 5.

② Wyatt（1975），110；cf. Uhlig（1973），317-319.

③ Starkey（1982），234.

时，哀悼了宫廷中词汇含义的改变。他指出，在宫廷中，优雅存在于阿谀奉承、嘲弄和"假装出的勇敢的表情"之中。如果一名年轻人"对罪恶之事一无所知，他们就会说，他粗鲁无礼、毫不优雅。优雅这个干净而又神圣的词汇就这样被一些粗俗之人粗野地滥用了"。①阿斯克姆关于优雅的观念明显地更接近于加尔文的观念，而非卡斯蒂寥内的观点。它针对的是宫廷的传统而非特意指向卡斯蒂寥内。这一观点在 17 世纪时又为身为清教徒的传教士威廉·古奇（William Gouge）所阐发。"宗教和优雅不存在于好的行为之中……好的行为是达致优雅的绊脚石。"②

在 16 世纪 40 年代的法国，对《廷臣》的批评来自或显示在一场关于宫廷道德的文学辩论之中。这场辩论由玛格丽特·德·纳瓦尔（Marguerite de Navarre）身边的诗人们所引导，被称为"女友争论"（controversy over lady-friends 或 querelle des amies）。如，伯特兰·德·拉博尔迭的《宫廷朋友》（*Court Friend*，1541）将宫廷女性描绘为巧计的作品和某种为赢得众多求婚者的爱情而无须爱任何人的被有意培养出的"优雅与美"的人。③ 40 年代末，律师菲利贝尔·德·维耶纳（Philibert de Vienne）在他的《宫廷哲学家》（*Court Philosopher*，1547）中讽刺性地将时尚描写成宫廷的哲学，将"生活于宫廷习惯中"描写成对美德的定义。④ 虽然这些作家中的任何一位都没有提到卡斯蒂寥内的名字，但却都否定了已被详细讨论并在其书中带有某种积极意义的观念，特别是优雅和新柏拉图式爱情观。

卡斯蒂寥内当然不是他那个时代用文学创作支持宫廷的唯一作

113

---

① Ascham（1568），14 verso.
② Gouge（1622），539.
③ La Borderie（1541）；cf. Screech（1959），106，113，116；Smith（1966），125-134.
④ Philibert（1547）；cf. Mayer（1951），Smith（1966），138-149.

家,但他的书犹如中世纪晚期的宫廷文学著作,使宫廷成为道德世界的中心。一位研究英国贵族史的历史学家对之如此评论说,"在卡斯蒂寥内看来,宫廷犹如亚里士多德眼中的城邦国家,是美好生活必不可少的"。① 对宫廷理想所做的如此经典的表述使卡斯蒂寥内明显地成为批评家们的攻击目标。

对宫廷的传统批评之所以在 16 世纪中叶变得异常强烈起来,原因在于它被同反意大利的情绪联系在一起。这种情绪是一种作为对与文艺复兴运动相联系的"意大利哲学"(Italophilia)的反应的"意大利恐惧症"(Italophobia),是针对批评者所称的对"模仿"国外道路的一种敌对反应。这是一场与前文(边码第 80—82 页)所讨论的文学辩论有着很大不同的关于模仿的讨论。如此,法国人公开指责"意大利人的歌曲",英国人则诋毁"英格兰的猿人、意大利的赝品、法国的跟屁虫"。② 在波兰,这种反意大利情绪则由我们已在上文(边码第 92 页)中介绍过的斯坦尼斯瓦夫·波德洛多夫斯基的《波兰的廷臣》表达出来。书中的角色与真实生活中的人物相匹配。一些匈牙利贵族也表达了类似的观点。③

这种对意大利的敌对反应似乎与我们在前面描述过的真诚文化的兴起有关,其具体表现即是北欧人拒绝接受与南欧人有关的表演文化。在法国,诗人皮埃尔·格兰戈尔(Pierre Gringore)16 世纪早期说过,"没有什么能比意大利化的法国人更坏的东西了"(Il n'est rien pire…qu'est un français italiqué)。④ 在几乎同时期的德国,人文主义者雅科布·威姆佩林(Jacob Wimpheling)则如此警告说,"当心无毛

---

① Stone(1965),400.

② Aneau(1552);Rankins(1588),Cf. Sozzi(1972).

③ Barycz(1967);Klaniczay(1990).

④ 转引自 Smith(1966),95n。

的头皮发红的人（bald red-headed man）和意大利化的德国人"（A rufo calvo et Germano italicato carendum est），似乎在他看来，后者也是一种矛盾。① 或者，"意大利化的德国人是魔鬼的化身"。② 这是对"意大利化的英语是魔鬼的化身"（Tudesco italianato è un Diabulo incarnato）这一结论性观点的改写。在伊丽莎白时代的英国，这句话日渐成为一句谚语（罗杰·阿斯克姆在 16 世纪 60 年代、约翰·利利 [John Lyly] 在 1580 年、罗伯特·格林 [Robert Greene] 在 1591 年皆引用过）。③

依照英国作家威廉·兰金斯（William Rankins）的说法——他的陈腔滥调与吉尔品的相近（边码第 109 页），意大利充满了"马基雅维里式的人物"，他们"通过政策、偷偷摸摸的活动、巧妙的掩盖搞破坏"。此外，格林在《对暴发户式的廷臣的嘲讽》（*Quip for an Upstart Courtier*，矛头直指加布里埃尔·哈维，或通过哈维指向卡斯蒂寥内）中将意大利描绘为包括"自负、自恋、鸡奸和奇异中毒事件"在内的"众多令人憎恶的罪恶"的产地。这是约翰·韦伯斯特（John Webster）《马尔菲公爵夫人》（*Duchess of Malfi*）和其他复仇悲剧中的场景。这些复仇悲剧的发生地经常被安排在意大利，且通常是以在舞台上横陈一大堆尸体结束。④

意大利的罪恶，如同外国人所感受到的那样，经常与宫廷有着特殊的联系。因此，加尔文派信徒、出版商亨利·艾蒂安（Henri Estienne）在谴责他所称的法语语言的"意大利化"时，将责任归之于宫

---

① 转引自 Baxandall（1980），141。
② Sastrow（1823），vol. I，400.
③ Wilson（1970），224.
④ Rankins（1588），5；Greene（1592），sig. Ci recto.

廷、廷臣和他们的"宫廷主义"(courtisanismes)。[1] 阿斯克姆则走得更远,以至于将意大利描绘为"瑟茜[2]的宫廷"。在这里,奥德修斯(Odysseus)[3]的同伴们被变成了猪。[4] 宫廷与意大利的结合为意大利公主们,特别是波兰齐格蒙特一世的妻子博纳·斯福尔扎和法国亨利二世的妻子凯瑟琳·德·梅第奇在海外的知名度所强调。在1572 年法国新教徒遭遇大屠杀之后——他们认为凯瑟琳应当对此负责,天主教、意大利、宫廷和谋杀间的联合似乎被不证自明。

这些争论使人们在观察卡斯蒂寥内的对话时带上了有色眼镜。其作者似乎成了批评家——特别是新教批评家,他们有自己否定意大利或否定廷臣的理由——合适的替罪羊。然而,这种极不受欢迎 115 可被看作是对《廷臣》所受到的广泛欢迎的一种不情愿的赞美。

意义含糊与矛盾心理

读者们或许已注意到这样一个令人生奇的事实,即一些作家,特别是罗杰·阿斯克姆和让·德·拉·泰勒既被引来作为卡斯蒂寥内所受到的淡漠对待的见证,又被引为其受到热烈接受的证据。这一部分的目的就是要告诉大家,这不仅仅是个意外事件。相反,它对于我们研究 16 世纪《廷臣》——连同其他文本——被阅读的方式是一条颇有价值的线索。

在推荐《廷臣》的同时又批评优雅的宫廷式定义的阿斯克姆,和

---

[1]　Estienne(1578);关于亨利·艾蒂安,见 Smith(1966),206-216。

[2]　希腊神话中的女巫,有把人变成猪的法术。——译者注

[3]　荷马史诗之《奥德赛》中的主人公,伊塞卡国王,在特洛伊战争中献木马计。——译者注

[4]　Ascham(1568),26 recto, 30 recto.

在劝告其君主找一位像卡斯蒂寥内那样的人作为顾问的同时允许已退休的廷臣谴责他的拉·泰勒,并非是混合的或意义含糊的反应的孤证。加布里埃尔·沙皮斯是此类反应的又一个例证。他既翻译了《廷臣》,也翻译过胡滕攻击宫廷的著作。再有,人文主义者、出版商埃迪纳·多尔特不仅修订过《廷臣》的早期法文译本,而且还出版过自己对宫廷进行批评的著作。他的里昂同行纪尧姆·鲁耶(Guillaume Rouillé)则对卡斯蒂寥内和格拉瓦的著作都给予出版。伦敦的亚当斯(Adams)和斯特拉斯堡的策纳(Zetzner)两位出版商甚至还将《廷臣》的拉丁文译本与德国人文主义者古列尔姆斯·因苏兰乌斯·梅纳皮乌斯(Gulielmus Insulanus Menapius)论支持与反对宫廷事例的对话合在一起出版。① 另一位人文主义者,在德国语法学校任教职的亨里克斯·彼得雷乌斯·赫得斯安乌斯(Henricus Petreus Herdesianus)则编过一部两卷本的对比宫廷生活与乡下生活的文选,重印了伊拉斯谟、格瓦拉和胡滕以及其他人的著作。②

这些出版商、编者和译者关心的或许仅是他们的销售额,如那些新教徒出版商曾为出口而出版过天主教书籍,但还有另一种可能性值得我们予以考虑。在16世纪,修辞学与法律是精英教育的重要内容,而对这两个科目的学习就包括学习如何表达拥护和反对(pro et contra),对假定的个人或行为过程表达自己的赞成或反对。学习通常包括对赞成和反对诸如人之高贵或不幸等话题的习惯用语的收集。学生们应当在他们所阅读过的著作中找出这些习惯用语。

辨证的研究方法在这里更加有用,因为宫廷引起了含义模糊的反应,被它吸引与对它的厌恶同时存在。对像阿斯克姆甚至霍比这

---

① Uhlig (1973), 210ff.
② Petreus (1578); cf. Uhlig (1973), 219ff, Kiesel (1979), 107.

样的新教徒来说,产生矛盾的心理是自然的,但令人惊奇的是在天主教徒中竟然也有这样的反应。如,格瓦拉并不仅仅是一个简单的宫廷批评者,他在宫廷中度过了其成人后的诸多时光。在他出版《对宫廷的不敬》(*Contempt for the Court*)的同一年,即1539年,他还出版了他的《给得宠者的忠告和廷臣处世原则》(*Advice for Favourites and Doctrine for Courtiers*)。该书的主要内容就是教导读者如何在君主面前举止高贵。如果说某一著述看起来像是对卡斯蒂寥内的反应,那么其他的则像是追随其脚步。因为它们一起对高贵和宫廷生活中的苦恼给予了全面探讨。对法国批评家菲利贝尔·德·维耶纳来说,他的矛盾心理迫使他喜欢讲反话。这使其著作的英文译者在翻译过程中特别容易对书中内容形成误读,以致似乎对任何事情都掺杂了自己的态度。①

说到这里,卡斯蒂寥内本人对宫廷生活则表达了一系列不同反应——从对家乡亲人的思念到其中的酸甜苦辣(前文第35页)。他选择对话形式的做法表达了他的这样一种意识——道德问题不是一个简单的问题,而一些读者对此做出的抗辩性反应则可被解读为对同一种意识的不太老练的表达。如我们将要在下一章中所看到的,卡斯蒂寥内的继承者将不得不面对同样的问题。

① Javitch (1971).

第七章
复兴的《廷臣》

　　一位意大利学者曾断言说,在法国大革命之前,《廷臣》一直保持着其作为"宫廷社会的基础入门手册"的地位。① 但我却不这么认为,因为虽然在出版后的 92 年中,该文本在欧洲的一些地区每年平均以新增一个以上语种版本的增速扩散着,但这种情况在 1619 年后再没出现过,尽管人们对该对话的兴趣在其衰退过程中也有一些小规模的复兴。因此,我的关注重点为 16 世纪和 17 世纪早期欧洲人对卡斯蒂寥内著作的反应,而本章所要叙述的内容则权可视为乐章的结尾部分,一个关于该文本后来命运的简短指南。

　　在 17 世纪的最后 9 年中,整个欧洲只新出版了 8 个版本的《廷臣》或其译本。当然,我们允许版本数量的减少与读者态度的重大变化间有至少几十年的滞后。该书在近代早期的欧洲并没有很快地过时。一位伦敦书商 1633 年的一份意大利进口图书目录中,还包含了 1573 年出版的《廷臣》。②

　　现在,我们将把考察的重点从版本转向有记载的 17 世纪读者——那些出生于 1575—1675 年间的读者,这或许会对我们确定读

者自何时开始对该书失去兴趣有所帮助。在已知的 48 位出生日期

---

① Quondam (1980), 19.
② Lievsay (1969), 43-44.

相近的读者中,生于 16 世纪 70 年代末者有 5 人,80 年代 10 人,90
年代 5 人,17 世纪第一个十年 8 人,第二个十年 7 人,20 年代 5 人,
30 年代跌至 3 人,40 年代 0 人,50 年代 2 人,60 年代为 2 人,70 年代
1 人。如果我们假定人们是在年轻时即 20 岁左右阅读此书的,则人
们对该书兴趣的衰落当发生在大约 1650 年或稍早一些时候,换言
之,比其版本的衰落晚了一代人的样子。对此,早已有观点认为,卡
斯蒂寥内著作在法国流行的真正鼎盛时期根本就不在 16 世纪,而是
在 1600—1660 年间。[①]

因此,大约在 17 世纪中叶,如果不是更早的话,卡斯蒂寥内的
《廷臣》变得过时了。为什么会出现这种情况呢?

当然,宫廷并没有衰落,在接下来的几个世纪中它仍保持着其作
为权力与特权中心的地位。但三种类型的文化变革却削弱了人们对
卡斯蒂寥内对话的需求。

第一,已如前面一章所显示的那样,宗教改革和反宗教改革两场
运动都对卡斯蒂寥内的名誉产生了坏的影响。他的书被认为对基督
教讨论得不够。因为其他的宫廷指南通常会用较多的篇幅来谈论宗
教。它们中的一些,如米歇尔·蒂莫泰(Michele Timotei)的《廷臣》
(*Courtier*, 1614),或耶稣会士贝尔纳迪诺·卡斯托利(Bernardino
Castori)的《市民与基督徒协会》(*Civil and Christian Institution*,
1622)——该书被献给另一位乌尔比诺公爵,强调了其取代卡斯蒂
寥内的企图——都对"基督徒廷臣"(Christian courtier)或"基督教君
主"(Christian prince)做了专门的论述。另一些,如西吉斯蒙蒂(Si-
gismondi)的《廷臣们的习惯》(*Practice of Courtiers*, 1604),或蒂莫泰
的著述关注的是神职人员的宫廷。第二,意大利文化模式的影响走

---

① Magendie (1925), 305-339.

向衰落。至 17 世纪时,西班牙和法国——不知我们是否可以说是马德里和凡尔赛?——已变成欧洲时尚行为举止的典范。至 17 世纪 70 年代,意大利的耶稣学院已开始向其贵族学生教授法语了。[①] 第三,也是最为重要的,即《廷臣》所依赖的基本假设——在宫廷中,通向成功的道路是行为举止上的优雅而非做君主希望他们做的事情,受到了比从前越来越频繁和越来越强有力的挑战。

于是,存在于两种争论间的分裂进一步发展——一方关注宫廷,另一方则关注美好的生活,卡斯蒂寥内以高超的技巧结合了二者。论廷臣的书,如埃迪纳·杜·雷福赫(Etienne Du Refuge)和巴尔塔萨·格拉西安(Baltasar Gracián)等人的著作,现在强调的是审慎而非优雅;而论"礼仪"(civility)的书,如考廷(Courtin)和切斯特菲尔德(Chesterfield)的著作讨论的则是一个更广泛的世界而非宫廷。他们所认为的完美之人与其说是作为时尚之人(l'homme à la mode)的廷臣,不如说是作为世故的俗人(l'homme du nonde)的廷臣。[②] 或许有人会认为,沙龙已用宫廷曾使用过的同样方式取代宫廷成为礼仪的展示场所。运用这一方式,宫廷(如第一章所揭示的那样)使自身取代修道院和战场成为一个新的价值体系赖以形成与传播的社会环境。在后来的著述中,没有一本可与卡斯蒂寥内《廷臣》的 100 多个版本相抗衡,尽管它们中的一些,特别是格拉西安的作品也取得了相当大的成功。这确证了这样一种需求的继续存在,即宫廷和"社会"(在这里,Society 的第一个字母是大写的)两方面的生活均需要指导。

---

① Brizzi (1976), 239-240.

② Ossola (1987).

宫廷中的生存艺术

卡斯蒂寥内所描写的廷臣在马基雅维里所描写的君主宫廷中将怎样过活呢? 人们猜想他们的日子肯定不怎么好过。乌尔比诺的文雅对话中所描绘的廷臣太过于坦率直言与注重自我修养,他们无法满足一位主导思想是维持或扩张他的权力的君主的需要。这种矛盾或许可告诉我们卡斯蒂寥内的描写是不切实际的,或它只有可能出现在小宫廷,甚或为女性实施有效统治的宫廷之中。

无论如何,16 世纪和 17 世纪的欧洲政治理论与实践都在滑向马基雅维里所指明的方向。在"专制王权"时代,人们越来越认为君主应当单独统治他的国家,而无须其贵族的帮助与建议,就像罗马皇帝实施没有元老院的统治那样。在这样的环境中,要想在宫廷中向上爬,就必须掌握一种不同于以往的行为方式。一种新的、教授有关这种新的行为方式技巧的著述随之面世。

诗人托尔奎托·塔索(Torquato Tasso)曾计划模仿卡斯蒂寥内的对话写一部发生于乌尔比诺宫廷的对话,且在其人物名单中包括了巴尔达萨尔作为战士的儿子卡米洛(Camillo)。塔索自身所受的教育是在乌尔比诺宫廷完成的,他也在意大利费拉拉宫廷中充当过廷臣。① 然而,塔索实际出版的却是一部他称之为《马尔比基》(Malpighi, 1583)的"有关宫廷的"对话。在该对话中,参与者讨论了这样一个问题,即卡斯蒂寥内的书是否仅属于他自己的那个时代,或是否只要宫廷和礼仪存在,它就会被人们所赏识。其中一位名叫焦万洛伦佐·马尔比基(Giovanlorenzo Malpighi)的发言者"几乎将它熟记在

120

---

① Cox (1992), 190.

心",且对它的了解胜过对西塞罗的了解,但就是如此崇拜《廷臣》的他,却在谈话的过程中被说服持一种更为批判的态度。最终的定论是,《廷臣》已经过时了,"将模仿奉为最大美德之一的时代"(in questi tempi in cui l'infinger è una delle maggior virtù)已一去不复返。① 或许有人会指出,塔索找到了一条以非赞美性话语赞美卡斯蒂寥内的文雅之路,而且他是其所处时代的批评家而非《廷臣》的批评家。但无论如何,塔索见证了人们对《廷臣》的态度的改变。

下面,让我们以两部论宫廷的意大利著作为例来对这些变化加以说明。对这两部著作中的论点,即便是卡斯蒂寥内《廷臣》中的参与者恐怕也不会准备为之辩护。

詹巴蒂斯塔·希拉尔迪·辛齐奥(Gianbattista Giraldi Cinzio),一位以其创作的悲剧、故事与文艺批评作品而为人所知的费雷拉贵族,写作的《论适合青年贵族之事》("Discourse on What Befits a Young Nobleman", 1565)早已对卡斯蒂寥内的著作进行了政治意义上的批评。当它向其读者建议要培养优雅的举止、参加球类运动、写诗,以及创作音乐时,该书好像是《廷臣》的回声。② 但在其他方面,它则暗含了对卡斯蒂寥内的轻微批评。例如,它表达了作者对跳舞"在我们的时代"变得"平民化"的担心,建议青年贵族不要学习绘画。③

121　　　但这并不是我们所要强调的重点所在。我们所要强调的是两书在论述重点与语气上的重大差异。卡斯蒂寥内所描写的廷臣是一个被建议向其君主真诚进言的独立个体;而在希拉尔迪的独白中,关键词则是"适应"(accommodation)、"假装"(simulation)和"掩饰"(dis-

---

① Tasso (1583).

② Giraldi (1565), 23, 28, 29; cf. Woodhouse (1991).

③ Giraldi (1565), 25, 31.

simulation）。这些伪装的目的或是出于在敌对环境中的自我保护，或是为操纵君主以满足己愿（ridurre il Singore al suo desiderio）。①

更具启迪意义的或许是另一个关键词"优雅"在含义上的变化。在《廷臣》中，grazia 通常，尽管并非总是如此，被用来指代一种美学品质，是一种在公众面前表现自我的方式。而在希拉尔迪的著作中，该词则几乎被用来专指君主的恩宠。获得君主的恩宠被认为是廷臣所应努力追求的首要目标。②

由于其对如何向君主献殷勤的技巧的描写与论述，对洛伦索·杜齐（Lorenzo Ducci）的《宫廷的艺术》（"Art of the Court"，1601）我们或许亦可持类似的观点。假装和掩饰被推荐作为廷臣们获得优雅与恩宠的途径。"廷臣应当将他们的私利（l'appetito del proprio interesse）掩藏于渴望为君主服务的外表之下。"③杜齐指出，要想学习这样做的技巧，必须要研究"廷臣们的伟大导师"克奈里乌斯·塔西佗（Cornelius Tacitus）——一位其著作自 16 世纪末开始日益在欧洲各地受到欢迎与阅读的作者，他在其所写的关于罗马帝国的历史著作中重点对掩饰的艺术做了探讨。杜齐在其著作中大量引用了塔西佗著作中的格言警句。④

杜齐的论著发表三年后，博纳迪诺·皮诺（Bernardino Pino）发表了他的《绅士》（"Gentleman"，1604），一篇在副题——"论谨慎与贤明者"（the prudent and discreet man）——中透露了其论述路径的论著。17 世纪是此类指南类著作的世纪。对此，思想史家弗里德里

---

① Giraldi（1565），37，52.

② Giraldi（1565），12.

③ Ducci（1601），chs 4，28；cf. Uhlig（1975），42-44；Anglo（1977，1983）；Donati（1988），165-166；Hinz（1992），367-385；Hinz（1993）.

④ Stackelberg（1960）；Etter（1966）；Burke（1969）.

希·迈内克（Friedrich Meinecke）在对"论国家存在的理由"同类著
作进行的调研过程中曾如此评论："这里是为庸才们所遗忘的文学
作品的陵寝。"①所有这些普普通通的作品都吸引了文化史学家的注
意，被他们看作是著述语气（tone or mood）发生重大变化的证明。到
17 世纪时，犹如在卡斯蒂寥内所生活的时代那样，人们已不再对如
下的事情感到骇人听闻，即像尼古拉·法雷特那样建议廷臣"使自
己"在任何时候都要与君主的爱好保持一致，或如尼科洛·斯特罗
齐（Niccolò Strozzi）那样建议廷臣不仅要掩饰在文学上懂得比君主多
这样的事实，甚至还"要装出与实际情况完全相反的样子"。一位意
大利作家甚至出版了一本全部内容都在鼓吹其所称的"值得敬重的
虚伪"的著作。②

　　17 世纪最为流行的此类著作之一要算埃迪纳·杜·雷福赫
（Etienne Du Refuge）的《宫廷论》（*Treatise on the Court*）。该书最早
出版于 1616 年，至 1661 年时在法国已被重印过 12 次或更多次，它
同时还被译成拉丁文、意大利文、英文和德文，且其英文译本后又被
再次译成法文。如同卡斯蒂寥内的《廷臣》那样，连续出现的众多版
本将该书逐渐变成了一本参考书。书中的旁注、章节摘要和详尽的
索引，使该书成为一本供读者参考使用的——如其扉页上的广告词
所说的那样——"便捷"和"实用"的"指南"。③

　　杜·雷福赫向其读者所传递的信息与卡斯蒂寥内有着巨大的不
同，相比较而言，他更接近于塔西佗与杜齐。在书中，作者对两人的
著作均做了引用。尽管杜·雷福赫认为宫廷是一个充满危险与腐败

① Meinecke（1924）.

② Faret（1630），50-51；Strozzi（1982），167，171，189；cf. Woodhouse（1982）；Accetto（1641）.

③ Du Refuge（1616）；cf. Anglo（1983）.

堕落的地方,但他却仍向读者授以"使自己在宫廷中向上爬升"之道。在对"和蔼"(affability)和"端庄"(civility)(作为达到目的的手段而非对其自身来说值得拥有的品质)做简短的讨论之后,他将讨论的重点转向更为重要的事情。这些所谓的重要事情包括:怎样获得君主的恩宠和避免失宠——避免危险话题的"机敏","掩饰"自己的情感("隐藏我们的欢乐、悲伤、希望、欲求、恐惧、愤怒"),并掌握君主在相关方面的喜好,以使自己"适应"他的幽默。尽管杜·雷福赫从未忘记表达自己道德上的担心,但不知何故他总会找到对之避而不谈的途径。"于其没有任何帮助。有时,你必须使用阿谀奉承的方法才能赢得相对于这些人的优势——但并非所有的阿谀奉承都管用。"①

在近代早期欧洲一个更为伟大的成功,同时也是值得纪念的文 123
学著作是西班牙耶稣会士巴尔塔萨·格拉西安写的《圣贤》(*Oracle*,1647)。在整个 17 世纪和 18 世纪期间,该书被译成法文、荷兰文、英文(3 次)、德文(5 次)、意大利文(2 次)、拉丁文(2 次)、俄文和匈牙利文。该书所获得的成功使得思想史学家保罗·哈扎德(Paul Hazard)大为迷惑不解,他对之评论说,"有一些使人难以解释的东西"。② 我自己的看法是,此巴尔达萨尔能够取代彼巴尔达萨尔,应当感谢他的耶稣会士伙伴的帮助,他的许多同行在 16 世纪末至 18 世纪末天主教欧洲的贵族教育领域担当了重要的角色。③

该书在简洁方面虽称不上具有神谕的特点,却也有塔西佗式的文风,简明且多警句。它那使得读者眼花缭乱的、富含警句的 300 个简短段落,针对如何在一个生活即是"对抗他人恶意的斗争"的世界

---

① Du Refuge (1616), 1.35, 2.5, 2.7, 2.10.

② 细节见 Gracián (1647), introduction, 43-46。Cf. Hazard (1935), 366-367.

③ Brizzi (1976); Dainville (1978).

中获得生存,提供了招人厌烦和精于世故的建议。如何获得政治上的生存?"避免胜出你的上级……隐藏你的意图……懂得如何八面玲珑。"①

格拉西安是一位塞涅卡式的伦理学家,塞涅卡本人是一位生活于尼禄(Nero)②宫廷中的西班牙人。格拉西安在其《圣贤》一书中所描写的完美人物是,"一个没有幻想的人"(varón desengañado)、"一位博学的基督徒"和"一位廷臣哲学家"。他所提到的"八面玲珑"实际上是重复了基督教耶稣会的建立者圣·伊格内修斯·罗耀拉(St. Ignatius Loyola)的话,而罗耀拉又是重复了圣保罗的话。格拉西安给其读者的最后一条建议是,"做一名圣徒"。然而,他的书却被人们当作为廷臣而写的另一本指南来阅读,或者至少可以说其呈现给读者的外在形式是如此。该书的法文译本标题被取为《宫廷人》(L'homme de cour),并得到其他译本的沿用。部分原因在于之后的译本是转译自法语而非西班牙语。在英语世界,该书为人所知的名字是《廷臣中的圣贤》(The Courtier's Oracle);在德语中,它的名字是《聪明的廷臣与国际化》(Kluger Hof-und Weltmann);在意大利语中,它的名字是《廷臣》(L'uomo di corte);在拉丁语中,它的名字是《给廷臣的忠告》(Hominis aulici oraculum);在匈牙利语中,它的名字是《乌德沃里·卡托》(Udvari Kátó,在匈牙利语中,与"宫廷"相对应的单词是 udvár)。有迹象表明,这些译本被按新标题所暗示的意思阅读。例如,在 1712 年 2 月 5 日出版的《旁观者》(The Spectator)中,唯一一次提到"著名的格拉西安"即将他的书描述成一部"对在宫廷中谋求升迁者有用的"格言集。和卡斯蒂廖内的对话一样,格拉西安的格

---

① Gracián (1647), nos 7,13, 98, 100. Cf. Borinski (1894); Jansen (1958).
② 尼禄(37—68),古罗马暴君。——译者注

言警语也为后人归纳出一部有关行为技巧的集锦,以供那些有抱负的廷臣们使用。

在上一章中,我们已知卡斯蒂寥内和他的书因被认为过于愤世嫉俗而为一些人所抵制。而本章所传达的信息则恰恰相反。它告诉读者,卡斯蒂寥内之所以过时,至少在宫廷中如此,是因为它不够愤世嫉俗。但这种对比却是对该"开放性"对话可以被和已被以不同的方式阅读的另一个例证。

假如说晚期文艺复兴从城市共和国向公、侯之国的转移给了卡斯蒂寥内机会,那么,兴起于 17 世纪的君主专制政体将会使他的书变得陈腐过时。在对粗野与好战的贵族进行驯服的阶段,它是一件有用的法宝。但等对他们的驯服已进入晚近的、更为政治化的阶段时,它就变得毫无用处了。

文明手册

尽管有志于在宫廷获得成功的人现已将《廷臣》弃于不顾,但这并不意味着卡斯蒂寥内的对话在 1630 年后就完全过时了。它仍继续和那些观点应时的著作一起被作为上层阶级日常生活中"文明"(civility)行为的指南。在它的竞争对手中,不仅在英国而且还在欧洲大陆产生影响的是洛克的《论教育》(Thoughts on Education)和切斯特菲尔德勋爵(Lord Chesterfield)的《书信集》(Letters)。如若有人想在这一点上将卡斯蒂寥内的影响与宫廷文学的整体影响区别开来,他将会发现这种努力是困难异常且毫无结果的,就像一个人要跟踪一瓶被倒入溪流中的墨水的运动踪迹那样。

在 17 世纪早期,卡斯蒂寥内的影响仍是相当明显的。杜·雷福赫在其著作中对"端庄"的简短讨论即与《廷臣》相近。在该讨论中,

125　他将"端庄"定义为无论是在说话、着装还是面部表情方面所应表现出的"某种程度的庄重、得体或优雅"。① 格拉西安或许也持有同样的观点，他在其《圣贤》中曾专用"花费不多，收获不少"这样一句格言来形容谦恭（courtesy），而用另一句来形容"魅力"（despejo）。他更早的作品《论英雄》（"Hero"，1637）不仅讨论了优雅和避免做作的必要性，甚至还将卡斯蒂寥内（在这里，他被称为"伯爵"）的著作视作论述廷臣的权威加以引用。② 有趣的是，我们还发现格拉西安的贵族资助人拉斯塔诺萨（Lastanosa）侯爵竟在其图书室中藏有一本卡斯蒂寥内《廷臣》的博斯坎译本。

从《廷臣》中取材甚多（如我们在边码第 93 页所看到的）的尼古拉·法雷特的《诚实的男子》（*Honnête homme*）也吸收利用了杜·雷福赫的著作。③ 法雷特的著作——似乎是其最早使用短语"诚实的男子"来描述那些懂得"如何在宫廷中取悦他人"的人——在 1630—1681 年间先后出版过 12 个版本，这还不包括其英文、德文、西班牙文，甚至意大利文译本。在这一意义上，它可称得上是古典主义时代文明论述的经典之作。

作为一名描写行为风格的作家，法雷特在路易十四时代拥有众多的接班人。例如，雅克·杜·博斯克（Jacques Du Bosc）曾为女性写了一部姊妹篇《诚实的女子》（*L'honnête femme*，1632）。在该书的论优雅（bonne grace）一章中，作者像卡斯蒂寥内定义"从容"（sprezzatura）那样将之定义为"在做一切事情时表现得仿佛是凭借天性而非后天努力"（la bonne grace se remarque à faire tout comme par

---

① 　Du Refuge（1616），1.2.
② 　Aubrun（1958）；Morreale（1958）；Hinz（1991）.
③ 　Faret（1630），xxxviii-xxxix.

nature, et sans effort）的艺术。①德·梅雷（de Méré）爵士曾写有论诚实的本质和谈话艺术的著作，像卡斯蒂寥内那样，他将柏拉图和西塞罗引为榜样。② 德·拉罗什福科（de La Rochefoucauld）公爵 1665 年出版的《格言集》（*Maxims*）对其所处时代的精英社交规则和一般性人类道德弱点进行了一次冷静、尖刻的评价。例如，他曾如此评论道，"在人生的每一阶段，每个人都会表现出某种行为风格和外表（une mine et un extérieur），从而显示出他们所希望的在别人眼中他们的行为风格和外表"。再例如，"礼仪是一种希望被人礼貌地对待和被人看作一个斯文人的愿望"。③ 然而，在当时最为流行的作家却要首推安东尼·德·库尔坦（Antoine de Courtin），其 1671 年出版的《礼仪新论》（*New Treaties on Civility*）的版本到 1700 年时已多达 13 个。

以文明为论题的法国作家们逐渐发展形成了用来准确描述行为的属于他们自己的术语——bonne mine（温和），bon air（优雅），civilité（文明），galanterie（文雅），bonnes manières（得体），politesse（礼貌），等等，且比之他们的前辈对谈话的非正式规则也给予了较多的强调。他们没有忘记宫廷——在路易十四的凡尔赛时代他们怎么会忘记呢？——但他们同时也为巴黎市民，毫无疑问地也为外省人写作。他们不仅仅关注在君主面前的好的行为举止，也关心"在同伴面前"的好的行为举止。就出现于 17 世纪并留存至今的法国文艺理论领域的 grâce（从容），négligence（漫不经心）和 nonchalance（散漫）等术语来说，它们提醒我们在拉辛（Racine）和拉·方丹（La Fontaine）时代的法国不要对古典主义时代的行为规则解释得过于严

126

----

① Du Bosc (1632), 292.
② Méré (1930), 78.
③ La Rochefoucauld (1665); nos 256, 260.

格,以致超过在本博、拉斐尔和卡斯蒂寥内时代的罗马对它们的解释。①

如同其法国的同行们,英国作家们写作的中心论题是"社会"而非宫廷中的行为。他们,特别是洛克和切斯特菲尔德明确表达或重申了绅士观念。洛克 1693 年出版的《论教育》像格拉西安的《圣贤》一样,是一部整个欧洲人都喜欢的著作。其英文版本到 1772 年时不仅达 14 个之多,而且还被译成了法文、德文、瑞典文和意大利文。洛克的目标并不是就狭义上的教育提供建议,而是就如何在"文明"方面训练绅士提出建议。这些建议包括:注意他的姿势(postures)、手势(gestures)和"姿态"(carriage),以及朗读时的语速语调等。他对做作的声讨和"优雅"的赞美令人回想起卡斯蒂寥内。因此,洛克强调要保持儿童的精神"安逸"(easy)。免于困窘或局促不安意义上的"安逸"(Ease)在某种程度上成为 18 世纪英国的一个关键词,成为"从容"(sprezzatura)在英语中的一个对等词。实际上,《廷臣》18世纪的两个英文译本在定义"从容"时恰巧使用了这些术语,来指代那些"做事轻松"或行动"轻松自然"的人。

洛克的思想在理查德·斯蒂尔的一篇发表于 1713 年第 34 期《卫报》上的论"好绅士"(fine gentleman)的品质的文章中获得了进一步发展。以一名"老英雄"(Old Ironside)人物的口吻——这是一种使作者与话题保持讽刺距离的必要手段(因为一个真正的绅士从来不会指导他人的行为举止),理查德·斯蒂尔提出了自己对完美英国人的理解。他说,完美的英国人应是这样一种人,"谦虚而不扭捏,率直、和蔼可亲而不粗鲁无礼,乐于助人,彬彬有礼而不显奴态"。"他的一切言行举止,"斯蒂尔在一段追忆卡斯蒂寥内论优雅

① Lapp(1971),2-3.

的文字中评论说，"都伴有一种能够引起每一位旁观者赞美与亲善的风格，或者更确切地说是一种魅力"。

约翰逊博士（Dr. Johnson）是另一位赞美"轻松的"言谈举止的作家。① 然而，在18世纪，对绅士的轻松的优越观念进行阐述的英文著作中，最为著名的当数切斯特菲尔德勋爵的《书信集》无疑。该书首版于作者死后的1774年，后被不断地重印再版（不算其法文和德文改写本或译本，至1800年时它已有11个版本）。在这些写给他儿子的信中，切斯特菲尔德明确表达了他称之为"关于优雅和良好教养的一些规则"，重点论述了免于"困窘"，"优雅而适度自信"地进入房间，以及养成"一种文雅、安逸的风格与姿态""优雅的谈吐"或"优雅的高贵外表"的必要性。② 以私人信件的形式提出对公众的建议这一形式，和洛克的《论教育》一样，给人以一种非常深刻的非正式印象。在这两个个案中，我们或许可以做出如下猜想，即这种非正式是一种有计划的故意行为。

幸存与复兴

法国人写作诚实的男子和英国人写作绅士（我们在这里不谈论欧洲的其他地区）的传统，至少是妙不可言的特性（je ne sais quoi），仍要归功于卡斯蒂寥内的示范效应。这一印象在我们对1662—1771年间该书的版本以及该书在私人藏书中出现的记录进行考察后得到了加强。

如在法国，该时期的许多重要文化名人都曾拥有《廷臣》。例

---

① Piozzi（1974），122.
② Chesterfield（1774），7, 9, 135, 137; cf. Woodhouse（1991）.

如，在路易十四之前作为建筑家路易·勒·沃（Louis Le Vau）、画家
查尔斯·勒布伦（Charles Lebrun）和诗人让·德·拉·方丹（Jean de
La Fontaine，更不用说高乃伊［Corneille］和莫里哀［Molière］）资助人
的尼古拉·富凯（Nicolas Fouquet），即藏有一本16世纪意大利文版
的《廷臣》。该书现藏于大英图书馆。路易十四的太子少保皮埃尔-
达尼埃尔·于埃（Pierre-Daniel Huet）则藏有《廷臣》的一个双语本。
路易十四的大臣让-巴普蒂斯塔·科尔贝尔，或是他的儿子也藏有
一本意大利文版的《廷臣》。曾就政府的艺术政策向科尔贝尔提出
建议的作家让·查普林更是藏有多达5本不同版本的《廷臣》——
其中4本是意大利文版。这对于意大利文好得可以写作诗文的人来
说也足够了。此外，查普林藏有杜·雷福赫和法雷特著作的事实向
我们提供了一条探究他以何种方式阅读《廷臣》的线索。①

假若在17世纪的巴黎沙龙和或许可称为乌尔比诺"原沙龙"
（proto-salon）之间存在相似性的话，那么，探究一下诸如德·拉斐特
（de Lafayette）公爵夫人、马德莱纳·德·斯屈代里（Madeleine de
Scudéry）和德·萨布莱（de Sablé）侯爵夫人是否读过《廷臣》将是一
件非常具有吸引力的事情。然而，就目前我所能发现的，已知旧制度
时期唯一一位藏有此书的法国贵妇是德·蓬皮杜（de Pompadour）夫
人。该书和富凯收藏过的那本一样，现存于大英图书馆。

但德·萨布莱侯爵夫人的朋友德·拉罗什福科公爵确曾拥有一
册《完美廷臣》（Le parfait courtisan）——1690年出版的当时《廷臣》
的最新译本。我们曾在前文提到过此人对社会行为所做的无情分
析。《廷臣》1690年译本的作者是让-巴普蒂斯特·杜阿梅尔（Jean-
Baptiste Duhamel），他是一位奥拉托利会（Oratorian）神父，同时也是

---

① Searles（1912），nos 522-526，529，532.

国家科学学院(the state-supported Academy of Sciences)以及文化建设委员会(part of the cultural Establishment)秘书。有趣的是,该译本在其扉页上的广告词将之称为一本有助读者"在精彩谈话中获得成功"的著作。换言之,《廷臣》在 17 世纪的法国是被作为流行的论谈话艺术的经典著作阅读的。① 以同样的风格,1685 年在德国德雷斯顿出版的《廷臣》的一个德文匿名译本给该对话取了一个新标题"优美的夜间谈话"("Gallant Night Conversations")。在这里,galante 是在其 17 世纪的法文意义上、作为 polished 或 courteous 的同义词使用的。

要说代表人们对《廷臣》的阅读兴趣复兴的最为有趣的地区实例,当数荷兰和英国的情况无疑。在这两者中,荷兰的例子作为当时社会变迁的指示器(indicator)而更具意义。《廷臣》的第一个荷兰文译本 1662 年出版于阿姆斯特丹。或许有人会认为荷兰共和国的人们不需要或没有时间阅读这部关于宫廷的著作,事实上,在 1650 年之前也确实少有证据证明人们对之产生过兴趣。但大约就在此时,共和国的社会发生了重大的变革。诸如阿姆斯特丹、鹿特丹、莱顿等荷兰主要城市的市长们和市镇议员们,即所谓的"摄政者们"(regents),正在改变他们的生活方式,在行为举止上也越来越变得像贵族。他们中的一些人被海外的君主们授以爵位,另一些则开始以他们新近获得的地产的名字来称呼自己。②

这样的论断似乎是合理的,即这些新贵对他们的社会行为感到惶惶不安,他们为国外的榜样所吸引——不仅仅是卡斯蒂寥内,还有库尔坦。后者论"文明"(civility,在英文中被译成 good-man-

① Burke (1993), 102-108.
② Roorda (1964); Burke (1974), ch. 9; Spierenburg (1981), 19-30.

129

175

neredness, welgemanierdheit)的书在卡斯蒂寥内著作的译本出版几年后的 1677 年在荷兰出版。① 如果我们研究一下卡斯蒂寥内对话文本本身之外的一些内容,那么,在《完美廷臣》(De volmaeckte hovelinck,这是荷兰人所熟知的书名)的出版与社会史学家所说的"贵族化"过程之间存在某种联系的假设就变得更为合理了。《廷臣》的荷兰文译本被敬献给了阿姆斯特丹市长扬·西克斯(Jan Six)——他也是一位活跃的诗人和剧作家。西克斯曾在谈话中明确地对卡斯蒂寥内的著作给予高度赞扬,且在其丰富的藏书中也包含三册《廷臣》。西克斯曾请伦勃朗为其画像,而该画所表现出的流畅、自然和"给人深刻印象的"风格,有人认为本身就是一种"从容"。别忘了,伦勃朗本人即对卡斯蒂寥内非常感兴趣,他曾对当时存放在阿姆斯特丹的拉斐尔所作的著名的卡斯蒂寥内的画像做过素描(见插图 1)。②

荷兰学者尼古拉耶斯·海因修斯(Nikolaes Heinsius)藏有三册《廷臣》,而荷兰外交官亚伯拉罕·德·维凯富特(Abraham de Wicquefort)曾建议外交大使们读一下这本"值得赞美的著作"。实际上,他在题为"大使与他们的作用"("The Ambassador and his Functions", 1681)一文中对模范大使的出身、学习和行为所做的详尽描绘,完全可以称得上是对卡斯蒂寥内著作进行创造性模仿的最新典范。维凯富特心中理想的大使"不仅熟谙外交技巧,而且还是一位绅士,或至少看起来像一位绅士",而做到这些的捷径就是遵循卡斯蒂寥内所提出的那些行为准则。③

英国的情况是,在 18 世纪的上半叶,人们对卡斯蒂寥内著作

---

① Spierenburg (1981), 16-17.
② Jongh (1985); Smith (1988).
③ Wicquefort (1681), vol. I, 83.

的阅读兴趣出现了一次复兴。在此期间，一共有 7 个版本在流传，其中有两个是该书的新译本。克拉克的拉丁文译本（我们应当记住的是，该译本是剑桥大学国王学院一位研究员的作品）在 1713 年为剑桥大学出版社重印。在其后的 1724 年和 1727 年，罗伯特·杉伯和 A. P. 卡斯蒂寥内的英文译本先后出版，并形成竞争。在译本的扉页上，A. P. 卡斯蒂寥内自称自己与巴尔达萨尔出自"同一家族"。

两个新出现的译本都得到了强有力的教父的保护。杉伯将自己的译本敬献给了蒙塔古（Montagu）公爵，而 A. P. 卡斯蒂寥内则将他的译本敬献给了国王乔治，并刊印了一份超过 500 人的预订该书的大人物与社会贤达名单（伦敦主教预订 10 册，牛津大学皇家历史学教授 6 册……）。

人们对《廷臣》的阅读兴趣何以会以这样一种方式复兴呢？那些正试图加入贵族行列的部分商人与律师对优雅的渴求似乎并不足以解释这一问题，因为这种趋势持续了很长一段时间，以至于成为英国历史的一个结构性特点。甚至对与礼貌而非出身有关的"上流社会"的重新界定，似乎也不能对人们何以会在此时对一部初版于 1528 年的论述行为举止的书产生如此强烈的兴趣，做出充分解释。[1] 那么，是否存在一种政治的解释呢？罗伯特·沃波尔爵士（Sir Robert Walpole）的竞争对手在反对其统治时常常采取攻击宫廷的方式。事实上，在 18 世纪早期，辉格派知识分子、第三任莎夫茨伯里伯爵（earl of Shaftesbury）即曾公然抨击优雅是"戏剧性行为"，并曾试图"将优雅与宫廷分离开来"。[2] 若将 18 世纪 20 年代卡斯蒂寥内著 131

---

① Langford（1989），59-121；cf. Raven（1992）.
② Klein（1994），189-190.

作的再版看作是文化史的一个托利派译本，显然是对问题的简单化。因为辉格派的切斯特菲尔德勋爵即是其预订者之一。将之看作是宫廷价值观念遭遇威胁之时人们对它进行的一场保卫战或许还能说得过去。

卡斯蒂寥内著作的再版也构成了对 16 世纪意大利文化兴趣复兴的一部分。对于这样一场复兴，我们或许可称其为"文艺复兴的复兴"。在意大利，18 世纪是一个诸多文艺复兴时期的经典著作之学术版（scholarly editions）出现的时代，其中包括许多以前没有出版过的本韦努托·切利尼（Benvenuto Cellini）和马基雅维里（其在佛罗伦萨圣十字教堂的墓碑即修建于此时）的著作。《廷臣》先后在 1733 年、1766 年和 1771 年与来自卡斯蒂寥内朋友圈子的其他文艺复兴时期的"经典著作"——如本博、弗拉卡斯特罗（Fracastoro）、纳瓦杰罗（Navagero）和萨多莱托的作品——一起被一再再版。与该项事业有关的编者之一将卡斯蒂寥内形容为"16 世纪最有才能[或多才多艺的]意大利人"（il più virtuoso uomo italiano del secolo xvi），可谓是对之褒奖有加。18 世纪意大利的一位评论家詹文琴佐·格拉维纳（Gianvicenzo Gravina）将卡斯蒂寥内比喻为西塞罗，另一位评论家皮埃兰托尼奥·塞拉西（Pierantonio Serassi）则将他比喻为但丁。

这一文艺复兴的复兴也影响到了英国。例如，文艺复兴时期的建筑家安德里亚·帕拉迪奥（Andrea Palladio）和利昂巴蒂斯塔·阿尔贝蒂（Leonbattista Alberti）著作的英文译本分别于 1715 年和 1726 年出版。后来，帕拉迪奥著作的新版本又分别在 1728 年和 1738 年出版，它给予人们建造"帕拉迪奥式"住宅的灵感。在绘画方面，接受遍游欧洲大陆旅行教育的英国绅士似乎比他们的先辈拥有更多的时间来赞美拉斐尔和其他文艺复兴时代艺术家的作品以及研究古典时代的遗物。① 在文学方面,则有塔索(1763)和阿里奥斯托(1773—1783)史诗的新译本。这两人著作的译者都是约翰·胡尔(John Hoole),他是塞缪尔·约翰逊的朋友。

通过对某些文化运动与发展趋势进行分析研究,从中发现那些曾身处其中的个体,往往会对我们的研究产生启示性作用。因此,我们有必要对那些曾在该时期生活于英国的意大利人予以关注。这些人包括,曾在帕拉迪奥主义(Palladianism)的兴起过程中发挥过重要作用的威尼斯建筑家贾科莫·莱昂尼(Giacomo Leoni),来自皮埃蒙特的作家朱瑟普·巴雷蒂(Giuseppe Baretti),罗马诗人与剧本作家、曾教授过英国王室成员意大利语的保罗·罗利(Paolo Rolli)。巴雷蒂对卡斯蒂寥内的态度有些自相矛盾。例如,他曾如此写道,伯爵"在何为良好行为举止的理解方面远超于他对如何书写优美意大利文的认识"。② 另一方面,罗利则将本博和卡斯蒂寥内同阿狄森(Addison)和斯蒂尔相提并论,称他们为"完美与品味"的典范。这比约翰逊博士将阿狄森和卡斯蒂寥内作为礼仪指南的作者所进行的著名类比早了50年。③

在研究18世纪英国《廷臣》的情况时,我们必须明确这样一点,《廷臣》在当时所处的社会环境是复兴而非幸存。丹尼尔·笛福藏有两册《廷臣》,一册是意大利文本,一册是英文本。它们或许是被用来作为其写作《完美的英国绅士》(*The Compleat English Gentleman*)的参考书。切斯特菲尔德勋爵是《廷臣》A. P. 卡斯蒂寥内译本的预订者之一。塞缪尔·约翰逊——顺便说一下,他是巴雷蒂的朋友——亦曾赞美过该书。要将体形如熊的约翰逊想象为一位

132

① Hale (1954).

② Baretti (1763), vol. I, 21.

③ Rolli (1728), 12-13; cf.Dorris (1967), 197ff; Johnson (1779-1781), vol.I, 407.

伯爵所提出的优雅(elegance)的景慕者或许会有一些困难,但他确曾对博斯韦尔(Boswell)断然说过,《廷臣》是"已有论述良好教养的著作中最好的"。如此,对卡斯蒂寥内的赞美和对切斯特菲尔德的谴责——约翰逊对他的《书信集》深恶痛绝——皆出自他一人之口了。①

约翰逊的朋友大卫·加里克(David Garrick)和乔舒亚·雷诺兹爵士(Sir Joshua Reynolds)也是《廷臣》的景慕者。他们的职业分别是演员和肖像画家。对他们对一部关于自我展现的对话所表现出的特别兴趣,人们或许会认为是情理之中的自然之事。② 最后,有关在18世纪末期人们对《廷臣》态度的一份非常吸引人却又含义模糊的证据,来自于现藏大英图书馆的一册1603年版的《廷臣》。该册图书归赝品制造者(forger)威廉·爱尔兰(William Ireland)所有,但其上面却签有"威廉·莎士比亚"的名字。威廉·爱尔兰为什么要这样做呢? 他认为卡斯蒂寥内和莎士比亚一样,是文艺复兴运动的一个代表人物吗?

19 世纪和 20 世纪

133 在一本主要涉及1528—1619年这一时段的小册子中,显然不可能对19世纪和20世纪进行任何细节性论述。在这最后一部分我所要做的,是回到有关《廷臣》的现代阅读与传统阅读间所存在的差异这样一个最初问题上来,且在地域范围上主要集中在不列颠群岛,考察人们态度和价值观念中的深层次变化是以何种方式将他们引向对

---

① Boswell (1791), vol. V, 276; cf. vol. I, 266.
② Arnott, (1975), no. 383.

卡斯蒂寥内及其对话新的理解的。①

在意大利,卡斯蒂寥内的《廷臣》被"推崇为"文学经典名著,成为学生研习的经典著作之一。据我所知,卡斯蒂寥内的著作第一次被描绘为"经典名著"是在18世纪70年代,首创者是文艺史学家吉罗拉莫·蒂拉博斯基(Girolamo Tiraboschi)。几乎与此同时,在米兰一家学院任教的诗人朱塞佩·帕里尼(Giuseppe Parini)宣称,《廷臣》"因其中所描写的自然而端庄的行为而值得被加以研究"。②

就像是为了回应上述评论似的,《廷臣》在1803年为"意大利经典名著印刷协会"再版;1822年在"古代与近代意大利著作精选系列"中再版;1831年在"经济图书馆"中再版。至19世纪末期,它成为统一后意大利学校中必须购置的指定图书,其1884年、1889年和1894年版本可以证实这一点。最为著名的卡斯蒂寥内研究专家之一维托利奥·齐安(Vittorio Cian),即是最早为此目的而校订《廷臣》的人。他在其导言中宣称,《廷臣》应当和薄伽丘的《十日谈》、阿里奥斯托的《疯狂的罗兰》一起,成为"每一位有教养的和严肃认真的大学生"所阅读的图书。当然,这种推崇得到了政治与文化计划的支持。1842年,即意大利统一前差不多20年,一位威尼斯出版商在其所出版的《廷臣》前言中,将卡斯蒂寥内描绘为那些希望"使意大利获得作为一个国家的地位"的人之中的一员。

另一方面,在英国,《廷臣》的持续影响可从上层阶级男性新的行为观念中窥见一斑。这一观念被包含在"花花公子"(dandy)一词之中。该词是一个为描绘那些试图使自己的生活而不仅仅是服装成为一件艺术品,从技巧、反对浪漫的忠诚礼拜仪式和闲暇等方面界定

134

---

① 关于德国的情况,参见 Burger(1963)。

② Tiraboschi(1772-1782),vol. VII, part 2, 590;Parini(1967),785.

自己的身份,而与勤勉、缺乏美感的资产阶级形成对比的人,而新创造出的词汇。① 因此,在这种身份构建中,有一种与卡斯蒂寥内所提出的更为遵从习惯的观念形成对比的反抗的要素。尽管如此,宫廷风格和更为广泛意义上的绅士传统所包含的诸要素仍然为花花公子们所窃用、改造和润饰。

乔治·布伦迈尔(George Brummell)是花花公子的原型。他是一位英国绅士,其名誉更多是建立在其能打出完美领结的能力之上,而非是他与摄政王(the Prince Regent)②的友谊甚或其巧妙应答的才能。其对于穿着细节的关心看起来非常像是为《廷臣》所公开指责的那种做作,但领结本身却表达出一种同"从容"之意相去不远、明显毫不费力的完美。顺便提及一点,"轻松的"(effortless)一词即是在此时——19 世纪早期开始在英语中被使用的,比"漫不经心"(insouciance)一词在英语中的使用稍晚,但却略早于"沉着泰然"(aplomb)。

"喜修饰者"(Beau)布伦迈尔很快成为一位模范性人物。他关于优雅的观念,为爱德华·布尔沃·利顿(Edward Bulwer Lytton)1828 年出版的小说《佩勒姆:绅士冒险记》(*Pelham: or, Adventures of a Gentleman*)提供了素材。小说中的主人公要求他的贴身男仆对他的出现要"表现出一种优雅的疏忽"。小说的读者被告知,"适应良好社会的人们的显著特点是沉着冷静"。这种沉着冷静有时可通过一个"冷淡的、倦怠的呵欠"来表达。③ 该小说在 1828—1840 年间出版了 8 个版本的事实表明,其所塑造的这种理想迎合了许多读者的想象。

---

① Franci (1977); Stanton (1980).

② 1810—1820 年是英国历史上的摄政时期。——译者注

③ Lytton (1828), vol. I, 5; vol. II, 12, 245.

相比于摄政王时代,维多利亚时代对花花公子和其他种种轻薄无聊之举更少赞同。维多利亚时代的人也似乎无暇阅读卡斯蒂寥内,尽管查尔斯·伊斯特雷克(Charles Eastlake)创作的卡斯蒂寥内之妻伊波利达·特雷丽(Ippolita Torelli)的肖像画,曾于 1815 年在英国皇家艺术学院(Royal Academy)展出过。这种美学理想仅在 19 世纪末重新露面,具体表现在诸如披着长发、身着天鹅绒套装的奥斯卡·王尔德(Oscar Wilde)①和"装扮雍容华贵"的马克斯·比尔博姆②(Max Beerbohm,大卫·塞西尔勋爵曾如此称呼他)。③ 在 1911 年出版的小说《朱莱卡·多卜生》(Zuleika Dobson)中,比尔博姆塑造了一个"生性纨绔的"人物。"他打马球,斗蟋蟀,打网球,下象棋,打台球以及爱好诸如此类一切可玩的事情。他精通所有现代语言,在水彩画方面富有天赋,被那些有幸听他演奏的人列为与特威德(Tweed)等同的最好的业余钢琴演奏家。"④这对一个现代版的卡斯蒂寥内所说的全才来讲怎么样呢?

假如您觉得比尔博姆的理想听起来纯属幻想,那么,就让我们将视线从虚构的小说故事转移到亚瑟·巴尔弗(Arthur Balfour)和其身边的人身上吧! 巴尔弗,索尔兹伯里侯爵的侄子,曾就学于伊顿公学和三一学院,26 岁时成为议会议员,1902 年成为英国首相。巴尔弗试图给人留下这样一种印象,即"无所事事的懒散"和佩勒姆式的,融智慧、雄辩和从政治到哲学(他曾出版过一本名为《哲学质疑的抗辩》[Defence of Philosophic Doubt]的著作)的范围广泛的学术兴趣为一体的"沉着外形"。按照约翰·梅纳德·凯恩斯的说法,他是"我

135

---

① 奥斯卡·王尔德(1854—1900),英国诗人,唯美主义者。——译者注
② 马克斯·比尔博姆(1872—1956),英国评论家和漫画家。——译者注
③ DNB, s. v. "Beerhohm".
④ Beerbohm (1911), 21.

们这个社会所产出的最非同寻常的工艺品（objet d'art）"。假若有任何现代英国人能在文艺复兴时期的宫廷中获得成功的话，那这人必是巴尔弗无疑。事实上，在 19 世纪 80 年代，他就经常参加一个新式的与乌尔比诺谈话性质相同的"众灵"（Souls）组织在乡间别墅举行的连续数日的宴会活动。在这里，上流社会的成员们（包括奥斯卡·王尔德）讨论诗歌，玩智力游戏。其中，承担伊丽莎白·贡扎加之主持协调职责的是玛戈特·坦南特（Margot Tennant）。她在 1894 年同赫伯特·阿斯奎斯（Herbert Asquith）结了婚。[①]

如果您觉得"众灵"远不能同卡斯蒂寥内的世界相提并论的话，那么，我们应给这些宴会增加一位常客——沃尔特·罗利爵士（Sir Walter Raleigh），利物浦大学的英语教授，曾在 1900 年出版了一个《廷臣》的译本。他将卡斯蒂寥内心中的理想之人描述为一个"既将自己训练成一匹赛马，又将自己培育成一朵鲜花"的人。这博得了运动员和花花公子两拨人的喜爱。罗利将自己的译本献给了乔治·温德姆（George Wyndham），一位后来成为巴尔弗私人秘书的"科尔德斯特里姆警卫军团"（Coldstream Guards）的前军官。温德姆在从政之余还从事对文艺复兴，特别是对莎士比亚和龙萨（Ronsard）的研究。

温德姆并非文艺复兴时代的廷臣在英国的最后一位子孙，远远不是。厄内斯特·巴克尔爵士（Sir Ernest Barker）——其对《廷臣》的思考在本书一开始就引用过——见证了"从容"理念在 19 世纪 90 年代尚存于牛津的学生中，他还引用了一位老校友用来描述一位贝列尔学院人（Balliol man）特征的短语"对源自骨子里的高傲的安静

136

---

① Young（1963），xv, 27, 141-145；Egremont（1980），28, 115.

的自觉"。① 剑桥在这方面的情况同牛津没什么不同。"我们都见过他们,"一位移民学者曾在 20 世纪 40 年代末期有些刻薄地如此写道,"献身于'从容'者——那些从未做过丝毫工作的受褒奖之人,那些从未作过任何训练的忧郁之人。"②当我于 20 世纪 50 年代末前往牛津求学时,努力工作仍被看作是不合时宜的。轻松悠闲(effortless-ness)仍被视为一种理想的生活状态。

罗利称《廷臣》为一面"完美绅士的镜子",好像它所描绘的那种理想是永恒的。历史学家约翰·阿丁顿·西蒙兹(John Addington Symonds)——一位贝列尔学院人写道,"《廷臣》所具有的无可比拟的最大优点是其所表现出的良好教养和没书生气的偏见",就好像它是他自己所处时代的一件作品一样。③ 另一方面,《廷臣》1822年意大利文版的导言则指出,即使其"本质"是永恒的,好的行为却早自卡斯蒂寥内时代即已改变了它们的外在形式。以相同的方式,罗利在其译本的导论中将该书描述为"该时代主要道德观念的一个概要或摘要"。

当《廷臣》经历再一次的复兴(1901 年一个新的英文译本出版;1907 年一个新的德文译本出版;等等)之时,该书的这一历史性的观点便很快开始为大家所接受。如,1908 年出版的一本卡斯蒂寥内的传记称《廷臣》"在许多方面是意大利文艺复兴时代最具代表性的著作"。几乎在同一年出版的另一部传记则将卡斯蒂寥内描绘成"那个伟大时代的理想代表"。④

维托利奥·齐安也曾在其《廷臣》译本的前言中将卡斯蒂寥内

---

① Barker (1953), 304, 307.
② Schenk (1949), 94.
③ Symonds (1875-1886), vol. II, 265.
④ Raleigh (1900), viii-ix; Hare (1908), 200; Cartwright (1908), vii.

137　　称为"当之无愧地代表他那个时代的人物"。事实上，卡斯蒂寥内早在雅各布·布克哈特论文艺复兴的初版于 1860 年的著名论著中即已开始扮演这一角色了。该论著的中心概念之一是黑格尔式的概念，即自觉的、经计划的成功意义下的"艺术作品"（*Kunstwerk*）。在第一章中，布克哈特在此意义上将国家作为一件艺术作品进行了讨论，并在第五章中以相同的方式对"社交性"（sociability，Geselligkeit）这一概念进行了研究。卡斯蒂寥内无可置疑地是一个自觉的、具有完美社交技巧的重要典型。他的对话为布克哈特按照与歌德和威廉·冯·洪堡相联系的德国自我修养传统所感知。它被视为个人将自己作为一件艺术作品进行自我塑造的行为指南。①

　　正是这些类似的原因，使得文艺复兴时期的意大利如此为沃尔特·佩特（Walter Pater）、奥斯卡·王尔德和年轻时候的叶芝（W. B. Yeats）②等人所青睐。王尔德曾如此说，"形式即一切"；"人生之第一要务就是要尽可能地修饰自己。""每年夏季，"叶芝在 1908 年或其前后写道，"我都会读一些书。去年，我带往乡下的是霍比翻译的卡斯蒂寥内所写的《廷臣》"。好像是他的朋友格雷戈里夫人（Lady Gregory）向叶芝介绍这本书的，或许是在意大利他们一起访问乌尔比诺时，或许是在她位于戈尔韦库勒庄园（Coole Park in Galway）的房屋中。无论是哪种情况，叶芝都渐渐地将库勒庄园视为乌尔比诺了。对叶芝来说，这两座伟大的房屋都是在他那个时代正遭受威胁的贵族价值观念的象征。在他的诗作 1912 年的《致富人》（*To a Wealthy Man*）和 1915 年的《人类颂》（*The People*）中，乌尔比诺变成了"谦恭的语法学校/有才智者在那里学习他们的职业"，一座"供女

---

① Burckhardt（1860）；Bruford（1975）.
② 叶芝（1865—1939），爱尔兰诗人及剧作家，曾获 1923 年诺贝尔文学奖。

公爵和她的人民彻夜长谈/肃穆的午夜随着他们谈话的结束而结束/透过房屋高大的窗子,人们迎来了黎明"的宫殿。

叶芝日渐将《廷臣》视为一个时代的标志。这个时代吸引着他,不仅仅是因为马基雅维里、韦罗内塞(Veronese)、斯宾塞和龙萨等人的成就,还有他称之为它的"存在的一体性"(unity of being)的因素。"文艺复兴时代的个体是统一的,而现代的个体是分裂的"这一观念是叶芝的观点或更确切地说是他个人关于文艺复兴的神话认识的中心内容。"文艺复兴时期的人,"他曾这样写道,"一直在为实现自己所精心选择的目标而努力,他们总是像在面对着观众的舞台上表演,且当面临是放弃生命还是放弃表演的选择时他们宁愿放弃前者。"他将日常生活中的谦恭比作艺术的风格,自己也试图以"从容"或继霍比之后他称之为"鲁莽"的风格写作。然后,像布克哈特一样,叶芝将《廷臣》视为"社会生活如同一件艺术作品"这一论断的例证。另一方面,他像使用库勒庄园一样使用卡斯蒂寥内和乌尔比诺,以清晰明白地表达他个人对现代社会的抗议。①

库勒庄园是一个适宜之所。在这里,我们正好可以结束我们对《廷臣》在后文艺复兴世界中的地位所做的简短考察。

138

---

① Yeats(c. 1908);Stein(1949);Salvadori(1965);Carpenter(1969-1970);Harris(1974).

第八章
欧洲文化中的《廷臣》

　　本书的论述在不同的时空方向上已远离了中心——设想的乌尔比诺。在全书即将收尾之时,为将那些四散的线索最大可能地联结到一起,对来自编年史学、地理学和社会学三个层面的对《廷臣》的反应进行概述总结,以及对《廷臣》在西方文明史中的地位加以考察,或许对我们有所裨益。

《廷臣》版本的编年史学讲述了一个清晰的故事。在 16 世纪 30 年代,约有 22 个版本(包括译本)出版问世。在 16 世纪 40 年代,该数字达到一个新高——约 28 个版本。在 16 世纪 50 年代至 80 年代间,其销量似乎一直保持在一个相对稳定的较低水平。50 年代大约有 14 个版本,60 年代有 19 个版本,70 年代有 12 个版本,80 年代有 13 个版本。但到 16 世纪的 90 年代和 17 世纪的第一个十年,其版本的增加数约为每十年 6 个,至 17 世纪第二个十年时,则降至十年4 个。

　　对《廷臣》兴趣的上升似乎与文艺复兴时代的意大利从共和国转向宫廷这一著名的转向有关。该转向使意大利的文化模式变得易于为其他地方所模仿。《廷臣》的普及无疑为意大利文化在西班牙、法国、英国和其他国家与地区的流行所推动,尽管这些趋势并不能充分地解释为什么《廷臣》能比其他与之相竞争的同类主题著作更为成功。在人们对它的兴趣下降的 17 世纪,似乎也存在一些与这种下

降趋势相反的因素。一些信奉宗教的读者,天主教徒和新教徒,就至 140
少认为它有些邪恶。另一方面,《廷臣》竞争不过一些著作,是因为
它不够马基雅维里式,或至少不够塔西佗式。人们对之兴趣的下降
似乎也与宫廷结构的变化,特别是绝对君主制的兴起有关。

为更好地理解这些主要趋势,我们需要将这些潮流按读者所属
区域和社会群体加以划分。

接受地理学

让我们先从传播地理学,特别是截至 1699 年时已出版了约 130
个《廷臣》版本的欧洲城市开始我们的研究。高居首位的城市是威
尼斯,它在这一时期出版了大约 48 个版本的《廷臣》。巴黎居其次,
出版了大约 17 版《廷臣》的法文译本;伦敦以 12 个版本(英文译本
或意大利文本)居第三位;里昂以 9 个版本(法文译本或意大利文
本)居第四位;佛罗伦萨居第五位,约有 7 个版本;安特卫普以 6 个版
本(全部为西班牙文译本)居第六位。由于在西班牙和德语世界印
刷业是一项分布较广的产业,所以,在巴塞罗那、坎波城(Medina del
Campo)、萨拉曼卡(Salamanca)、塞维利亚(Seville)和托莱多
(Toledo)等城市出现 8 个或更多版本的西班牙文译本,或在迪林根
(Dillingen)、法兰克福、慕尼黑、斯特拉斯堡和维滕堡(Wittenberg)等
德意志城市出现 9 个版本的译本(大多是拉丁文),并不是什么稀奇
之事。

确定《廷臣》读者的地理学分布是一件更为困难也更为有趣的
事情。以下所述将以附录二中所列的 328 名生活于 16 和 17 世纪的
读者为基础。100 多个版本,以每个版本每次印刷量的可能平均数
1000 册(如同其第一版的印刷发行情况)计,我们可以设想在其出版

后的一个世纪的时间里,约有 10 万册《廷臣》在流通。① 按每册书有
三个读者的保守估计来计算,在这 100 年的三代人中产生了一个总
数为 30 万或更大的读者群。换句话说,附录二中所列的读者名单仅
141 占其读者总数的千分之一。但不管怎样,研究一下这 328 位读者的
地理与社会群体分布仍将是很有趣的。

　　附录二所列读者名单中,意大利人有 89 人,在比例上超过了总
数的 1/4。他们中的多数来自意大利半岛的北部、帕多瓦、曼图亚、
佛罗伦萨以及需特别指出的威尼斯。威尼斯是一个共和国而无宫廷
的这一事实似乎无碍于人们对《廷臣》的兴趣。威尼斯出版商库尔
蒂奥·纳沃(Curtio Navo)将他 1538 年出版的《廷臣》献给了年轻的
贵族阿尔维希·乔治,并盛赞他是完美的廷臣。卢多维科·多尔塞
则将他的一个版本敬献给了后来成为著名议员的乔治·格拉德尼
戈。来自南意大利地区(在这里,《廷臣》的手稿在其正式出版之前
即已传播)的读者有那不勒斯作家法布里西奥·卢纳(Fabrizio
Luna)和西西里岛的律师阿希斯托·朱弗雷蒂。

　　讲英语的读者有 83 人,在比例上也超过了总数的 1/4,但这可能
只是反映了对一位英国历史学家而言发现这样的证明材料相对容
易。截至 1699 年,英国仅出版了《廷臣》的 10 或 11 个版本。另一方
面,在同时期的法国则有 26 个版本(包括在里昂出版的意大利文版
本)出版,但却仅有 68 位法语读者,且其中还包括了 3 位来自 16 世
纪的贝桑松的读者。而贝桑松直到 17 世纪末才成为法国领土的一
部分。为探究《廷臣》在法国的重要性,另一条线索应该被加进来,
即在一个包含有 219 份来自 16 世纪巴黎的提及图书的财产清册的

---

① Contrast Cavagna (1989), 138. 估计仅有 1.8 万至 4 万册在流通。

调查样本中,包含《廷臣》者竟多达 18 份。① 同西班牙文译本的版本数相比较,伊比利亚半岛的读者人数显得过低,仅有 27 人(其中包括 5 名加泰罗尼亚人和 6 名葡萄牙人)。

剩余的读者分散于欧洲各地,其中来自德语世界的读者又占了最大份额。不算为历史学家奥托·布鲁纳(Otto Brunner)提及但未列出姓名的 13 位奥地利贵族,共有 19 人榜上有名。② 此外,共和国政体下的瑞士人没有弃绝该书这一事实也应值得我们加以注意。如在 1613 年,就有一位家住首都伯尔尼(Berne),名叫塞缪尔·格鲁纳鲁斯(Samuel Grunerus)的人,在一本留存至今的《廷臣》上签有他的名字。1668 年《廷臣》在苏黎世再版,同时伯尔尼公共图书馆在 1764 年收藏有三册《廷臣》。这些情况表明,苏黎世或许曾像 17 世纪末期的阿姆斯特丹那样见证了一个"贵族化"的过程。③

其他的地域性群体都很小。例如,斯堪的纳维亚的读者有 12 人(9 位丹麦人和 3 位瑞典人),荷兰读者有 7 人。他们大都如上文(边码第 129—130 页)所提及的那样,生活于 17 世纪。中欧地区的读者有 4 位匈牙利人,3 位波兰人,1 名吉卜赛人(Bohemian)——约翰内斯·德内施瓦姆(Johannes Dernschwam)和一个贵族家族——罗布科维科(Lobkovič)家族。该家族所收藏的《廷臣》竟有 5 本之多。我没有在挪威人、芬兰人、俄罗斯人、保加利亚人、塞尔维亚人、摩尔达维亚人、瓦拉几亚人和爱尔兰人中发现其读者,尽管最近的一项有关 16 世纪爱尔兰文学的研究注意到,霍比译本中的一首匿名诗歌《没事的》(*Fuar dó feín*)有可能从《廷臣》中获取了素材。④

142

---

① Schutz (1955).

② Brunner (1956).

③ Sinner (1764), vol. II, 810.

④ MacGraith (1990), 64.

　　《廷臣》的读者并不仅限于欧洲。日本外交使团素有从国外带书回国的传统，因此，流入日本的《廷臣》极有可能是其外交使团在 1585 年访问意大利时带回的，而不是 17 世纪的莫斯科译本。考虑到日本人对恰当端正的行为举止的关注以及对西方的兴趣传统（这至少可追溯至织田信长［Oda Nobunaga，1534—1582］时代），这个故事即使不是真的，在象征意上至少是恰当的。① 然而，我所能找到的所有能证明《廷臣》在欧洲之外存在的经验性证据都与在亚洲和美洲的欧洲人有关。例如，1586 年，佛罗伦萨商人菲利波·扎塞迪（Filippo Sassetti）在其从位于印度西南沿海地区的科钦（Cochin）写给家人的一封信中提到，他"在一个火柴铺子里"见到了一本《廷臣》。②

　　尽管欧文·利奥纳德（Irving Leonard）在其著名研究——新世界的西班牙征服区和殖民地的书籍分布中没有提及卡斯蒂寥内，但事实可以证明，在秘鲁的一些西班牙人曾拥有《廷臣》。1545年，库斯科（Cuzco）③的迭戈·德·纳瓦埃斯（Diego de Narváez）收到一批包括 1 册《廷臣》在内的货物。1582 年，新卡斯蒂利亚（New Castile）的司库、首都利马居民安东尼奥·达瓦洛斯（Antonio Dávalos）收到一批类似的货品。如我们在前文（边码第 105 页）所看到的，在同一年，利马市检察官胡安·德·阿尔马拉斯试图对《廷臣》进行审查。最后，1616 年人们还在秘鲁作家、"印加人"加尔奇拉索·德·拉·维加的图书室中发现了两册书名为 *Cortesano*（要么是卡斯蒂寥内著作的西班牙文译名，要么是米兰或帕尔米耶

143

----

① Donesmondi (1616), vol. II, 151-152.
② Sassetti (1855), no. 102.
③ 库斯科，秘鲁南部城市。11 世纪初至 16 世纪被西班牙人占领之前为印加帝国首都。——译者注

诺的著作)的图书。至于他是在自己的祖国还是在他去世时所生活居住的西班牙买的这些书,对我们来说似乎并无多大意义。

一部在文艺复兴时期的西班牙流行的著作引起在新世界的西班牙人的兴趣本是不足为奇的。或许,令人感到惊奇的应是它竟也为17世纪末18世纪初的美洲殖民地居民所喜爱。康涅狄格的总督小约翰·温斯罗普(John Winthrop Junior)曾藏有该书。1701年制作的弗吉尼亚种植园主拉尔夫·沃姆利二世(Ralph Wormeley II)的财产清册中也包含着这样一条神秘的记录——"乡巴佬的廷臣"("courtior of Coubaldy",明显是巴尔达萨尔的《廷臣》),这极有可能是办事员只依据别人的口述登记而没有认真核对的结果。① 事实上,我们还了解到,该书在18世纪弗吉尼亚绅士们的财产清册中"一次又一次地不断"出现。② 该书在18世纪费城的情况也是如此。③ 我们能将这种兴趣看作是远离大城市的地方社会"文化滞后"(cultural lag)的一种标志吗?

但不管怎么说,卡斯蒂寥内的一些说教被人们认真学习。1784年,陆军上校约翰·皮尔斯(John Pierce)在信中建议他在纽约的姐姐对"走、站和坐等一个有教养者身上看似自然而实际上却是重要艺术努力的所有行为举止"予以研究。他特别强调应当具有"一种自然的、非刻意追求的高贵气质……因为它能掩藏所有你在行事时所运用的技巧"。这或许是他从《廷臣》中摘译的一段话。④

---

① Wright (1940), 133, 197n., 210.
② Fithian (1943), xxiii, 书后没有参考文献。
③ Wolf (1974).
④ Bushman (1992), 371-372.

接受社会学

假若不提出哪些社会群体对《廷臣》最感兴趣以及是否不同的
群体以不同的方式阅读该书这一问题的话，我们将难以解释其读者
144 中的地区差异现象。例如，如果认为无需它所给予的经验，贵族群体
还对它有兴趣吗？或如若没有什么宫廷经验，资产阶级的成员还对
它有兴趣吗？或在对话本身中居于次要角色的妇女们对它有兴趣
吗？考虑到样本的数量很少，更不用说各主要社会分类形式（男性
与女性，贵族与普通人，俗人与神职人员，宫廷与农村，等等）间的重
叠，提供任何有关群体在读者群中所占的百分比都意义不大（欢迎
读者根据附录二中的名单计算他们各自的百分比）。我们唯一能做
的事，就是如第三章中对意大利人所进行的讨论那样，从许多不同的
社会群体分类中选择"人群中的若干张脸孔"进行研究。

附录中所列读者的大多数都是男性和法律意义上的贵族，尽管
如我们将会看到的那样，"贵族"群体远非同质的。名单中来自统治
家族的人不下 18 位，其中有查理五世、弗朗索瓦一世、瑞典的埃里克
十四世、苏格兰的玛丽女王、丹麦王子克里斯蒂安和鲁道夫二世皇
帝。在今天，我们倾向于将鲁道夫皇帝看作一个性格内向的学者型
人物，并将他在布拉格的宫廷看作是一个玄学（occult studies）中心，
但就从有人将《廷臣》的一个译本敬献给他和他封赐 6 名艺术家为
贵族的事实来看，鲁道夫皇帝身上至少具有一些《廷臣》中所表达的
价值观念。

在地位较高的贵族中，我们可以看到西班牙人拉斯塔诺萨（Las-
tanosa）、法国人拉·罗切福考尔德（La Rochefoucauld）、瑞典人布拉
厄（Brahe）、中欧人罗布科维科（Lobkovič）和帕兹马尼（Pázmány）以

及诸如巴克赫斯特勋爵(Lord Buckhurst)托马斯·萨克维尔、伦雷勋爵约翰(John,Lord Lumley)、北安普敦伯爵亨利·霍华德等英国贵族。他们自然在幼时即已学习了如何像贵族一样举止。因此,我们可以推测,该书之所以为他们所喜欢,原因即在于它用一些具体的事例向他们展示了那些正在流行的意大利风尚。

所有这些人,不管他们在一个掌权的王室家族中活跃与否,都需要像各类职业廷臣那样直接地了解宫廷世界。在这些国家事务管理者中,有托马斯·克伦威尔,菲利普二世的首相、红衣大主教格兰贝利(Granvelle),法国财政大臣尼古拉·福凯和丹麦首相雅科布·乌尔费尔特。其他廷臣包括皇后伊莎贝尔的侍从、西班牙人路易·萨帕塔(Luis Zapata),在意大利费雷拉宫廷任职的诗人塔索,在波兰国王斯蒂芬·巴特里(Stefan Batory)的宫廷任职的匈牙利贵族巴林特·巴雷萨(Bálint Balassa),以及以善于向伊丽莎白女王献殷勤而出名的克里斯托弗·哈顿爵士(Sir Christopher Hatton)。而哈顿之所以能赢得王室的支持,原因在于"其个人的优雅风度和优美的舞姿"。或许,这条评论应被加进前面章节(边码第 109 页)中所讨论的英国人对"卡斯蒂利奥"的批评之中。①

尽管《廷臣》在提到军人职业时称赞有加,但我们所知道的是,只有少数的士兵曾拥有或读过该对话。他们包括奥代·德富瓦、法国人马歇尔(Marshal of France)、阿隆索·巴罗斯、弗朗索瓦·德·拉努、乔治·惠茨通(George Whetstone)、埃萨尔领主(Seigneur des Essarts)和常任炮兵特派员(commissaire ordinaire de l'artillerie)尼古拉·德埃尔伯雷。另一方面,本人曾做过外交大使的卡斯蒂寥内似乎亦为外交官们所喜欢。因为在外交官中,包括迭戈·乌尔塔多·

145

---

① Naunton (1641), 27.

德·门多萨、托马斯·霍比、托马斯·萨克维尔、约翰·迪默克、托马斯·基利格罗爵士(Sir Thomas Killigrew)、埃里克·罗森克兰茨(Erik Rosenkrantz)和亚伯拉罕·德·维克福特(Abraham de Wicquefort)等在内的至少11人曾拥有或阅读过《廷臣》。其中迪默克和基利格罗都曾将该书作为外交礼物来博得外国君主对他们的支持。其作者若能知道他的书会被以这种方式来使用，一定会非常感激的。

卡斯蒂寥内的书也可在那些远离任何宫廷、依靠自己地产收入为生的乡绅的藏书中见到。例如，居住于波尔多近郊蒙田的米歇尔·德·蒙田(Michel de Montaigne)、诺福克的托马斯·尼维特爵士(Sir Thomas Knyvett)、萨里郡洛瑟雷(Loseley)的威廉·莫尔(William More)、北安普敦郡的托马斯·特雷瑟姆爵士和苏格兰霍索恩登(Hawthornden)的威廉·德鲁芒德(William Drummond)等。它也为城市贵族所喜欢——这些贵族不仅限于威尼斯人，还有诸如胡安·博斯坎等在内的西班牙加泰罗尼亚人，诸如扬·西克斯等在内的荷兰人，以及诸如福格尔家族(the Fuggers)和韦尔泽家族(the Welsers)在内的中欧人。

福格尔家族和维尔泽家族以商业起家，发财后进入贵族阶层。我们将以这两个家族为例，对"新贵"世界进行分析研究。在人们的眼中，"新贵"们或许最需要《廷臣》，并将之作为使自己具有良好行为举止和印象管理的指南。在这个群体中，英国人中的典型有丹尼尔·笛福和托马斯·克伦威尔。后者是一位来自帕特尼(Putney)的铁匠的儿子。老铁匠后来改行从政，并在其因罪被绞死之前获得伯爵身份。法国人中的典型包括让-巴普蒂斯塔·科尔贝尔和尼古拉·法雷特。前者是一位其家族从事商业活动不久的行政官员，后者是一位精通宫廷行为举止的鞋匠的儿子。

146

除去 8 名书商之外,仅有少数执业商人曾拥有过该书。他们中有佛罗伦萨人菲利波·扎塞迪、威尼斯人乔瓦尼·桑卡、贡比涅(Compiègne)的皮埃尔·巴兰(Pierre Bablan)和亚眠的酒店商人(marchand hôtelier)菲尔曼·德·福塞维尔(Firmin de Forcheville,有人认为他购买此书可能是用于赠送客人)。包括宫廷医生本内迪克托斯·奥莱(Benedictus Olai)等 6 人在内的一些医生对该书也有兴趣。来自从意大利西西里到英格兰西南部埃克塞特这一广大地理范围的律师们(至少有 15 人)似乎也是《廷臣》的积极读者。在西西里,阿希斯托·朱弗雷蒂曾将之推荐给他的儿子们。在埃克塞特,威廉·马丁(William Martyn)不仅将之推荐给自己的儿子们,而且还加以改编,用一位历史学家的话说,"以适合普通民众的口味"加以改编。① 律师在事实上是一个较为接近贵族的群体,他们中的一些即是法国人所称的"穿袍贵族"(noblesse de robe)——法国大革命前的最高法院成员。例如,巴黎的雅克-奥古斯特·德·图和尼古拉·帕斯奎尔(Nicolas Pasquier)都曾身居此职。他们中的另一位成员蒙田是一位资历较浅的新贵族。他的家族以经营葡萄酒生意起家,他本人则在退居自己的庄园之前做过波尔多的地方官。

大学教师是《廷臣》的另一重要热心读者群,包括意大利人马吉(Maggi)、里乔伯尼(Riccoboni)、斯佩罗尼(Speroni)和瓦尔基,西班牙人克里斯托瓦尔·贝·比利亚隆(Cristóbal be Villalón),丹麦人佩德·斯卡维尼乌斯(Peder Scavenius),德国人约翰·海因德里希·伯克勒尔(Johann Heinrich Boeckler)和荷兰人尼古拉耶斯·海因修斯。在牛津和剑桥各学院的教师中,至少有罗伯特·伯顿和约翰·

---

① Wright(1935),124.

洛克等 14 人曾拥有并谈到在其教学研究中参考过该书。① 如若我
们将这种兴趣看作一种新的职业成员面对身份问题的标志，那将是
具有诱惑力的。这一点至少对加布里埃尔·哈维来说几乎是毫无疑
问的，即他具有一种向社会上层流动的渴望。作为一名来自萨弗伦
沃尔登（Saffron Walden）的绳索匠的儿子，哈维虽然后来成为剑桥大
147 学两个学院——彭布罗克学院和三一学院的教授，但仍不时会因其
笨拙的行为举止和卑微的出身而遭到他人嘲弄。他在他所阅读过的
《廷臣》中所做的评注如我们已在上文（边码第 78—79 页）所讨论的
那样，主要与良好的行为举止有关。

尽管其作者终生都在较低的阶层为教皇制度服务，但对于神职
人员对《廷臣》产生浓厚的兴趣，人们或许并不抱希望。尽管如此，
在附录二中仍有 29 位神职人员（不包括牛津大学与剑桥大学各学
院的教师们）。即使排除两位审查员，我们仍有 27 位圣职读者，其
中包括 3 位新教徒（埃德蒙德·邦纳、托马斯·赖特和另一位"新
贵"约翰·哈克特），以及包括 1 位教皇、3 位红衣主教和 10 位主教
在内的 24 位天主教徒。换句话说，该书特别受那些或供职于君主宫
廷或自己拥有宫廷的神职人员的喜爱。

音乐家、艺术家，特别是作家常常拥有或提及《廷臣》。音乐家
中有路易·米兰、托马斯·怀特霍恩（Thomas Whythorne）以及（很可
能的）朱利奥·卡契尼。拉斐尔死于他朋友的对话正式出版之前，
但包括伊利·罗索（Il Rosso，他早在 1531 年时即读过此书）、乔治·
瓦萨里和詹·保罗·洛马佐等在内的其他意大利音乐家、艺术家和
作家都曾读过该书。而在外国的艺术家中，则有荷兰人卡尔·冯·

---

① Kiessling（1988）；Harrison and Laslett（1965）；Ovenell（1950）；Korsten（1980）；
Leedham-Green（1987）.

芒德(Karel van Mander)和西班牙人贝拉斯克斯(Velázquez)读过此书。

对都曾临摹过拉斐尔的卡斯蒂寥内肖像画的伦勃朗、鲁本斯(Rubens)和华金·冯·桑德拉特(Joachim von Sandrart)三人来说，我们很难确定他们是否曾对该画或画中之人表现出兴趣，但他们三人选择临摹卡斯蒂寥内的肖像画可能并非巧合。像卡斯蒂寥内一样，鲁宾斯也曾承担过外交职责，并和他一样服务于贡扎加家族，且他的行为和其书信都是宫廷式的。伦勃朗曾为如何很好地表现自我所困，并有资料显示他曾将卡斯蒂寥内的面容吸收进他自己的特写中(见图3)。具有贵族生活方式的艺术家华金·冯·桑德拉特是卡斯蒂寥内的肖像画在阿姆斯特丹拍卖时的低价投标者。桑德拉和瓦萨里一样，过去是现在也是以艺术家传记而非画作赢得盛名的。在其所作的艺术家传记中，他强调艺术家应当具有良好的行为举止(Höflichkeit)。他称赞鲁宾斯说，他"对任何人都谦恭而友好"，称赞冯·迪克(Van Dyck)说，他"优雅且从容"(Gratia und Annehmlichkeit)。[①]

在作家方面，包括了16世纪和17世纪的诸多名家。我们没有直接的证据可以证明塞万提斯和莎士比亚曾对《廷臣》产生过兴趣，但包括阿里奥斯托、塔索、蒙田、罗哈斯(著名西班牙戏剧《塞莱丝蒂娜》[Celestina]的作者)、加尔奇拉索·德·拉·维加、格拉西安、本·琼森和丹尼尔·笛福等在内的一系列作家对《廷臣》的兴趣确实是令人印象深刻。

我之所以将女性读者留在最后加以介绍，是因为这一问题现在，或至少在过去是一个有争议的问题。德国人约翰内斯·里奇乌斯在

148

---

① Chapman (1990), 73; Sandrart (1675-1680).

将《廷臣》第一版译成拉丁文时曾略去了它的第三部分，对此他在前言中如此解释，他认为该书"对男人所产生的吸引力大于对女性所产生的吸引力"。再如，如我们所看到的那样（边码第 91 页），卢卡施·贡尼基（Łukasz Górnicki）曾将《廷臣》中的所有发言者都变成男性，因为他认为波兰女性所受到的教育尚不足以使她们有能力参与这些论题的讨论。

但另一方面，人文主义者主教保罗·焦维奥却曾断言，卡斯蒂寥内是"专为妇女"而写作的。在西班牙，情况与法国和英国相似，妇女是鼓励他人将卡斯蒂寥内的书译成各自语言的人，其 1593 年的德文译本则被敬献给一对已婚夫妇克里斯托弗（Christoffer）和玛丽亚·福格尔（Maria Fugger）。附录二中的名单中有 21 位女性读者，尽管在事实上依据财产清册而进行的数字统计结果在偏向上有利于男性。例如，我们无法断定约翰·拉姆利（John Lord Lumley）藏书中的《廷臣》英文译本可以证明他本人对该书的关注，还是其妻子简（Jane）对该书的关注。简曾将古希腊悲剧诗人欧里庇德斯（Euripides）的传记译成英文，是其时代广为人知的知识女性。虽然有关 16 世纪意大利女性对《廷臣》兴趣的证据我们已加以讨论过，但增加一些有关其他国家情况的详细资料或许仍是有所裨益的。

在西班牙，《廷臣》的西班牙文译者胡安·博斯坎在其译本前言中曾如此解释说，该书的翻译得到了一位名为赫罗尼莫·帕洛瓦·德·阿尔莫加韦尔（Gerónima Palova de Almogáver）的女士的鼓励（事实上是在她的命令下完成的）。继而，博斯坎宣称说"一个完美的廷臣背后必有一个完美的女性"，但为对付可能出现的批评他又如此说道，该书所谈论的内容是不适宜于女性的"高深学问"。对于他的陈述，或许可以用音乐家路易·米兰的陈述来加以补充。米兰曾记录了发生在"几个手拿巴尔达萨尔·卡斯蒂寥内伯爵《廷臣》的

149

瓦伦西亚女性间"的一次谈话和他的即兴评论:

> 伯爵,我宁愿做你(Más queria ser ros conde)
>
> 而非路易·米兰先生(Que no don Luis Milán),
>
> 如此,我便可以身居红酥之手(Por estar en esas manos),
>
> 那是我的期望之所(Donde yo queria estar)。[1]

在法国,其证据更为间接,仅有两份该书第三卷的 16 世纪法文译文手稿存世。[2] 尽管无法证明,但这两份译文中有一份是在玛格丽特·德·纳瓦尔的倡议之下完成的。她拥有一册《廷臣》的印刷本。玛格丽特·德·纳瓦尔熟悉该书并非是什么令人奇怪的事情,因为她不仅对新柏拉图派哲学有兴趣,与维多利亚·科隆纳有书信往来,将她的意大利文诗作发表在意大利诗选上,而且还与法国的《女人们的争吵》(*querelle des femmes*)有关。[3]

另一位女性读者是 1553 年嫁入法国王室的佛罗伦萨人凯瑟琳·德·梅第奇。她不仅与玛格丽特·德·纳瓦尔关系密切,而且对数学、绘画和文学皆有着浓厚的兴趣。当她的丈夫成为法王亨利二世(King Henri II)后,他经常在王后的宫闱中举行"宫廷聚会"——一种廷臣们可以在谈话中大显身手、展现自我的沙龙。[4] 凯瑟琳的女儿玛格丽特·德·瓦卢瓦(Marguerite de Valois)也拥有一册《廷臣》。

如霍比在其《廷臣》英文译本的代序言——给黑斯廷斯勋爵的"书信"中所坦承的那样,在英国,最初是伊丽莎白,即北安普敦女侯爵(伊丽莎白·布鲁克[Elizabeth Brook],科巴姆勋爵[Lord Cobham]

---

① Milán (1561), 4.
② Klesczewski (1966), 82-97.
③ Jourda (1930), 684; Telle (1937).
④ Solnon (1987), 140.

的女儿)，其资助人威廉·帕尔(William Parr)的第二任妻子——要求他翻译《廷臣》第三卷的。在同一封信中，霍比还提到了 5 位以作家身份闻名的意大利女贵族的名字。他这样做的目的似乎是在鼓励英国妇女仿效她们。《廷臣》的拉丁文译本被敬献给了伊丽莎白女王。伊丽莎白女王或许早已熟读《廷臣》原著，因为她自少女时代即在罗杰·阿斯克姆的指导下学习意大利文。如果说简·格雷夫人——她是切克和霍比的朋友——以及彭布罗克女伯爵玛丽·锡德尼(Mary Sidney)——如我们在前文(边码第 77 页)已看到的，被比作乌尔比诺女公爵——不知道该书，那是很难令人相信的。作为更广为人知的证据，在戏剧《西去!》(*Westward Ho!*, 1605)中，德克尔(Dekker)和韦伯斯特塑造了一个"年轻贵族女性"人物，她"读过意大利文的《廷臣》，并认为在绘画中运用技巧对贵族女性来说是一件非常重要的装饰品"(第一场第一幕)。就像在对话本身中那样，《廷臣》读者中的女性元素比它第一眼看上去更具意义。

诸如此类的普通社会分类我们就介绍到这里。在本书的写作过程中，我们一次又一次地提到了《廷臣》读者之间的私人联系，且这些网络的重要性值得我们做出一个结论性评论。现存于剑桥大学图书馆的一册意大利文版《廷臣》体现了传统题词"我属于伯纳德·汉普顿和他的朋友们"(Sum Barnardi Hamptoni eiusque amicorum)的魅力。有人或许希望人们会将该书传递给他的朋友们，但对历史学家来说，如若它能至少偶尔证明这一过程的话，将是令人满意的。

两人一起阅读《廷臣》的例子屡见不鲜。例如，在《廷臣》1538年法文译本所收录的一封埃迪纳·多尔特写给梅林·德·圣-格雷斯的信中，提到他们正在里昂一起阅读该书。蒙田和拉博埃西间的友谊无论是在过去还是现在都是人所共知的。约翰·海因德里希·伯克勒尔，是斯特拉斯堡大学校友乔治·菲利普·哈尔斯德费尔

（Georg Philipp Harsdörffer）的朋友。传教士塞孔多·兰切洛蒂（Sec-
ondo Lancellotti）是加布里埃尔·诺代（Gabriel Naudé）的朋友。拉斯
塔诺莎侯爵（the marquis of Lastanosa）是巴尔塔萨·格拉西安的资助
人。埃弗拉德·吉尔品与约翰·马斯顿是堂兄弟。蓬图斯·德蒂亚
尔二世（Pontus de Tyard II）是蓬图斯·德蒂亚尔一世（Pontus de
Tyard I）（普莱亚迪［Pléiade］朋友中的主教）的侄孙。苏格兰的玛丽
女王是詹姆斯六世和一世的母亲。

　　三人、四人或五人一组的读者群也不罕见。马里奥·埃基克拉
是玛格丽特·坎特尔曼和伊莎贝拉·德斯特的朋友以及希罗拉姆·
西塔迪尼的笔友。马泰奥·班德罗将一部小说（在小说中他提到了
一次有关《廷臣》的讨论）敬献给了伊米莉亚夫人和玛格丽特·迪·
圣塞韦里诺的哥哥埃涅·庇欧（Enea Pio）。小说中的讨论即发生在
庇欧的住所。西班牙文译本的译者胡安·博斯坎是加尔奇拉索·
德·拉·维加和威尼斯人安德烈亚·纳瓦杰罗（Andrea Navagero）两
人的朋友。安德烈亚·纳瓦杰罗后来成了拉姆西奥和本博的朋友，
而这两人又是使《廷臣》的第一版得以顺利出版的帮助者。在法国，
玛格丽特·德·纳瓦尔不仅是她的亲戚弗朗索瓦一世和凯瑟琳·
德·梅第奇的联络人，而且也是其委托人波旁、德斯佩里耶（Des
Périers）和埃罗埃（Héroet）的联络人。在英国，托马斯·克伦威尔与
埃德蒙德·邦纳和托马斯·埃利奥特爵士相熟。埃利奥特的外甥乔
治·帕特纳姆与托马斯·萨克维尔相熟。萨克维尔也与克拉克和霍
比相熟，而他的父亲则是罗杰·阿斯克姆的朋友。本·琼森是威
廉·德鲁芒德的朋友和托马斯·科尔亚特（Thomas Coryate）的笔友。
托马斯·科尔亚特又是亨利·皮查姆的笔友。皮查姆是阿伦德尔伯
爵儿子们的家庭教师。阿伦德尔伯爵同时也聘用了朱尼乌斯。埃里
克·罗森克兰茨是丹麦王子克里斯蒂安身边的绅士，他还曾同时和

151

另外两位读者——约阿希姆·格斯多夫（Joachim Gersdorff）和克奈里乌斯·莱尔歇（Cornelius Lerche）一起求学于丹麦的索勒贵族学院（the noble Academy of SorØ）。他们间的这种一致表明，《廷臣》可能是该机构教学大纲的一部分。在索勒贵族学院，和其他贵族学院一样，骑术、剑术和舞蹈与其他理论科目具有同等重要的地位。[①]

　　《廷臣》的某些单册有时也为其读者网络的存在提供了证据。如在一册 1571 年出版的《廷臣》拉丁文译本中有三个人的签名：詹姆斯·达尔顿（James Dalton）、理查德·道尔顿（Richard Daulton）和爱德华·希金斯（Edward Higgins）。这三人都是 16 世纪末期牛津大学布雷齐诺斯学院（Brasenose college）的成员，因此他们的名字以非常清楚的方式向人们展示了书籍在一个小机构内流通的一般过程。

　　除卡斯蒂寥内自己的诸亲朋外，我所知道的《廷臣》的最大读者群主要集中在剑桥大学的圣约翰学院。《廷臣》英译本的译者托马斯·霍比爵士曾求学于该学院。霍比的老师包括圣约翰学院教授约翰·切克爵士——他曾在翻译方面为霍比提供过建议——以及该学院的另一位教授罗杰·阿斯克姆——他对卡斯蒂寥内的喜好我们已提及多次。圣约翰学院的另一位教授是遭流放的意大利人皮埃特罗·比扎里，也曾提到该书。该群体因霍比的姐夫基利格罗的存在152 而超越出学院的围墙。基利格罗是一名外交官，他曾将《廷臣》作为礼物赠送给苏格兰的玛丽女王。

接受与转化

　　这些不同类型的读者在《廷臣》中看到了什么？我们早已相当

---

① Cf. Conrads (1982), 143-152.

详尽地讨论过,在将一部开放的对话变成一部封闭的手册或宝典的过程中,编辑者们所做的工作。那么作为个人的读者的反应如何?从已出版的评论和手稿评注中,我们逐渐看到一幅清晰的和谐画面。例如,当一位 16 世纪的读者在书中讨论骑马的艺术的段落旁做标记时,我们能从中清楚地确定他将卡斯蒂寥内的对话视作一份骑术指南。① 这一点同样适用于在书中论述棒球之处加标记的读者,以及为书中论衣着部分所深深吸引的德国作家希波吕托斯。维多利亚·科隆纳对书中"格言"的赞美暗示着一个类似的结论。而 1580 年出版的《廷臣》法文译本中则附有一份精心制作的格言表。该表中包括了诸如"王子应当具备的诸品质""讲述滑稽故事时所必需的手势"以及"荣誉是女人的缰绳"之类的格言。

此外,同时代的人还对现代读者经常感觉冗长而乏味无比的书中第二卷中对幽默的讨论表现出相当的兴趣。维多利亚·科隆纳、诗人詹乔治·特里西诺、评论家文森索·马吉(Vincenzo Maggi) 和安东尼奥·里乔伯尼(Antonio Riccoboni) 都曾将书中的笑话挑选出来予以特别论述。② 读者朱弗雷蒂向他的儿子们推荐这些故事,认为他们应当用心地学习这些故事。另一位读者桑索维诺则对书中那些诙谐机智的巧妙应答(motti) 予以关注。本·琼森在提到该书时仅注意到其中的奇闻轶事,而那些匿名读者也经常会以在有关内容下面划线的方式对它们加以强调。

一个以意大利文学家为主体的读者群对书中有关语言的辩论内容给予了特别关注。如我们所看到的,另一个读者群则对书中第四卷中有关新柏拉图主义的说明给予了特别关注。1587 年威尼斯出版的

---

① TCC, Grylls 11.412.

② Colonna (1889), no. 18; Sansovino (1564), cited Hinz (1992), 264; Trissino and Maggi cited Ossola (1980), 34, 35n.; Riccoboni (1579), 457.

一册《廷臣》(现藏于剑桥大学图书馆)的读者对书中赞美女人的话做
153 了标记。牛津伯爵也在他附于克拉克英文译本的信中对该书这方面
的内容给予了关注。

现藏于马德里的两册西班牙文译本中卡斯蒂寥内论从容的段落
分别被它们的读者做了标记。① 加布里埃尔·哈维和亨利·霍华德
也对相关段落和其他一些段落做了标记。其他读者则对有关"优
雅"或"矫饰"的段落做了标记。此外,还有间接证据说明洛多维
克·达·卡诺萨的评论至少为《廷臣》读者中的一个群体——艺术
家们所极为认真地接受。

洛多维克将他对优雅的粗心大意的评论的适用范围扩展至绘画
领域,并对以这样一种熟练程度——"似乎那只握画笔的手是自己
而非为任何技巧所引导着移向它的目标"(1.28)——所画出的一笔
的效果给予赞美。在古往今来的那些以此类有计划的自发性或瓦萨
里所说的"灵巧"(facility)而闻名的艺术家中,我们发现朱利奥·罗
马诺、贝拉斯克斯和伦勃朗三人,如我们所看到的那样,都以各自不
同的方式与卡斯蒂寥内和他的书有所关联。②

精英与文明

现在,我们回到《廷臣》对西方文明的影响(实际上是对"文明进
程"本身的影响)这个问题上来,回到诺伯特·埃利亚斯的著名陈述
上来。尽管存在着这样的可能性,即《廷臣》在近代早期拥有 30 万
读者,但其影响到底有多大这一问题在某种程度上仍是难以回答的。

---

① BNM, R.7319, R.7909.
② Gombrich (1986); Brown (1986), 146-148, 204-205; Chapman (1990), 72.

之所以说这一问题难以回答,原因不仅在于接受的主动过程(active process),也因为,如我们看到的那样,卡斯蒂寥内的赠礼并不像支持对某种行为传统进行生动、机智和易于记忆的唤醒那样支持原创性思考。亚里斯多德、西塞罗、修道院规则、骑士与贵妇礼仪书都曾对这种行为传统做出过贡献。因此,其后看似是模仿《廷臣》的讨论可能完全忽略了卡斯蒂寥内的存在。

以托尔斯泰为例。在对 19 世纪 40 年代其青年时代所做的描写 154 中,列夫·尼古拉耶维奇(Leo Nikolayevich)公开承认他曾在讲话中表达过希望能成为行为得体的人(comme il faut)的愿望。"我那时并不知道,"他悲伤地承认说,"成为行为得体的人的主要条件之一,就是努力隐藏你为成为行为得体的人所付出的努力。"①简而言之,这就是"从容"(sprezzatura)的悖论。然而,在那时,卡斯蒂寥内的对话尚未被译成俄文,且早在托尔斯泰时代之前它在法国就已为人阅读了。以一种类似的方式,当代西方那些重视稳重或"冷静"行为举止的青年人正在对"从容"做出民主叙述,却没有意识到他们在悠久传统中的地位。或许,我们也应将影视人员(television personalities)包括在内。他们通过排练彩排以使他们的表演看起来更为自然——尽管他们那种故意的不拘礼节的风格是在向真实的理想而非一流的表演表示敬意。

甚或我们可以这样认为,世界各地所有那些认为自己优于他人的群体都在为相似的理由以一种相似的方式行事,即采用一种可彰显其不同于凡夫俗子之处的生活方式。在埃利亚斯出版其《文明的进程》的 40 年前,专注于西方发展研究的另一位社会学家索尔斯坦·凡勃伦(Thorstein Veblen)在其《有闲阶级论》(*The Theory of the*

---

① Tolstoy(1857), 269.

Leisure Class）一书中提出了这一普世性论断。《有闲阶级论》注意到了那些无须工作的精英们是怎样喜欢炫耀他们的闲暇的。① 在对社会趣味进行客观公正的分析方面与凡勃伦具有共同之处的法国社会学家皮埃尔·布尔迪厄曾对"被作为所谓的'自然'特性的装腔作势"做过论述。②

我更愿意谈论一再出现的社会策略，而不是普遍的社会策略，因为一些非西方文化比其他文化更接近文艺复兴时期廷臣的理想。如，在 18 世纪的日本，大城市娱乐场所指南会告诉其读者，他们应当展现出一种人所共知的 iki（它在英文中被译作"贵族式冷淡"）品质。③ 感谢人类学家克利福德·格尔茨（Clifford Geertz）的著作，由之我们得以知道在传统的爪哇社会中，举例来说，宫廷是一个"示范中心"，是人们行为举止的典范。④ 尽管同传统爪哇社会中的宫廷相比较，传统中国社会中的宫廷明显地缺少示范性，但其文化仍值得我们做稍为详细的考察。

士大夫们留有长指甲，是凡勃伦向其读者介绍的来自中国的诸多最令人难忘的事例之一。这被解读为他们无须劳作的显著标志。中国的士大夫文化也为卡斯蒂寥内的对话所讨论的两个著名建议提供了相似物，"从容"以及社会精英人物具有一定艺术（特别是诗歌、绘画和音乐）实践才能的必要性。甚至在士大夫时代之前，孔子（前551—前479 年）即已明确表达过一种"贵人"或君子观念。这种观念批评夸耀卖弄的做派，而推崇个人自身的修养。孔子的"贵人"与亚里士多德的"雅士"（magnanimous man）之间的相似性是显著的。

155

---

① Veblen (1899)；Elias (1939).
② Bourdieu (1982), 11.
③ Buruma (1984), 81.
④ Geertz (1977).

孔子曾有名言曰"君子不器",意思是:做某一方面的行家是下等人的事,上等人是不会让自己的手弄脏的。[1]

在以儒家典籍为核心内容的科举考试中胜出后进入朝廷做官的士大夫们例证了业余爱好者(他可以去做任何事情并把它做好,但不一定要太好)的理想。写诗长久以来一直是学者型官员(scholar-official)们的一项职业,到12世纪和13世纪,如果不是更早的话,他们的兴趣扩展到了绘画领域。这种自发行为的影响在中国绘画和其姐妹艺术书法中都可被明显地感受到。"文人画"与专业绘画作品不同。专业的绘画作品表现出太多的技术技巧,却缺少精神。文人画的创作完成应当是快速的,在酒兴之下尽情发挥,一气呵成,没有半点差错。文人应当有好的绘画才能,但却无须太好。[2]

假若卡斯蒂寥内能像其老乡——16世纪末期的利玛窦(Matteo Ricci)那样前往北京的话,他将会对中国的文人画家或学者型官员做出何种反应呢?对这一问题做出解答,将是一件令人神往之事。 ₁₅₆然而,中国事例的意义在于提醒读者,无论是业余爱好者还是绅士都不是西方所独有的。从世界历史的视野来看,《廷臣》或许可被看作是对一种也可在其他文化传统中见到的行为举止方式的经典描述。

然而,在欧洲,这种行为举止方式仍具有一种特殊的、如厄内斯特·巴克尔爵士所称的"味道"(tincture)。在本书的开篇中,我曾做出暗示,即《廷臣》可被当作一种石蕊试纸用来检测"欧洲的欧洲化",换言之,欧洲大陆在何种程度上实现了文化上的统一。[3] 从这一实验中,我们将会得出何种结论呢?

由这一观点出发,欧洲可被划分为三个地区。一个是《廷臣》一

---

[1] Dawson (1981), ch. 5; Hamburger (1959).

[2] Levenson (1958), part 1, ch. 2; Cahill (1960); Bush (1971).

[3] Bartlett (1993), 269-291.

经问世便立即受到欢迎的地区，它主要包括意大利、西班牙和法国；一个是以英国、中欧和斯堪的纳维亚半岛为主的北部地区。在这一地区，《廷臣》在经过一些延缓后自 16 世纪中期开始传播（个别情况例外）；再向东，在沙皇俄国和土耳其帝国中信奉基督教的地区（塞尔维亚［Serbia］、摩尔达维亚［Moldavia］、瓦拉几亚［Wallachia］、保加利亚［Bulgaria］等），该对话似乎一直完全不为人知。

这种分布使我们想起匈牙利历史学家耶诺·胥奇（Jenö Szücs）所进行的有关"欧洲三个历史区域"的讨论。胥奇认为在过去的 1000 年左右的时间里，欧洲在经济、政治、社会和文化上被分裂为东部和西部，居中则夹着一个"中部东欧"区域（如匈牙利），它作为二者间的协调者而获得一份双重遗产。《廷臣》的命运似乎将会确认这一"三个欧洲"假说，当然也需要对这一点加以限定，因为在这一特殊案例中"中部"区域是相当大的。卡斯蒂寥内所未能达到的外围地区还包括了凯尔特人的世界以及斯堪的纳维亚半岛的北部地区。①

157　为什么东欧人会跟中部东欧人相反，忽视或拒绝卡斯蒂寥内的书呢？如我们已经看到的，尽管克服语言障碍是可能的，但其他障碍的威力更大，最为巨者有三。第一，统治者长期以来已习惯于独裁政治。我们难以想象"恐怖者"伊凡四世会喜欢他的贵族们（boyars）如奥塔维诺·弗雷戈索所提倡的那样自由直率地对君主大声说出自己的想法。第二，在近代早期，该部分欧洲地区的读写能力相对低下，且印刷机器极为稀少。第三，高雅文化事实上为东正教僧侣阶层所控制，至少直到 17 世纪末情况都是如此。而到彼得大帝决定西化他的贵族之时，欧洲的主导文化模式已变成法国文化而不再是意大利

① Szücs（1983）.

文化了。

在这 1/3 的欧洲中,波兰东部和哈布斯堡帝国是文艺复兴的影响从未抵达的地区,所以可以说在这一地区,中世纪一直持续至 1700 年或其前后。有全欧精英参加的第一场重要文化运动是启蒙运动。

附录一
1528—1850年间的《廷臣》版本

这份目录是我在克莱斯茨维斯基(Klesczewski)1966年译本第177—181页的帮助(主要涉及法文译本的版本情况)下对伦纳德·奥普代克(Leonard Opdycke)在其1901年出版的《廷臣》译本第419—422页所提供的目录的修订。那些可能收藏有有关版本副本的图书馆,我提到了它们的名字;而那些没有被提到所收藏图书馆的版本,其是否存在尚不确定。但需注意的一点是,奥普代克本人曾收藏的诸多法文副本和西班牙文版现在已经佚失。目录中带有星号的版本是已经我查实存在的版本。

1 * Italian, Venice (Aldus), 1528, folio [BL (5copies), BNP (2copies); Queens' College, Cambridge, TCC, UL]

2 Italian, Florence (Giunta), 1528, octavo

3 Italian, Florence (Giunta), 1529, octavo [BNP]

4 Italian, Tusculano (Paganino), c.1529, 12mo

5 * Italian, Parma (Viotti), 1530, octavo [BL]

6 * Italian, Florence (Giunta), 1531, octavo [BL, BNP]

7 * Italian, Florence (Giunta), 1531, octavo

8 Italian, Parma (Viotti), 1531, octavo

9 Italian, Parma (Viotti), 1532, octavo

10 * Italian, Venice (Aldus), 1533, octavo [BL, BNP; King's College, Cambridge]

11 * Italian, Venice (no publisher), 1533, octavo [BNP]

12 * Spanish, Barcelona (Montpezat), 1534, folio [BNM]

13 * Italian, Florence (Giunta), 1537, octavo [BL]

14 Italian, Lyon, 1537, octavo

15 * French, Paris (Longis & Sertenas), 1537, octavo [BNP; Bibliothèque Mazarine, Paris]

16 French, Paris (Longis & Sertenas), 1537, octavo [not in Opdycke: Herzog August Bibliothek, Wolfenbüttel]

17 * French, Lyon (Harsy), 1537, octavo [BNP; Staatsbibliothek, Munich]

18 French, no place, 1537, 12mo

19 * Italian, Venice (Curtio Navo), 1538, octavo [BLO]

20 * Italian, Venice (Federico Torresano), 1538, octavo [BLO, BNP]

21 Italian, Venice (Vettor de' Robani), 1538, octavo

22 * French, Lyon (Juste), 1538, octavo [BL, BNP, Wolfenbüttel]

23 * French, no place, 1538, octavo [BLO, Munich]

24 Italian, Venice (Tortis), 1539, octavo

25 Italian, no place, 1539, octavo, abbreviated

26 * Spanish, Toledo, no printer, 1539, quarto [BNM]

27 French, Paris, no printer, 1540, octavo [BL, Mazarine]

28 Spanish, Salamanca (Touans), 1540, quarto [BNM]

29 * Italian, Venice (Aldus), 1541, octavo [BL, BLO, BNP, TCC]

30 * Italian, Venice (Giolito), 1541, 12mo [TCC, Juel Jensen]

31 * Italian, Venice (Tortis), 1541, octavo[BL: not in Opdycke]

32 Spanish, no place, 1541

33 Spanish, Medina del Campo, 1542 [Opdycke cited BL]

34 Spanish, no place, 1542 [Opdycke cited BNM, perhaps a mistaken reference to the 1549 edition]

35 * Spanish, Seville (Cromberger), 1542, quarto [BL, BNM]

36 Italian, Venice (Giolito), 1543, octavo

37 * Italian, Venice (Giolito), 1544, octavo [BL, TCC; St Catharine's College, Cambridge]

38 Italian, Venice(Tortis), 1544, octavo [Rome, Biblioteca Chigiana]

39 Italian, no place, 1544, octavo

40 * Spanish, Antwerp (Nucio), 1544, octavo [BNM]

41 * Italian, Venice (Aldus), 1545, folio [BL, BNP, TCC, UL]

42 * French, Paris (Nicolas du Chemin), 1545, 16mo [BL, BLO]

43 * Italian, Venice (Giolito), 1546 [BNP]

44 French, Paris (Corrozet), 1546 [not in Opdycke: Munich]

45 French, Paris (L'Angelier), 1546, 12mo [Opdycke's library]

46 * Italian, Venice (Aldo), 1547, octavo [BL, BNP, TCC, UL]

47 Italian, Venice (Giolito), 1547, octavo

48 Italian, Venice (Giolito), 1549, 12mo

49 Italian, Venice (Tortis), 1549, octavo [Rome, Biblioteca Vittorio Emmanuele]

50 French, Paris (Ruelle), 1549, 16mo [Erlangen, University Library]

51 * French, Paris (Grouleau), 1549, 16mo [London Library; Landesbibliothek, Stuttgart]

52 French, Paris (Corrozet), 1549 [not in Opdycke but cited by François de La Croix du Maine, *Bibliothèque françoise*, Paris 1584]

53 French, Paris (Lor) 1549, 160 [Vittorio Emmanuele]

54 * Spanish, no place, 1549, quarto [BNM]

55 * Italian, Lyon (Rouille), 1550, 16mo [UL]

56 * Italian, Venice (Giolito), 1551, 12mo [BL, BNP, UL]

57 * Italian, Venice (Giglio), 1552, 12mo [BNP]

58 Italian, Venice, no printer, 1552 [not in Opdycke: cited by Klesczewski]

59 * Italian, Venice (Giolito), 1552, octavo [BL, BNP]

60 Spanish, Saragossa (Capilla), 1553

61 * Italian, Lyon (Rouille), 1553, 12mo [BL, Emmanuel College]

62 Italian, Florence (Giunta), 1554, 16mo [Biblioteca Marciana, Venice]

63 * Italian, Venice (Giolito), 1556, octavo [BL, Emmanuel College, TCC]

64 Italian, Venice (Scoto), 1556 [Biblioteca Cavriani, Mantua]

65 French, Paris (L'Angelier), 1557, 160 [City Library, Lübeck]

66 * Italian, Venice (Giolito), 1559, octavo [TCC]

67 * Italian, Venice (Fagiani), 1559, octavo [BL]

68 Spanish, Toledo, 1559, quarto

69 * Italian, Venice, Giolito, 1560, octavo [BL]

70 * Italian, Lyon (Rouille), 1561, 16mo [BNP]

71 * Spanish, Antwerp (Nucio), 1561, octavo [BNM]

72 Latin, Wittenberg (Crato), 1561 [University Library, Jena]

73 * English, London (Seres), 1561, octavo [UL]

74 * Italian, Lyon (Rouille), 1562, 16mo [BL, TCC]

75 * Italian, Venice (Giolito), 1562, 12mo [Rome, Biblioteca Angelica]

76 * Italian, Venice, no printer, 1562, octavo [BNP]

77 Italian, Venice (Giolito) , 1563, 12mo

78 * Italian, Venice (Giolito) , 1564 [TCC]

79 Italian, no place, 1564, octavo

80 * Italian, Venice (Cavalcalovo) , 1565, 12mo [BL]

81 * German, Munich (Berg) , 1565, octavo [Wolfenbüttel]

82 Italian, Venice (Domenico) , 1568, 12mo[BL, according to Opdycke]

83 Italian, Venice (Giolito) , 1569, 12mo [Vittorio Emmanuele]

84 * Latin, Wittenberg (Schwertel) , 1569, octavo [not in Opdycke: Antwerp, University Library]

85 Latin, Wittenberg(Crato) , 1569, octavo [probably identical with last entry]

86 French, Paris, 1569, 12mo [not in Opdycke or Klesczewski: Holkham: Hassall (19 50) , no. 1095]

87 * Spanish, Valladolid (Fernandez) , 1569, octavo [BL, BNM]

88 * Latin, London (Day) 1571, octavo [UL]

89 * Italian, Venice (Comin da Trino) , 1573, octavo [BL]

90 Italian, Venice (Comin da Trino) , 1574, octavo

91 Italian, Venice (Giolito) , 1574, octavo

92 * Italian, Venice (Farri) , 1574, octavo [BL, BNP]

93 * Spanish, Antwerp (Nucio) , 1574, octavo [BNM, BNP, UL; St Catharine's College, Cambridge]

94 French, Paris (Gaultier) , c.1577 [Opdycke's library]

95 English, London (Denham) , 1577 [BL]

96 * Latin, Strasbourg (Jobinus) , 1577, octavo [BL0]

97 * Latin, London (Bynneman) , 1577, octavo [BLO, BNP; King's College, Cambridge]

98 Spanish, Antwerp, 1577, octavo

99 * French and Italian, Lyon (Cloquemin) , 1579 or 1580, octavo [BL]

100 * Spanish, Salamanca (Lasso) , 1581 octavo [BNM]

101 * Italian, Venice (Basa) , 1584, octavo [BL]

102 Latin, Frankfurt (Jobinus) , 1584 [Rome, Biblioteca Alessandrina]

103 Latin, London, 1584, octavo

104 * Latin, London (Dawson) , 1585, octavo [BL, UL]

105 French, Lyon (Huguetan) , 1585, octavo [Vittorio Emmanuele]

106 * French and Italian, Paris (Bonfons) , 1585, octavo [BNP]

107 * French, Paris (Micard), 1585, octavo [BNP]

108 c.1586, Urbino [not in Opdycke:mentioned by Giglio, next entry]

109 * Italian, Venice (Giglio), 1587, 12mo [BNP; Jesus College, Cambridge]

110 * Latin, Strasbourg (Iobinus), 1587, octavo [BLO]

111 * French, English and Italian, London (Wolfe), 1588, octavo [BL, BLO]

112 * Italian, Venice (Tortis), 1589, octavo [BL]

113 * French, Paris(L'Angelier), 1592, octavo [BNP]

114 Italian, Venice (Mimima), 1593, octavo [Marciana]

115 * German, Dillingen (Mayer), 1593, octavo [Wolfenbüttel; Rome, Angelica]

116 * Latin, London (Bishop), 1593, octavo [BL, BNP, UL]

117 * Italian, Venice (Ugolino), 1599, octavo [BLO, University Library Oslo]

118 Spanish, Antwerp (Nucio), 1599

119 Italian, Florence (Giunta), 1600, quarto

120 Italian, Venice (Alberti), 1601

121 * English, London (Creede), 1603 [BL]

122 *. Latin, London (Bishop), 1603, octavo [BL, UL]

123 Italian, Venice (Alberti), 1606, octavo

124 * Latin, Frankfurt (Zetzner), 1606 [BL, BNP]

125 * Latin, London (Adams), 1612, octavo [BL, Emmanuel College, Cambridge UL]

126 * Latin, Strasbourg (Zetzner), 1619 [BL, UL]

127 Latin, Strasbourg (Jobinus), 1619 [Rome, Biblioteca Casanatense]

128 Latin, London, 1619, octavo

129 Latin, Strasbourg, 1639 [not in Opdycke:preface to 1713 edn]

130 Dutch, Amsterdam (Wolfganck), 1662 [not in Opdycke: de Jongh, 1985]

131 Latin, Strasbourg (Paulli), 1663, octavo[BNP]

132 Latin, Strasbourg (Jobinus), 1667, octavo

133 Latin, Zurich, 1668, octavo

134 * Dutch, Amsterdam, 1675 [not in Opdycke: Amsterdam, University Library]

135 German, Frankfurt(Schäffer), 1684 [introduction to Wesselski's German translation, 1909]

136 German, Dresden (Günther), 1685 [not in Opdycke: Wesselski]

137 * French, Paris (Loyson), 1690, 12mo [BNP]

138 * Latin, Cambridge (University Press), 1713, octavo [BL, BNP, UL]

139 * English, London (Bettesworth), 1724, octavo[BL, UL]

140 * Italian and English, London (Bowyer), 1727, quarto [BL, UL]

141 * English, London (Curll), 1729 [BL]

142 * Italian, Padua (Comino), 1733, quarto [BL]

143 English, London (Payne), 1737, quarto

144 * English London (Nourse), 1737, quarto [BNP]

145 * Italian and English, London (Slater), 1742 [BL]

146 Italian, Padua(Comino), 1755 [cited in 1803 edn]

147 * Italian, Padua, 1766, quarto [BL]

148 * Italian, Vicenza (Vendramin Mosca), 1771, octavo [BL, BNP]

149 Italian, no place, 1772, octavo

150 * Italian, Milan (Società tipografica de' classici), 1803, octavo [BNP, UL]

151 * Italian, Milan (Silvestri), 1822, 16mo [BL, BNP]

152 Italian, Bergamo (Mazzolini), 12mo [Milan, Brera]

153 * Italian, Milan (Bettoni), 1831, 2 vols [BL]

154 * Italian, Venice (Tasso), 1842, octavo [BL]

155 Italian, Parma (Fiaccadori), 1842, 16mo [Milan, Ambrosiana]

156 French, Copenhagen (Schultz), 1848, quarto [BL, BNP, UL]

附录二
1700 年前《廷臣》的读者名单

　　此名单包括在下列情况下曾拥有该书的个人，个别是家族：通过财产清册、书上的献词、签名或藏书标签可以证明（208 例）；在其著作中曾提到该书或作者（85 例）；使用了该书但没有提及其作者名字（35 例）。在决定是否要将某人列入最后一种分类时，我们需要具有自己的判断力。由于缺少证据，我没有将莎士比亚、锡德尼、斯宾塞和怀亚特列入其中。由于我无法找到进一步的信息来证实下列人士确曾是该书的收藏者，我也没有将他们（安吉洛·德尔·布法罗[Angelo del Bufalo]、约翰尼斯·博垂维克斯[Johannes Botrevicus]、巴纳得·汉普顿[Barnard Hampton]、马特乌斯·卡拉达休斯[Matheus Karadasius]、马西里·李皮[Marsili Lippi]、洛多维克·乌斯帕[Lodovico Usper]、罗伯特·尤夫德尔[Robert Uvedale]、雅各布·佐尼亚[Jacopo Zonia]等）列入名单之中。

1 巴伐利亚（Bavaria）的 Pfalzgraf Albrecht，1565 年慕尼黑版的受奉献者。

2 莱顿（Leiden）的 Huijch van Alckemade，拥有 1 本法文译本（1568 年财产清册，信息来自 Frieda Heijkoop）。

3 Fray Juan de Almaraz，利马（Lima）检察官，1582 年试图对该书发起出版审查（Guibovich Pérez 1989）。

4 Gerónima Palova de Almogáver，加泰罗尼亚（Catalan）女贵族，该书的受奉献者（Darst 1978, 27）。

5 Alfonso Ariosto，意大利费拉拉（Ferrara）贵族，该书的受奉献者。

6 Ludovico Ariosto（1474—1533），意大利费拉拉贵族，曾提及该书（1516, Canto 3）。

7 Roger Ascham（*c*.1515—1568），英国学者，在其著作《论校长》（*Schoolmaster*）
中提及作者（1568）。

8 Jean Aubry，法国人，维也纳书商，1577 年曾售出 1 本该书（Keserű 1983，421）。

9 Pierre Bablan，法国贡比涅（Compiègne）商人，曾在 1 本 1592 年版的书上写下
他的名字。该书现藏于巴黎法国国家图书馆（Res E * 3487）。

10 Francis Bacon（1561—1626），圣奥尔班斯（Viscount St Albans）子爵，英国政治
家和作家，曾不提及作者姓名地使用过该书（Martin 1993，64-66）。

11 Thomas Baker（1656—1740），英国杜伦（Durham）乡绅，剑桥圣约翰学院董事，
一人独拥 5 本该书（Korsten 1990，nos 493，699，985，3544，3966）。

12 Bálint Balassa（1554—1594），匈牙利贵族，曾不提及作者姓名地"借用"过该
书中的文字（Di Francesco 1994，240，243）。

13 Matteo Bandello（1485—1561），伦巴底（Lombard）修士，曾提及该书的手稿
（1554，book II，no. 57）。

14 Scipione Bargagli（1540—1612），锡耶纳（Sienese）贵族，曾提及该书（1572，
35；1587，118）。

15 Alonso Barros（*c*.1552—1604），西班牙军人，拥有 2 本《廷臣》（*Cortesano*）
（Castiglione，Luis Milán，or Palmireno：Dadson 1987，nos 98，130）。

16 Cornelius Baseminius，"医学博士"（medicus），曾在该书的 1 本威尼斯 1565 版
上留有其名。该书现藏于大不列颠图书馆。

17 Boldizsár Batthyány（*c*.1535—1590），匈牙利贵族，曾于 1577 年购得 1 本该书
（Keserű 1983，421）。

18 Philippe Baudesson，1556 年任巴黎夏特莱初审法院诉讼代理人（*procureur au
Châtelet*，Paris），拥有该书的 1 本意大利文版（Schutz 1955，no. 13）。

19 Nicolas de Bauffremont，塞内西勋爵（Seigneur de Senessey），1579 年里昂版的
受奉献者。

20 Remi Belleau（1528？—1577），诗人，拥有该书的法文版（Boucher 1986，54）。

21 Pietro Bembo（1470—1547），威尼斯贵族，红衣主教，曾阅读过该书手稿。

22 Francis Bernard（1627—1698），伦敦内科医生，拥有 1 本意大利文版（Lievsay

1969，59）。

23 François Billon（*c.*1522—1579），法国作家，曾不提及作者姓名地使用该书（Telle 1937，59）。

24 Pietro Bizzarri（1525—*c.*1586），意大利人，剑桥圣约翰学院董事，曾提及该书（Firpo 1971，39）。

25 Traiano Boccalini（1556—1613），意大利作家，曾提及该书作者（1612—1614，vol. III，27）。

26 Johann Heinrich Boeckler（1611—1672），斯特拉斯堡（Strasbourg）大学修辞学教授，曾提及该书（Bonfatti 1979，67）。

27 Jean-Baptiste Boisot（1638—1694），贝桑松修道院院长（abbé of Besançon），拥有1本曾为法国阿拉斯大主教格朗韦勒（Cardin al Granvelle）收藏过的版本（Jolly 1988—1992，469）。

28 Edmund Bonner（*c.*1500—1569），外交官和主教，曾向托马斯·克伦威尔（Thomas Cromwell）求借该书（Hogrefe 1929—1930）。

29 Giulio Borgarucci，帕多瓦（Padua）和剑桥内科医生，在该书的1本克拉克译本的扉页上写有一首诗。

30 Vincenzo Borghini（1515—1580），佛罗伦萨贵族，曾提及该书（Woodhouse 1978，360）。

31 Lambert van den Bos，17世纪荷兰作家，曾翻译过该书。

32 Juan Boscán Almogáver（*c.*1487—1542），巴塞罗那贵族，曾翻译过该书。

33 Charles de Bourbon（1523—1590），枢机主教，号称"查理十世"（Charles X，多数天主教徒认可的名义上的法国国王，但未正式登基加冕。新教徒不承认他而承认其侄亨利四世[Henri IV]），拥有该书的1本意大利文版（*Revue des bibliothèques* 1912. 426）。

34 Nicolas Bourbon（*c.* 1503—*c.* 1550），法国诗人，在该书1538年里昂版的扉页上写有拉丁文诗歌。

35 Per Brahe（1520—1590），瑞典贵族，曾向他人推荐该书（Brahe 1581，34）。

36 Richard Brathwaite（*c.*1588—1673），英格兰诗人，曾在其1630年出版的《英

国绅士》(*English Gentleman*)中使用过该书,但未提及作者姓名。

37 Nicholas Breton (*c.* 1545—*c.* 1626),英国作家,曾提及该书(Breton 1618)。

38 Reynold Bridge,剑桥书商,1590 年时拥有 3 本该书的拉丁文版(Leedham-Green 1987)。

39 Sir George Buc,英国贵族,1615 年曾提到作者(Hale 1976, 231)。

40 Robert Burton (1577—1640),牛津基督堂学院学生,拥有该书的 1 本拉丁文版(Kiessling 1988, no. 310)。

41 Thomas Byng,剑桥大学克莱尔学院(Clare College, Cambridge)院长,曾在该书的 1 本克拉克译本的扉页上写有诗歌。

42 Pierre Cabat,书商(*marchand libraire*),拥有该书的法文版(Schutz 1955, no. 42)。

43 Giulio Caccini (*c.*1545—1618),佛罗伦萨音乐家,曾不提作者姓名地使用该书(1600, preface)。

44 John Caius (1510—1573),内科医生和学者,曾在该书克拉克译本的前言中对作者的写作风格给予赞美。

45 Pietro Andrea Canonhiero,意大利作家,1609 年时提及该书(Hinz 1992, 269)。

46 Count Lodovico da Canossa (1475—1532),意大利贵族、外交官和主教,曾收到该书的两个赠送本(Cartwright 1908, vol. II, 368)。

47 Margherita Cantelma,出生于马洛塞利(Maloselli),曾收到 1 本该书的赠送本(Cartwright 1908, vol. II, 368)。

48 Arthur Capel,剑桥大学三一学院(Trinity College, Cambridge)学生,1571 时哈维(Harvey)曾向其荐读此书。

49 Mme de Carvenonay (安妮·胡劳特[Anne Hurault],法王王室顾问[*conseiller de la chambre du roi*]弗朗西斯[François]之妻),拥有 1 本该书的法文版(Schutz 1955, no. 45)。

50 Giovanni Della Casa (1503—1556),佛罗伦萨主教,曾不提作者姓名地使用过书(见于 *Galateo*, 1558; ed. D. Provenzal 1950, Milan)。

51 卡斯特尔家族(Castell family),德国贵族,拥有 1 本该书(Pleticha 1983, 113)。

52 Camillo Castiglione（1520—1598），军人，作者的儿子，关注过对该书的审查事
宜（Cian 1887）。

53 Count Nicola di Castiglione，曾收到该书的 1 本赠送本（Cartwright 1908, vol.
II, 368）。

54 Sabba di Castiglione（1485—1554），罗得骑士团（the Order of Rhodes，即医院
骑士团）骑士，曾不提及作者姓名地使用该书（Scarpati 1982, 49-50, 57）。

55 Catherine de' Medici（1519—1589），佛罗伦萨女贵族，法国王后，拥有 1 本该
书（Mariéjol 1920, 35）。

56 Filippo Cavriani（1536—1606），曼图亚（Mantuan）贵族和内科医生，拥有 1 本
该书的意大利文版（Opdycke 1901, 420）。

57 Miguel Cervantes（1547—1616），西班牙作家，曾不提及作者姓名地使用过该
书（Lopez Estrada 1948；Fucilla 1950）。

58 Jean Chapelain（1595—1674），法国作家，拥有 5 本此书。其中 4 本为意大利
文版，1 本为西班牙文版（Searles 1912, nos 522-526）。

59 Jean Chaperon，曾于 1537 年将此书的第一部分译成法文（Klesczewski
1966）。

60 Gabriel Chappuys（c.1546—c.1613），法国作家，曾在 1585 年翻译该书。

61 Charles V（1500—1558），皇帝，曾收到 1 本该书的赠送本。

62 Sir John Cheke（1514—1557），剑桥大学教授，在霍比译本的扉页上留有
文字。

63 Francesco Agostino della Chiesa，意大利作家，曾提及此书（1620, s. v. H. Torella）。

64 Christian（1602—1647），丹麦-挪威国王克里斯蒂安四世（Christian IV）之子，
拥有此书的德文版（1647 年财产清册，信息来源于 Harald Ilsøe）。

65 意大利福利尼奥（Foligno）的 Antonio Ciccarelli（卒于 1599 年），神学博士，曾
对此书进行过删减（Cian l887）。

66 Vincenzo Cimarelli，修士、（天主教审问异端的）裁判人，曾提及该书（1642,
126）。

67 Girolamo Cittadini，米兰贵族，曾于 1519 年写信给作者请求阅读该书（Danzi

1989, 293, 301）。

68 Scipio Claudio,阿布鲁齐(Abruzzi)贵族,1539 年出版了该书的缩减版（Volpe 1733, 416 ）。

69 James Cleland,英国作家,曾对该书作过荐读（1607, 153, 266）。

70 Clement VII（1478—1534）,成为教皇前的名字为朱利奥·德·梅第奇（Giulio de' Medici）,曾收到 1 本该书的赠送本。

71 Bartholomew Clerke（1537？—1590）,剑桥大学修辞学教授,曾将该书翻译成拉丁文。

72 Edward Coke（1552—1634）,拥有 1 本该书的法文版（Hassall 1950, no. 1095）。

73 科尔伯特家族（Colbert family）,拥有 1 本该书的意大利文版（1728, no. 3180）。

74 Jacques Colin（卒于 1547）,神职人员和外交官,可能曾将此书译成法文（Klesczewski 1966, 24f）。

75 Richard Collet,剑桥大学凯斯学院(Caius College, Cambridge)16 世纪晚期时的董事,拥有该书的 1 本拉丁文译本(Leedham-Green 1987)。

76 Hippolytus a Collibus（1561—1612）,德意志作家,曾提及此书(Collibus 1599, 310, 345, 346)。

77 Vittoria Colonna（1490—1547）,意大利女贵族,曾提及此书（Colonna 1889, nos 19, 34）。

78 Thomas Coryate（c.1577—1617）,英格兰旅行家,曾提及此书（Coryate 1611, vol. I, 268）。

79 João de Costa,葡萄牙人,曾在 1550 年向宗教裁判所承认拥有此书（Brandão 1944）。

80 Thomas Cromwell（c.1485—1540）,政治家、埃塞克斯伯爵（earl of Essex）,1530 年曾向邦纳(Bonner)借阅此书（Hogrefe 1929—1930）。

81 James Dalton, 牛津大学布拉塞诺斯学院(Brasenose College, Oxford)学生,曾在该书的 1 本拉丁文译本上留下名字。该书现藏于剑桥大学图书馆（Syn.

8.57.24）。

82 Richard Daulton，牛津大学布拉塞诺斯学院（Brasenose College, Oxford）学生，曾在该书的 1 本拉丁文译本上留下名字。该书现藏于剑桥大学图书馆（Syn. 8.57.24）。

83 〔秘鲁〕利马的 Antonio Dávalos，会计，1582 年曾从欧洲进口 1 本该书（信息来自 Teodoro Hampe）。

84 Jean de Boyssières（1555—1580 后），曾先后服务于阿伦松（Alençon）公爵和默科厄（Mercoeur）公爵宫廷，亚里士多德作品的翻译者，曾在 1 本法文译本的扉页上写下诗文（Cioranescu 1938, vol. I, 99-100）。

85 Daniel Defoe（1660—1731），英格兰作家，拥有该书的意大利文版和英文版（Heidenreich 1970, nos 494, 1268）。

86 Thomas Dekker（c.1570—c.1641），英格兰作家，该书是其 1605 年出版的《西去！》（Westward Ho!）的参考文献之一。

87 John Denys，剑桥书商，拥有该书的拉丁文译本（Leedham-Green 1987）。

88 Hans Dernschwam（1494—1568），波希米亚（Bohemian）贵族人文主义者，拥有该书的意大利文版（Dernschwam 1984, 198）。

89 Henry Dethick，律师（卒于 1613），在该书的 1 本拉丁文译本上曾写下诗文。

90 Michel de Vaulx，巴黎高等法院律师，拥有该书的 1 本意大利文版（Quilliet 1975, 148）。

91 Ludovico Dolce（1510—1568），威尼斯公民和专业作家，曾编辑该书。

92 Etienne Dolet（1509—1546），法国人文主义者和印刷商，曾修订过科林的译本。

93 Ludovico Domenichi（1515—1564），意大利专业作家，曾提及此书（1549, 242b, 257a）。

94 Anton Francesco Doni（1513—1574），意大利专业作家，曾提及此书（1550, 19-30）。

95 Caspar Dornau（1577—1631），德意志人文主义者，曾在 1617 年引用此书（Bonfatti 1979, 156）。

96 布洛涅的 Jean Doultremepuys（卒于 1545），法国国王司法代理人（或总检察官）(*procureur général du roi*)，拥有该书的法文译本(Schutz 1955, no. 158; Labarre 1971, 385)。

97 Samuel Drake (*c.*1686—1753)，剑桥大学圣约翰学院(St John's College, Cambridge)董事，曾于 1713 年编辑出版该书。

98 Laurens Drouet，16 世纪巴黎市民商人(*marchand bourgeois*)，拥有该书的法文译本(Schutz 1955, no. 67)。

99 William Drummond of Hawthornden (1585—1649)，苏格兰贵族和诗人，拥有 3 本该书，分别为意大利文版、西班牙文版和英文版(Macdonald 1971, nos 719, 1212; Lievsay 1969, 41n.)。

100 Noël Du Fail，布列塔尼(Breton)绅士，曾对该书作不提名评论 (Smith 1966, 134-136)。

101 Jean-Baptiste Duhamel (1624—1706)，演说家牧师 (Oratorian priest)，曾在 1690 年翻译该书。

102 John Dymock，英王亨利八世(Henry VIII)时期的著名绅士，曾向瑞典国王埃里克十四世(Erik XIV)赠送此书 (Andersson 1948, 167)。

103 埃克特家族(Echter family)，德意志贵族家族，拥有 1 本此书(Pleticha 1983, 45)。

104 Queen Elizabeth (1533—1603)，该书拉丁文译本的受奉献者。

105 Sir Thomas Elyot (*c.*1490—1546)，英格兰绅士，曾不提及作者姓名使用该书 (Hogrefe 1967,118, 129, 138-139, 149-150, 152)。

106 Mario Equicola (*c.*1470—1515)，伊莎贝拉·德斯特(Isabella d'Este)的秘书，曾有人在 1519 年向他借阅该书手稿(Danzi 1989, 293, 301)。

107 Erik XIV，瑞典国王，1561 年时获赠该书法文译本(Andersson 1948, 167)。

108 Isabella d'Este (1474—1539)，意大利女贵族，曾收到 1 本该书的赠送本 (Cartwright 1908, vol. II, 368)。

109 Robert Estienne (1503—1559)，法国印刷商，曾不提名地评论过该书 (Smith 1966)。

110 Nicolas Faret（*c.*1600-1646），法国秘书和行政人员，在 1630 年未曾致谢地"借用"过该书的内容。

111 André Félibien（1619—1695），法王路易十四（Louis XIV）御用历史学家，留有其藏书标签于该书的 1 本意大利文版中。该书现藏于巴黎法国国家图书馆（Res. E * 3490）。

112 Sir Geoffrey Fenton（*c.*1539—1608），该书 1572 年英文本译者，他将其奉献给霍比夫人（Lady Hoby）。

113 Apollonio Filareto，教皇保罗三世（Paul III）的秘书（1540 年代），曾拥有 1 本该书。该书现藏于布拉格大学图书馆（University Library，Prague）（Hobson 1975，92）。

114 Ippolita Fioramonda，帕维亚斯卡尔达索尔侯爵（marchesa di Scaldasole，Pavia），曾收到 1 本该书的赠送本（Cartwright 1908，vol. II，368）。

115 John Florio（*c.*1553—1625），意大利流亡者之子、翻译家，曾在 1591 年的一篇献词中提及该书。

116 Odet de Foix-Lautrec（*c.*1481—1528），法国元帅，曾在 1520 年索取过该书手稿（Kolsky 1991，184n.）。

117 Charles Fontaine（1514—*c.*1564），法国作家，在其 1 本书中曾不提及作者姓名地使用了该书。

118 Firmin de Forcheville，旅店店主（*marchand hôtelier*，Amiens），亚眠，1576，拥有 1 本该书的法文译本（Schutz 1955，no. 82；Labarre 1971，226）。

119 Nicolas Fouquet（卒于 1680），法国金融家，拥有 1 本该书 1562 年出版的意大利文译本。该书现藏于大不列颠图书馆（C. 46. a. 22）。

120 François I（1494—1547），法国国王（1515 年加冕），收到过 1 本该书的赠送本（BNP Res. E * 52）。

121 M. della Fratta，意大利贵族，1548 年曾引用该书（Donati 1988，71，75）。

122 Niels Friis of Favrskov（1584—1651），丹麦贵族，1604 年在法国奥尔良（Orleans）购买过 1 本此书（Heiberg 1988，no. 1436）。

123 Christoffer Fugger（1566—1615），Freyherr zu Kirchberg，该书 1593 版的受奉

献者。

124 Maria Fugger，克里斯托弗（Christoffer）的妻子，该书 1593 年版的受奉献者。

125 Ulrich Fugger（1526—1584），德意志贵族，拥有 1 本该书的法文译本（Lehmann 1960，239）。

126 Mario Galeota，意大利绅士，曾赞扬过该书（Cian 1887，663n.）。

127 Galiot du Pré，巴黎书商，1561 年时拥有 65 本该书的法文译本（Schutz 1955，no. 88）。

128 Veronica Gambara（1485—1550），伦巴底女贵族和诗人，曾收到 1 本该书的赠送本（Cartwright 1908，vol. II，368）。

129 Garcilaso de la Vega（*c.*1501—1536），西班牙贵族，曾向博斯坎推荐该书。

130 Garcilaso the Inca（1539—1612），来自秘鲁（Peru）的贵族，拥有 2 本名为"cortesano"的该书（Castiglione，Luis Milán，or Palmireno：Durand 1948，nos 167，176）。

131 Tommaso Garzoni（1549—1589），意大利神职人员，曾在 1585 年不提及作者姓名地使用该书。

132 贝桑松的 Fernand Gauthiot（16 世纪晚期），拥有 1 本此书（Febvre 1911，360）。

133 René Gentil，法国王室顾问，巴黎，1537，拥有该书的 1 本意大利文版（Schutz 1955，no. 93）。

134 Joachim Gersdorff（1611—1661），丹麦外交官，*Rigshofmester*，1631 年在莱比锡（Leipzig）购买过 1 本此书的拉丁文译本（Walde 1932，23）。

135 Giovanni Andrea Gilio da Fabriano，意大利神父，曾在 1564 年提及此书（Ossola 1980，75f；Hinz 1992，249-255）。

136 Alvigi Giorgio，威尼斯贵族，该书 1538 年版本的受奉献者。

137 Paolo Giovio（1483—1552），意大利主教，曾提及此书（1546，47-48ff.）。

138 Argisto Giuffredi，西西里律师，曾在 1585 年提及此书（1896，83）。

139 John Glover（卒于 1578），牛津大学圣约翰学院董事，拥有该书的意大利文版和法文版（Curtis 1959，140）。

140 Aloysia Gonzaga，作者的母亲，曾收到 1 本该书的赠送本（Cartwright 1908，vol. II，368）。

141 Eleonora Gonzaga，乌尔比诺公爵夫人（duchess of Urbino），曾收到 1 本该书的赠送本（Cartwright 1908，vol. II，368）。

142 Federico Gonzaga（1500—1540），曼图亚侯爵（marquis of Mantua），曾收到 1 本该书的赠送本（Cartwright 1908，vol. II，368）。

143 Cardinal Scipione Gonzaga，曾在 1575 年帮助该书躲过一次严厉的审查（Cian 1887）。

144 Łukasz Górnicki（1527—1603），波兰廷臣，曾在 1566 年改编该书。

145 Wawrzyniec Goślicki（c.1533—1607），在 1568 年不提及作者姓名地使用过该书。

146 Baltasar Gracián（1601—1658），西班牙耶稣会士（Spanish Jesuit），曾引用该书。

147 Giorgio Gradenigo（1522—c.1599），威尼斯贵族，该书的受奉献者。

148 Jean Granger, Seigneur de Lyverdis，法国王室宫廷顾问兼管事（conseiller-et maître d'hôtel du roi），巴黎，1597，拥有 1 本该书的法文译本（Schutz 1955，no. 100）。

149 来自弗朗什-孔泰（Franche-Comté）的 Cardinal Granvelle（1517—1586），拥有该书的 1 本意大利文版（Picquard 1951，206）。

150 Robert Greville，布鲁克勋爵（Lord Brooke），拥有该书的 1 本西班牙文译本（1678，74，no. 13）。

151 Pellegro Grimaldi（Robio），1543 年时提及此书（Prosperi 1980，73；cf. Hinz 1992，229ff.）。

152 Pietro Gritio，曾提及此书（1586，103）。

153 Jean Grolier（c.1486—1565），法国伦巴底的财务主管，拥有 12 本该书（Schutz 1955，no. 102；Austin 1971）。

154 Sigvard Grubbe（1566—1636），丹麦人，丹麦政务会（Rigsraad）成员，拥有 1 本该书的意大利文版（Walde 1932，49n.）。

155 〔瑞士〕伯尔尼(Berne)的 Samuel Grunerus,曾在 1613 年留名于该书的 1 本法文译本和意大利文译本上。两书现藏于巴黎法国国家图书馆(Res. R. 2050)。

156 Joan Guardiola,巴塞罗那书商,在 1561 年去世时存有 24 本该书的意大利文版(Kamen 1993, 412)。

157 Stefano Guazzo (1530—1593),(意大利)皮德蒙特(Piedmontese)绅士,曾提及此书(1574, f. 252b)。

158 Antonio de Guevara (c.1480—1545),西班牙主教,曾不提及作者姓名地讨论过此书(Redondo 1976)。

159 Everard Guilpin (c.1572—1598 后),英格兰诗人,曾提及该书作者(Guilpin 1598)。

160 Georg Gumpelzhaimer,德意志法学家,曾在 1621 年引用该书(Bonfatti 1979, 161)。

161 Louis Guyon,Sieur de La Nauche,曾提及该书作者 (Guyon 1604, 202)。

162 John Hacket (1592—1670),英国主教,曾在该书的 1 本拉丁文译本上写下名字。该书现藏于剑桥大学图书馆(L * 15. 10)。

163 Jan Hanneman,北荷兰省执事(*rentmeester* of north Holland),在 1570 年曾试图发起对该书的审查(信息来自 Frieda Heijkoop)。

164 John Harington (1561—1612),英格兰诗人,曾对该书的译者克拉克给予赞扬(1591, preface)。

165 Georg Philipp Harsdörffer (1607—1658),德意志贵族,曾引用该书内容(1641—1649, vol. III, 101)。

166 Gabriel Harvey (c. 1550—1631),剑桥大学三一学院(Trinity Hall, Cambridge)董事,拥有该书的 1 本意大利文版、1 本拉丁文版和 1 本英文版 (Stern, 1979)。其做过评注的英文版现藏于芝加哥纽伯瑞图书馆 (Newberry Library, Chicago)。意大利文版现已丢失,1904 年时为汉普斯特德(Hampstead)"已故牧师沃尔特·巴格利(Walter Bagley)所有"(Moore Smith 1913, 81)。

167 Lord Henry Hastings（1535—1595），霍比译本的受奉献者。

168 Sir Christopher Hatton（1540—1591），英格兰廷臣，可能曾拥有该书的 1 本
法文译本（Hassall 1950, no. 1095）。

169 Nikolaes Heinsius(1620—1681)，荷兰学者，曾拥有 3 本该书(Heinsius 1682,
p. 203)。

170 Nicolas d'Herberay，埃萨特勋爵（Seigneur des Essarts），常任炮兵特派员
（*commissaire ordinaire de l'artillerie*），1552 年，拥有 1 本该书的意大利文版
（Schutz 1955, no. 107）。

171 Antoine Héroet(*c*.1492—1568)，法国主教，曾不提及作者姓名地使用过该书
（Screech 1959, 113, 116）。

172 Edward Higgins（卒于 1588），牛津大学布拉塞诺斯学院(Brasenose College,
Oxford)董事，拥有该书的 1 本英文版、1 本法文版、1 本意大利文版、1 本拉
丁文版（Curtis 1959, 141; UL Syn. 8. 57. 24）。

173 Sir Thomas Hoby（1530—1566），英格兰乡绅，曾翻译该书。

174 Gilbert de Hodia，1549 年时曾在巴黎担任公证人，拥有 1 本该书的法文译本
（Schutz 1955, no. 109）。

175 Francisco de Holanda（*c*.1517—1584），葡萄牙人文主义者，曾不提及作者姓
名地使用过该书（Deswarte 1989,16）。

176 John Hoskyns(1566—1638)，英格兰律师，曾提及该书(Osborn 1937, 121,
157)。

177 Jean Hovard，1564 年时曾在巴黎担任公证人，拥有 1 本该书的法文译本
（Schutz 1955, no. 111）。

178 Henry Howard，北安普敦伯爵（1540—1614），拥有 1 本该书的意大利文版，
并在 1569 年提及该书(Barker 1990; Peck 1991, 150)。

179 Pierre-Daniel Huet（1630—1721），法国主教，留有书签于该书的 1 本法文
版。该书现藏于巴黎的法国国家图书馆（R.2050）。

180 Don Diego Hurtado de Mendoza（1503—1575），西班牙贵族和外交官，拥有 3
本名为"libro del cortesano"的该书（González Palencia and Mele 1941-1943,

appendix 119, nos 255-257）。

181 Francisco Idiáquez,西班牙行政人员,拥有 2 本该书,其中 1 本为意大利文版（Le Flem 1973, nos 424-425）。

182 Giuseppe Renato Imperiali, 热那亚贵族,拥有 2 本该书（*Catalogus*, Rome 1711）。

183 James VI and I（1566—1625）,拥有该书的 1 本拉丁文译本（*Library* 1840, 17; cf. Warner 1893）。

184 Ben Jonson（1572—1637）,英格兰剧作家和诗人,曾提及该书（1953, 100）。

185 Franciscus Junius（1589—1677）,荷兰人,阿伦德尔伯爵（earl of Arundel）的图书馆管理员,曾提及该书（Taylor 1948, 225）。

186 Sir Henry Killigrew（卒于 1603）,英格兰外交官,曾向苏格兰玛丽王后（Mary Queen of Scots）赠送该书的英译本（Warner 1893, lvii）。

187 Sir Thomas Knyvett（*c.*1539—1618）,诺福克（Norfolk）绅士,拥有该书的意大利文版和拉丁文版（McKitterick 1978, nos 748, 1123）。

188 Laurentz Kratzer,德意志海关官员,曾翻译该书。

189 Etienne de La Boétie（1530—1563）,法国贵族,曾提及此书（1892, 275）。

190 Bertrand de La Borderie（1507—1541 年后）,法国贵族,曾不提名地评论该书（1541）。

191 Pierre Lallemant,1562 年曾在巴黎担任公证员、投资顾问（*secretaire du roi*）,拥有多本该书的法文译本（Schutz 1955, no. 120）。

192 Secondo Lancellotti（1583—1643）,意大利传教士,曾提及作者（Raimondi 1960, 288）。

193 François de La Noue（1531—1591）,法国贵族和军人,曾不提及作者姓名地使用该书（1587,235）。

194 François de La Rochefoucauld（1613—1680）,法国公爵,拥有 1 本该书的法文译本（Gérard 1984, no. 35）。

195 Vincencio Juan de Lastanosa（1607—1684）,西班牙贵族,拥有 1 本该书的西班牙文译本（Selig 1960, no. 131）。

196 Jean de La Taille（1533—1608），法国新教绅士，亚里士多德作品的翻译者，
曾提及作者"Chastillon"（1878—1882, vol. III, xxvii, Xci）。

197 Louis Le Caron（1534—1613），法国律师，曾不提名地评论过该书（Smith
1966, 148-150）。

198 A. Legrain，夏特莱法庭推事（*conseiller au Châtelet*），巴黎，1567，拥有该书的
1本法文译本（Schutz 1955）。

199 Carlo Lenzoni（1501—1551），佛罗伦萨文学家，曾提及该书（Pozzi 1988,
366）。

200 Cornelius Lerche（1615—1681），丹麦外交官，拥有1本该书的意大利文版
（1682, 140, no. 473）。

201 Zdenek Lobkovič（1568—1628），波希米亚贵族，拥有5本该书（Kasparová
1990, nos 133-137）。

202 John Locke（1632—1704），英格兰哲学家和内科医生，牛津大学基督堂学院
学生，拥有3本该书的意大利文版和拉丁文版（Harrison and Laslett 1965,
nos 616-627a）。

203 费城（Philadelphia）的John Logan（1674—1751），拥有该书的1本意大利文
版和1本西班牙文版（Wolf 1974, nos 430-431）。

204 Giovanni Paolo Lomazzo（1538—1600），意大利艺术家，曾提及此书
（Lomazzo 1590, ch. 7）。

205 John Lord Lumley（fl. 1560），拥有1本该书的英文版（现藏于大英图书馆）
（Jayne and Johnson 1956, no. 1643）。

206 Fabrizio Luna（卒于1559），那不勒斯人，曾于1536年提及该书（Sabbatini
1986, 39）。

207 John Lyon（卒于1578），格拉密斯勋爵（Lord Glamis），苏格兰大法官（Lord
High Chancellor of Scotland），曾向苏格兰玛丽王后进献过1本该书的意大
利文版（Warner 1893, lii）。

208 Vincenzo Maggi（卒于约1564），费拉拉大学教授，曾提及该书（Ossola
1980, 35n.）。

209 A. Massario Malatesta, 意大利骑术师, 曾提及该书（1573, f. 128）。

210 Jehan de Maleripe, 河泊森林管理处书记员（*greffier des eaux et forêts*）, 巴黎, 1557, 拥有 1 本该书的意大利文版（Schutz 1955, no. 136）。

211 Karel van Mander（1548—1606）, 荷兰艺术家, 曾提及该书（1604, 124-125）。

212 Francisco Manuel de Mello（1608—1666）, 葡萄牙贵族, 曾在其《莱特拉斯医院》（*Hospital de Letras*）一书中提及该书（Rodrigues Lôbo 1619, x）。

213 Paolo Manuzio, 意大利印刷商, 曾将该书的手稿送给法国 16 世纪藏书家格罗里（Grolier）。

214 Marguerite de Navarre（1492—1549）, 拥有 1 本该书的意大利文版（Jourda 1930, 684）。

215 Marguerite de Valois, 法国公主, 拥有该书的 1 本法文译本（Mariéjol 1928, 321-322; Boucher 1986, 54）。

216 Bernardino Marliani, 意大利贵族, 曾提及此书（1583）。

217 John Marston（1576—1634）, 英格兰戏剧家, 曾提及此书（1961, 30）。

218 Jacques Martin, 贵族, 1555 年任巴黎高等法院律师（*avocat* at the Parlement of Paris）, 拥有该书的 1 本法文译本（Schutz 1955, no. 142）。

219 Robert Martin, 伦敦书商, 在 1633 年出售过该书的意大利文版（Lievsay 1969, 43-44）。

220 William Martyn（1562—1617）, 律师, 埃克塞特（Exeter）记录员, 曾提及此书（1612）。

221 Mary Queen of Scots（1542—1587）, 拥有该书的意大利文版和英文版（Warner 1893, lii, lvii）。

222 Charles Merbury, 在其《皇家君主政体》（*Royal Monarchy*）中使用过该书（1581: Lievsay 1964, 124）。

223 Francesco Melchiori, 16 世纪意大利贵族, 曾在现藏于大英图书馆的 1 本该书上留下墨迹（G. 2457[1]）。

224 Luis Milán（*c.*1500—1561）, 西班牙音乐家, 曾提及该书（1561）。

225 CharIes Montagu（1661—1715）, 哈利法克斯伯爵（earl of Halifax）, 曾拥有 1

本该书的意大利文版,后为加里克(Garrick)所有(Arnott 1 97 5, no. 383)。

226 Michel de Montaigne (1533—1592),法国贵族,曾不提及作者姓名地使用过
该书 (Villey 1908, vol. I, 95-96)。

227 Hipòlit Montaner,巴塞罗那律师,拥有该书的 1 本西班牙文译本(1626 年财
产清册,信息来自 Jim Amelang)。

228 洛塞利(Loseley)的 William More, 外科医生,绅士,拥有该书的法文和意大
利文版 (1556 年财产清册,收录于 Evans 1855, 290-291)。

229 John Morris (c.1580—1658),英国绅士,拥有该书的意大利文和拉丁文版
(Birrell 1976, nos 331-332)。

230 William Mount (卒于 1602),威廉·塞西尔(William Cecil)的牧师,曾在 1 本
拉丁文译本扉页上写有诗文。

231 〔秘鲁〕库斯科(Cuzco)的 Diego de Narváez,曾于 1545 年收到 1 本此书 (信
息来自 Teodoro Hampe)。

232 Thomas Nashe (1567—1601),英国作家,曾提及此书 (1589,dedication)。

233 Gabriel Naudé (1600—1653),法国学者,曾提及此书 (1641, 114)。

234 Andrea Navagero (1483—1529),意大利人文主义者和外交官,曾帮助该书
通过出版审查。

235 Antonio Beffa Negrini,卡米略·卡斯蒂寥内(Camillo Castiglione)的秘书,曾
提及此书(1606, no. 70)。

236 Agostino Nifo (1473—1546),意大利哲学家和内科医生,曾不提及作者姓名
地使用该书 (Prandi 1990, 37n.)。

237 Johann Engelbert Noyse,曾翻译过该书。

238 Benedictus Olai (1523—1582),瑞典人,埃里克十四世的御医,拥有 1 本该书
(Kock 1920)。

239 Lorenzo Palmireno (c.1514—c.1580),西班牙人文主义者,曾提及该书
(1573, preface)。

240 Elizabeth Parr,北安普敦女侯爵(marchioness of Northampton),是她请霍比将
该书翻译成英文。

241 William Parr（1513—1571），北安普敦女侯爵，霍比的资助人。

242 Nicolas Pasquier，法国律师，曾不提及作者姓名地使用该书（1611）。

243 William Patten（fl. 1548—1580），曾提及该书（1548, sig H vii recto）。

244 Miklós Pázmány，匈牙利贵族，拥有该书的 1 本意大利文译本（1667 年财产清册，Ötvös, 1994, no. 167）。

245 Henry Peacham（c.1576—c.1643），英格兰校长和作家，曾不提及作者姓名地使用该书（1622）。

246 Piero Peri，佛罗伦萨贵族，1571 年时拥有 1 本该书（Florence, Archivio di Stato, Pupilli dopo il Principato, busta 2709, 99；信息来自 Dora Thornton）。

247 Bonaventure Des Périers（c.1510—1544），法国作家，曾不提及作者姓名地使用该书（Hassell 1953, 566）。

248 Philibert de Vienne，可能是一位律师，曾不提名地评论该书（1547）。

249 Emilia Pia，意大利贵族，曾收到 1 本该书的赠送本（Cartwright 1908, vol. II, 368）。

250 Alessandro Piccolomini（1508—1578），锡耶纳贵族，曾不提及作者姓名地使用该书（1539, 58）。

251 Bernardino Pino（c.1530—1601），意大利神职人员和作家，曾提及此书（1604, 5b）。

252 Heitor Pinto，葡萄牙修士，曾不提及作者姓名地使用该书（1563—1572）。

253 Jeanne Popière，16 世纪巴黎一位印刷商之妻，拥有该书的 1 本意大利文版（Schutz 1955, no. 168, misdated 1523）。

254 Antoine III du Prat（c.1500—1567），巴黎治安长官（prédvôt de Paris），拥有该书的 1 本法文译本（Connat and Mégret 1943, no. 402）。

255 Johannes Purcell MD，曾留名于该书的 1 个 1573 年版本上。该书现藏于大英图书馆（1484. e. 22）。

256 George Puttenham（卒于1590），英格兰贵族和作家，曾不提及作者姓名地使用该书（1589, cf. Javitch 1972）。

257 John Rainolds（1549—1607），牛津大学基督圣体学院（Corpus Christi,

Oxford)董事,曾提及该书（1986, 336）。

258 Gianbattista Ramusio(1485—1557),威尼斯市政厅秘书,曾收到 2 本该书的赠送本(Cartwright 1908, vol. II, 368)。

259 Antonio Riccoboni（1541—1599）,帕多瓦(Padua)大学教授,曾提及此书（Ossola 1980, 35）。

260 Johannes Ricius（fl. *c.*1580）,马尔堡(Marburg)大学教授,曾将该书的第一部分翻译成拉丁文。

261 Francisco Rodrigues Lôbo（*c.*1573—1621）,葡萄牙贵族,曾不提名地仿写该书。

262 Fernando de Rojas（*c.*1465—1541）,西班牙作家,拥有 1 本该书的西班牙文版（Lersundi 1929, 382）。

263 Rutgero Rolando,曾在 1 本该书 1684 年德文译本的扉页上写有对作者的赞美。

264 Annibale Romei（卒于 1590）,费拉拉贵族,曾不提及作者姓名地使用该书（Prandi 1990, 193n.）。

265 Girolamo Rosati,佛罗伦萨宗教裁判所的审定员,曾对该书的 1531 年版手稿进行修订(BL catalogue)。

266 Erik Rosenkrantz（1611—1681）,丹麦外交官,拥有该书的意大利文版和法文版（1688, no. 668）。

267 Janus Rosenkrantz,拥有 7 本该书。1 本为拉丁文版,5 本为意大利文版,1 本为法文版（1696, octavo, Latin, no. 55; octavo, vernacular, nos 9, 32, 45, 65, 69; 16mo, vernacular, no. 53）。

268 Il Rosso（1495—1540）,佛罗伦萨画家,拥有 1 本该书（1531 年财产清册,收录于 Hirst,1964）。

269 Francesco Maria II della Rovere,乌尔比诺公爵,该书 1584 年版的受奉献者。

270 Rudolf II（1552—1612）,皇帝(1576 年登基),该书 1587 年的受奉献者。

271 Nicholas Rücker（fl. 1599）,德意志法学家,曾提及作者（Bonfatti 1979, 136）。

272 Girolamo Ruscelli（*c*.1504—1566），意大利作家，曾提及该书（Collenuccio 1552, f. 207）。

273 Francisco de Sá de Miranda（*c*.1481—*c*.1558），葡萄牙贵族和诗人，曾不提及作者姓名地使用该书（Earle 1980, 29-30）。

274 Thomas Sackville（1536—1608），多塞特伯爵（earl of Dorset），巴赫斯特勋爵（Lord Buckhurst），曾在该书英文和拉丁文译本的前言中称赞过这部作品。

275 Jacopo Sadoleto（1477—1547），意大利主教，作者曾在 1514 年的一封信中请他阅读该书手稿。

276 Melin de Saint-Gelais（1491—1558），诗人和廷臣，该书法文译稿的修订者。

277 Alonso Jerónimo de Salas Barbadillo（1581—1635），西班牙作家，曾不提名地仿写过该书（1620）。

278 Joachim von Sandrart（1606—1688），德意志艺术家，曾引述过该书作者的话（1675—1680, vol. I, 125）。

279 Margherita di San Severino，意大利女贵族，曾收到 1 本该书的赠送本（Cartwright 1908, vol. II,368）。

280 Francesco Sansovino（1521—1583），意大利作家，曾提及该书（1582, 70 verso, 169 verso）。

281 Filippo Sassetti（1540—1588），佛罗伦萨商人，曾提及该书（1855, 358）。

282 Peder Scavenius（1623—1685），丹麦教授，拥有 1 本该书的意大利文版（1665, 164, no. 166）。

283 Baron Sennecey，（英格兰）枢密院成员，土地贵族（nobles in Estates）的发言人，该书 1576 年法文译本的受奉献者。

284 Joaquim Setantí，巴塞罗那"荣誉市民"，拥有 1 本该书的西班牙文译本（1617 年财产清册，信息来自 Jim Amelang）。

285 Miguel da Silva（*c*.1480—1556），葡萄牙贵族，维塞乌（Viseu）主教，该书的受奉献者。

286 Jan Six（1618—1700），阿姆斯特丹市市长，拥有 3 本该书（Möller 1984, 70）。

287 Antonio Solís（1610—1686），西班牙作家，拥有 1 本西班牙译本和 1 本意大

利文版（信息来自 Jim Amelang）。

288 Sperone Speroni（1500—1588），意大利学者，曾在 1 本现藏于威尼斯圣马可国立图书馆（Biblioteca Marciana, Venice）的书上作批注。

289 Irene di Spilimbergo（卒于 1561），弗留利（Friuli）贵族，该书是他最喜爱的图书之一（Atanagi 1516；Schutte 1991）。

290 Francis Sterling（1652—1692），剑桥大学耶稣学院（Jesus College, Cambridge）董事，在现藏于耶稣学院的该书的 1 本意大利文版上写有他的名字（0. 12. 66）。

291 Jacques Tahureau（1527—1555），法国绅士，曾不提名地评论该书（Smith 1966, 29, 136, 149）。

292 Torquato Tasso（1544—1595），意大利诗人，曾提及此书（1583）。

293 Alessandro Tassoni（1565—1635），意大利贵族和作家，拥有 1 本该书（现藏于威尼斯圣马可国立图书馆）。

294 William Thomas（c.1507—1554），（英格兰）枢密院书记员，曾提及此书（1549, 127）。

295 Jacques-Auguste de Thou（1553—1617），法国律师，拥有该书的 2 本意大利文版，其中 1 本现藏于牛津大学博德利图书馆（Thou 1679, 400；cf. Coron 1988）。

296 Abraham Tilman（卒于 1589），剑桥大学基督圣体学院董事，拥有该书的意大利文和拉丁文译本（Jayne 1956, 187-188；Leedham-Green 1987）。

297 Claudio Tolomei（1492—1555），锡耶纳贵族和作家，曾在 1529 年提及作者（Pozzi 1988, 200）。

298 Sir Roger Townsend，英国东昂格利亚绅士，拥有 2 本该书的英文译本（Fehrenbach and Leedham-Green 1992, 3. 41, 3. 53）。

299 Sir Thomas Tresham（c.1543—1605），英国北安普敦郡绅士，拥有该书的意大利文和拉丁文译本（BL, Add. MSS 39, 830, ff. I78b, 187b）。

300 Giangiorgio Trissino（1478—1550），意大利维琴察（Vicenza）贵族、诗人，曾提及该书（Ossola 1980, 34；Hinz 1992, 191n.）。

301 Margherita Trivulzio,索马利亚伯爵夫人(countess of Somaglia),伦巴底贵族, 曾获赠 1 本该书的赠送本(Cartwright 1908, vol. II, 368)。

302 Johannes Turler (fl. *c*.1560),德意志学者,曾将该书翻译成拉丁文。

303 Robert Turquan,巴黎市民(*bourgeois de Paris*),拥有 1 本该书的法文译本 (Schutz 1955, no. 207, misdated 1519)。

304 Brian Twyne (*c*.1580—1644),英格兰学者,拥有该书的 1 本拉丁文译本 (Ovenell 1950, 17)。

305 Sir Roger Twysden (1597—1672),英格兰绅士,曾引用过该书 (Jessup 1965, 203-204)。

306 Pontus I de Tyard (1521—1605),法国主教和诗人,拥有 1 本该书的法文译 本 (Boucher 1986)。

307 Pontus II de Tyard (1582—1634),庞图斯一世的侄子(great-nephew of Pontus I),拥有 1 本该书的法文译本 (Baridon 1950, no. 713)。

308 Jakob Ulfeldt (1567—1630),丹麦贵族、外交官和帝国总理(*Rigskansler*),拥 有该书的法文和西班牙文译本 (Ulfeldt 1923)。

309 Giovanni Francesco Valier(卒于 1542),威尼斯贵族的私生子,收到过 2 本该 书的赠送本 (Cartwright 1908, vol. II, 368)。

310 Benedetto Varchi (1503—1565),佛罗伦萨作家,曾提及该书。

311 Giorgio Vasari (1511—1574),托斯卡纳(Tuscan)艺术家和作家,曾不提及作 者姓名地使用该书(1550,1568)。

312 Diego de Silva y Velázquez (1599—1660),西班牙画家和廷臣,拥有 1 本该书 的意大利文版(Rodríguez Marín 1923, 55)。

313 Edward Vere (1550—1604),第 17 代牛津伯爵(17th earl of Oxford),曾在 1 本拉丁文译本的扉页上留下文字。

314 Cristóbal Villalón (*c*.1500—1558),西班牙人文主义者,曾提及该书 (1911, preface)。

315 John Webster(*c*.1580—*c*. 1625),英格兰戏剧家,在 1605 年出版的《西去!》 (*Westward Ho*!)中提及该书。

316 Marcus Welser（1558—1614），奥格斯堡（Augsburg）贵族，拥有 1 本该书的意大利文版（Roeck 1990, 126）。

317 Thomas Wentworth，英格兰绅士，该书 1713 年版的受奉献者。

318 George Whetstone（1544—1587），军人和作家，曾不提及作者姓名地使用该书（Izard 1942, 94-98）。

319 Thomas Whythorne（1528—1596），英格兰音乐家，曾提及该书（Whythorne 1961, 68）。

320 Abraham de Wicquefort（1598—1682），荷兰外交官，曾向他人荐读过该书（1680—1681, vol. I, 83）。

321 John Winthrop Junior（1606—1676），康涅狄格总督（governor of Connecticut），拥有 1 本该书（Stewart 1946, 322）。

322 Ralph Wormeley II（1650—1701），弗吉尼亚（Virginia）种植园主，拥有 1 本该书（Wright 1940, 197n.）。

323 Benjamin Worsley，拥有 2 本该书的拉丁文译本（1678, 27, nos 92-93）。

324 Thomas Wryght，剑桥大学三一学院牧师，在该书的 1 本 1562 年意大利文版上写有他的名字（TCC, T. 22. 24）。

325 Giovanni Zanca，威尼斯商人，1582 年时拥有 1 本该书（Rossato 1987, 234）。

326 Luis Zapata（*c.*1532—*c.*1595），西班牙贵族，伊莎贝拉女王（Empress Isabel）的学习骑士（page），曾提及作者（1935, no. 85）。

327 Antonio Zara，阿奎莱亚（Aquileia）主教，曾不提名地借阅该书（1615, 207-217）。

328 Zygmunt II August（1520—1572），波兰国王，曾请人将该书翻译成波兰文（Górnicki 1566）。

参考文献

下列文献包括本书在注释和附录中所引用的书和文章,但不包括 1850 年前出版的《廷臣》版本,有关这部分文献,请见附录一。

Accetto, Torquato (1641) *Della dissimulatione onesta*, rpr. Bari 1928.

Ambrose (1984) *De officiis clericorum*, ed. and trans. M. Testard, Paris.

Andersson, Ingvar (1948) *Erik XIV*, 3rd edn, Stockholm.

Andrieu, Jean (1954) *Le dialogue antique : structure et présentation*, Paris.

Aneau, Bartolomé (1552) *Les singeries des italiens*, Paris.

Anglo, Sydney (1977) "The Courtier : the Renaissance and Changing Ideals", in A. G. Dickens, ed (1977) *The Courts of Europe*, London, 33-53.

Anglo, Sydney (1983) *The Courtier's Art: Systematic Immorality in the Renaissance*, Swansea.

Arbizzoni, Guido (1983) *L'ordine e la persuasione: Pietro Bembo personaggio nel Cortegiano*, Urbino.

Aretino, Pietro (1534-1536) *Ragionamenti*, ed. Giovanni Aquilecchia, Bari 1969.

Ariosto, Ludovico (1516) *Orlando Furioso*, ed. Dino Provenzal, Milan 1955.

Aristotle (1926) *Nicomachean Ethics*, ed. and trans. H. Rackham, London and Cambridge, Mass.

Arnott, J. F., ed. (1975) *Sale Catalogues of the Libraries of Eminent Persons*, vol. XII, *Actors*, London.

Ascham, Roger (1568) *The Schoolmaster*, facsimile edn, Menston 1967.

Atanagi, Dionigi, ed. (1561) *Rime in morte della Signora Irene di Spilimbergo*, Venice, prefaced by an unpaginated "Vita della Signora Irene".

Aubrun, Charles V. (1958) "Gracián contre Faret", *Homenaje a Gracián*, Zaragoza, 7-26.

Austin, G. (1971) *The Library of Jean Grolier*, New York.

Bakhtin, Mikhail M. (1929) *Problems of Dostoyevsky's Poetics*, English trans. Manchester 1984.

Bakhtin, Mikhail M. (1981) *The Dialogic Imagination*, Austin.

Bałtuk-Ulewiczowa, Teresa (1988) "The *Senator* of Wawrzyniec Goślicki and the Elizabethan Councillor", in *The Polish Renaissance in its European Context*, ed. Samuel Fiszman, Bloomington and Indianapolis, 258-277.

Bandello, Matteo (1554) *Novelle*, ed. G. G. Ferrero, Turin 1974.

Bareggi, Claudia Di Filippo (1988) *Il mestiere di scrivere: lavoro intellettuale e mercato libraio a Venezia nel' 500*, Rome.

Baretti, Giuseppe (1763) *La frusta letteraria*, ed. Luigi Piccioni, 2 vols, Bari 1932.

Bargagli, Scipione (1572) *Dialogo de'giuochi*, Siena.

Bargagli, Scipione (1587) *I trattenimenti*, ed. L. Riccò, Rome 1989.

Baridon, Silvio F. (1950) *Inventaire de la bibliothèque de Pontus de Tyard*, Geneva and Lille.

Barker, Ernest (1948) *Traditions of Civility*, Cambridge.

Barker, Ernest (1953) *Age and Youth*, Oxford.

Barker, Nicolas (1990) "The Books of Henry Howard Earl of Northampton", *Bodleian Library Record* 13, 375-381.

Barnett, George, L. (1945) "Gabriel Harvey's *Castilio sire aulicus* and *de aulica*", *Studies in Philology* 42, 146-163.

Baron, Hans (1955) *The Crisis of the Early Italian Renaissance*, 2 vols, Princeton.

Barros, Alonso de (1587), *Filosofia cortesana*, Madrid.

Bartlett, Robert (1993) *The Making of Europe: Conquest, Colonization and Cultural Change*, 950-1350, London.

Barycz, Henryk (1967) "Italofilia e Italofobia nella Polonia del Cinque-e Seicento", in *Italia, Venezia e Polonia tra umanesimo e rinascimento*, ed. M. Brahmer, Wroclaw, 142-148.

Bataillon, Marcel (1939) *Erasme en Espagne*, Paris, revised and enlarged Spanish edn, 2 vols, Mexico City 1950.

Bates, Catherine (1992) *The Rhetoric of Courtship in Elizabethan Language and Literature*, Cambridge.

Battisti, Saccaro G. (1980) "La donna, le donne nel *Cortegiano*", in Ossola, 219-250.

Baxandall, Michael (1980) *The Limewood Sculptors of Renaissance Germany*, New Haven.

Beerbohm, Max(1911) *Zuleika Dobson*, rpr. London 1967.

Bembo, Pietro (1960) *Prose e rime*, ed. Carlo Dionisotti, Turin.

Benini, Gian Vincenzo (1778) *Elogio del più virtuoso uomo italiano del secolo sedicesimo*, third edn Venice 1788.

Benson, Pamela J. (1992) *The Invention of the Renaissance Woman*, Philadelphia.

Bergalli, Luisa, ed. (1726) *Componimenti poetici delle più illustri rimatrici d'ogni secolo*, 2 vols, Venice.

Bhattacherje, M. M. (1940) *Courtesy in Shakespeare*, Calcutta.

Binns, James W. (1990) *Intellectuaf Culture in Elizabethan and Jacobean England*, Leeds.

Birrell, T. A. (1976) *The Library of John Morris*, London.

Bleznick, D.W. (1958) "The Spanish Reaction to Machiavelli in the Sixteenth and Seventeenth Centuries", *Journal of the History of Ideas* 19, 542-550.

Blunt, Anthony (1940) *Artistic Theory in Italy*. Oxford.

Boas, George (1940) "The Mona Lisa in the History of Taste", *Journal of the History of Ideas* I, rpr. in *Ideas in Cultural Perspective*, ed. P. Wiener and A. Noland, New Brunswick 1962, 127-144.

Boccalini, Traiano (1612-1614) *Ragguagli di Parnasso*, ed. Luigi Firpo, Bari 1948.

Bonfatti, Emilio (1979) *La civil conversazione in Germania*, Udine.

Bonner, Stanley F. (1977) *Education in Ancient Rome*. London.

Borghini, Raffaele (1584) *Il riposo*, new edn, 3 vols, Milan 1807.

Borinski, Karl (1894) *Bahasar Gracián und die Hofliteratur in Deutschland*, Halle.

Bornstein, Diane (1983) *The Lady in the Tower: Medieval Courtesy Literature for Women*, Hamden, Conn.

Boswell, James (1791) *Life of Johnson*, ed. G. B. Hill, revised edn, 6 vols, Oxford 1934.

Boucher, Jacqueline (1986) *La cour de Henri III*, La Guerche-de-Bretagne.

Bourdieu, Pierre (1972) *Outlines of a Theory of Practice*, English trans. Cambridge 1977.

Bourdieu, Pierre (1982) *In Other Words*, English trans. Cambridge 1990.

Bracciolini, Poggio (*c.*1440) "De nobilitate", in *his Opera*, Basle 1538. rpr. Turin 1964, 64-83.

Brahe, Per (1581) *Oeconomia*, ed. J. Granlund and G. Holm, Lund 1971.

Breton, Nicolas (1592) *Pilgrimage to Paradise*, London.

Breton, Nicolas (1618) *Court and Country*, London.

Brewer, Derek S. (1966) "Courtesy and the Gawain-Poet", in *Patterns of Love and Courtesy: Essays in Memory of C. S. Lewis*, ed. J. Lawlor, London, 54-85.

Brizzi, Gian Paolo (1976) *La formazione della classe dirigente nel '600-'700*, Bologna.

Brown, Jonathan (1986) *Velazquez, Painter and Courtier*, New Haven and London.

Brown, Peter M. (1967) "Aims and Methods of the Second *Rassettatura* of the Decameron", *Studi Secenteschi* 8, 3-40.

Brownstein, Leonard (1974) *Salas Barbadillo and the New Novel of Rogues and Courtiers*, Madrid.

Bruford, W. H. (1975) *The German Tradition of Self-Cultivation, from Humboldt to Thomas Mann*, Cambridge.

Brunner, Otto (1956) "Österreichische Adelsbibliotheken des 15. bis 18. Jht", in *Neue Wege der Sozialgeschichte*, second edn Göttingen 1968, 281-293.

Brunner, Otto, Werner Conze and Reinhart Koselleck, eds (1972-1990) *Geschichtliche Grundbegriffe*, 6 vols, Stuttgart.

Bryskett, Ludovick (1606) *A Discourse of Civil Life*, London.

Burckhardt, Jacob (1860) *Civilization of the Renaissance in Italy*, English trans. 1878, revised edn Harmondsworth 1990.

Burger, Heinz Otto (1963) "Europäischer Adelsideal und deutsche Klassik", in his "*Dasein heisst eine Rolle spielen*": *Studien zur deutschen, Literaturgeschichte*, Munich, 211-232.

Burke, Peter (1969) "Tacitism", in *Tacitus*, ed. T.A.Dorey, London 149-171.

Burke, Peter (1972) *Culture and Society in Renaissance Italy*, 3rd edn as *The Italian Renaissance*, Cambridge 1986.

Burke, Peter (1974) *Venice and Amsterdam*, revised edn Cambridge 1994.

Burke, Peter (1987) *The Renaissance*, London.

Burke, Peter(1993) *The Art of Conversation*, Cambridge.

Buruma, Ian (1984) *A Japanese Mirror*, London.

Bush, Susan (1971) *The Chinese Literati on Painting*, Cambridge, Mass.

Bushman, Richard L. (1992) *The Refinement of America*, New York.

Buxton, John (1954) *Sir Philip Sidney and the English Renaissance*, London.

Caccini, Giulio (1600) *L'Euridice*, Florence, rpr. Bologna 1968.

Caccini, Giulio (1601) *Le nuove musiche*, Florence, rpr. New York 1973.

Cacho Blecua, Juan Manuel (1979) *Amadís: heroísmo mítico cortesano*, Madrid.

Cahill, James F. (1960) "Confucian Elements in the Theory of Painting", in *The Confucian Persuasion*, ed. Arthur F. Wright, Stanford, 115-140.

Carpenter, William M. (1969-1970), "The *Green Helmet* Poems and Yeats's Myth of the Renaissance", *Modern Philology* 67, 50-59.

Cartwright, Julia (1908) *Baldassare Castiglione*, 2 vols, London.

Castiglione, Sabba da (1549), *Ricordi*, new edn Venice 1554.

Castori, Bernardino (1622) *Institutione civile*, Rome.

Cavagna, Anna Giulia (1989) "Editori e lettori del *Cortegiano* fra Cinque e Settecento", *Schifanoia* 7, 5-40.

Certeau, Michel de (1980) *The Practice of Everyday Life*, English trans. Berkeley 1984.

Chapman, H. Perry (1990) *Rembrandt's self-Portraits: a Study in Seventeenth-Century Identity*, Princeton.

Chartier, Roger (1987) *The Cultural Uses of Print in Early Modern France*, Princeton.

Chesterfield, Philip Dormer Stanhope, earl of (1774) *Letters*, ed. R. K. Root, London 1929.

Chevalier, Maxime (1966) *L'Arioste en Espagne*, Bordeaux.

Chevalier, Maxime (1976) *Lectura y lectores en la España de los siglos xvi y xvii*, Madrid.

Chiesa, Francesco Agostino della (1620) *Theatro detle donne letterate*, Mondovi.

Cian, Vittorio (1887) "Un episodio della storia della censura in italia nel secolo xvi: l'edizione spurgata del *Cortegiano*", *Archivio Storico Lombardo* 14, 661-727.

Cian, Vittorio (1951) *Un illustre nunzio pontificio del Rinascimento: Baldassare Castiglione*, Vatican City.

Cicero, Marcus Tullius (1913) *De officiis*, ed. and trains. Waiter Miller. London and Cambridge, Mass.

Cicero, Marcus Tullius (1939) *Orator*, ed. and trans. H. M. Hubbell, London and Cambridge, Mass.

Cimarelli, Vincenzo (1642) *Istorie dello stato di Urbino*, Brescia.

Cioranescu, A. (1938) *L'Arioste en France*, 2 vols, Paris.

Cleland, James (1607) *Heropaideia, or the Institution of a Young Nobleman*, London.

Clough, Cecil (1978) "Francis I and the Courtiers of Castiglione's *Courtier*", *European Studies Review* 8, 23-70.

Clubb, Louise G. (1983) "Castiglione's Humanistic Art and Renaissance Drama", in Hanning and Rosand. 191-208.

Colbert, Jean-Baptiste (1728) *Bibliotheca*, 3 vols, Paris.

Collenuccio, Pandolfo (1552) *Compendio dell'historia del regno di Napoli*, ed. Girolamo Ruscelli, Venice.

Collibus, Hippolytus a (1599) *Princeps, consiliarius, palatinus sive aulicus*, Hanau.

Colonna, Vittoria (1889) *Carteggio*, ed. E. Ferrero and G. Müller, Florence.

Connat, M. and J. Mégret (1943) "Inventaire de la bibliothèque des du Prat", *Bibliothèque d'Humanisme et Renaissance* 3, 72-122.

Conrads, Norbert (1982) *Ritterakademien der frühen Neuzeit*, Göttingen.

Corominas, J. M. (1980) *Castiglione y la Araucana*, Madrid.

Coron, Antoine(1988) "Jacques-Auguste de Thou et sa bibliothèque", in Jolly, vol. II, 101-125.

Coryate, Thomas (1611) *Crudities*, rpr. 2 vols, Glasgow 1905.

Coseriu, Annamaria (1987) "Zensur und Literatur in der italienischen Renaissance des xvi Jhts. Baldassar Castigliones *Libro del Cortegiano* als Paradigma", in *Literatur zwischen immanenten Bedingtheit und äusserem Zwang*, ed. A. Noyes-Weidner, Tübingen, 1-121.

Cox, Virginia (1992) *The Renaissance Dialogue: Literary Dialogue in its Social and Political Contexts, Castiglione to Galileo*, Cambridge.

Curtis, M. H. (1959) *Oxford and Cambridge in Transition*, Oxford.

Dadson, Trevor J. (1987) "La biblioteca de Alonso de Barros", *Bulletin Hispanique* 89, 27-53.

Dainville, François de (1978) *L'éducation des jésuites* (16e-18e siècles), Paris.

Daley, Tatham A. (1934) *Jean de La Taille*, Paris.

Damiani, Enrico (1929) reviews Pollak's edition of Górnicki, *Giornale Storico della Letteratura Italiana* 93, 156-164.

Danzi, Massimo (1989) "Girolamo Cittadini poeta milanese di primo '500", in Cesare Bozzetti, Pietro Ghibellini and Ennio Sandel, eds (1989) *Veronica Gambara e la poesia del suo tempo*, Florence, 293-315.

Darnton, Robert (1986) "History of Reading", reprinted in *New Perspectives on*

Historical Writing, ed. Peter Burke, Cambridge 1991, 140-167.

Darst, David H. (1978) *Juan Boscán*, Boston.

Dawson, Raymond (1981) *Confucius*, Oxford.

Dernschwam, Hans (1984) *Könyvtár*, Szeged.

Deswarte, Sylvie (1989) *Il "perfetto cortegiano" D.Miguel da Silva*, Rome.

Deswarte, Sylvie (1991) "Idea et Image dans les dialogues de Frei Heitor Pinto", *Estudos Portugueses a L. Stegagno Picchio*, Lisbon, 929-956.

Di Benedetto, Arnaldo (1971) "Alcuni aspetti della fortuna del *Cortegiano* nel '500", rpr. in *Stile e linguaggio*, Rome 1974, 101-115.

Dickens, Arthur G. (1959) *Thomas Cromwell and the English Reformation*, London.

Dickinson, G. Lowes (1931) *Plato and his Dialogues*, London.

Di Francesco, Amadeo (1994) "Castelletti e Balassi", in Klaniczay, 233-249.

Dionisotti, Carlo (1952) review of Cian, *Giornale Storico della Letteratura Italiana* 129, 31-57.

Dionisotti, Carlo (1965) "La letteratura italiana nell'età del concilio di Trento", rpr. in his *Geografia e storia della Letteratura Italiana*, Turin 1967, 183-204.

Dolce, Ludovico (1545) *Dialogo della institutione delle donne*, revised edn Venice 1547.

Dolce, Ludovico (1557) *Aretino*, ed. Mark W. Roskill, New York 1968.

Domenichi, Ludovico (1549) *La nobiltà delle donne*, Venice.

Domenichi, Ludovico (1564) *La donna di corte*, Lucca.

Donati, Claudio (1988) *L'idea di nobiltà in Italia: secoli xiv-xvii*, Rome and Bari.

Donesmondi, Ippolito (1616), *Istoria ecclesiastica di Mantova*, 2 vols, Mantua.

Doni, Antonfrancesco (1550) *La libreria*, Venice.

Dorris, George E. (1967) *Paolo Rolli and the Italian Circle in London*, 1715-1744, The Hague.

Du Bosc, Jacques (1632) *L'honnête femme*, Paris.

Duby, Georges (1968) "The Diffusion of Cultural Patterns in Feudal Society", *Past & Present* 38, 1-10.

Duby, Georges (1972) "The History of Systems of Values", rpr. in his *Chivalrous Society*, London, 216-225.

Duby, Georges (1978) *The Three Orders*, English trans. Chicago 1980.

Ducci, Lorenzo (1601) *Arte aulica*, Ferrara.

Durand, J. (1948) "La biblioteca del Inca", *Nueva revista de filología hispánica* 2,

239-264.

Du Refuge, Etienne (1616) *Traité de la cour ou instruction des courtisans*, revised and enlarged edn Rouen 1631.

Earle, T. F. (1980) *Theme and Image in the Poetry of Sá de Miranda*, Oxford.

Eco, Umberto (1981) *The Role of the Reader*, London.

Egremont, Max (1980) *Balfour*, London.

Elias, Norbert (1939) *The Process of Civilization*, English trans. , 2 vols, Oxford 1978-1982.

Elias, Norbert (1959) *The Court Society*, English trans. Oxford 1983.

Elyot, Thomas (1531) *The Book Named the Governor*, ed. Stanford Lehmberg, London 1962.

Erasmus, Desiderius (1530) "De civilitate morum puerilium", trans. Brian.

McGregor in *Collected Works*, vol. XXV, Toronto 1985, 273-289.

Estienne, Henri (1578) *Deux dialogues*, ed. Pauline M. Smith, Geneva 1980.

Etter, Else-Lilly (1966) *Tacitus in der Geistesgeschichte des* 16. *und* 17. *Jahrhunderts*, Basle and Stuttgart.

Evans, John, ed. (1855) "Extracts from the Private Account Book of Sir William More of Losely in Surrey", *Archaeologia* 36, 284-310.

Fahy, Conor (1956) "Three Early Renaissance Treatises on Women", *Italian Studies* II, 30-47.

Faret, Nicolas (1630) *L'honeste homme ou l'art de plaire à la cour*, ed. M. Magendie, Paris 1925.

Febvre, Lucien (1911) *Philippe II et le Franche-Comté*, Paris.

Fehrenbach, R. J. and Elizabeth S. Leedham-Green, eds (1992) *Private Libraries in Renaissance England*, vol. I, Binghamton.

Finucci, Valeria (1989) "La donna di corte: discorso istituzionale e realtà nel *Libro del Cortegiano*", *Annali d'Italianistica* 7, 88-103.

Firpo, Massimiliano (1971) *Pietro Bizzarri: esule italiano del'500*, Turin.

Fish, Stanley (1980) *Is there a Text in this Class? The Authority of Interpretive Communities*, Cambridge, Mass.

Fithian, Philip (1943) *Journal*, ed. H. D. Farish, Williamsburg.

Floriani, Piero (1976) *Bembo e Castiglione*, Rome.

Florio, John (1591) *Second Fruits*, London.

Fontaine, Charles (1541) *Contr'amie*, rpr. in Screech 1970, 148-200.

Foucault Michel (1969) *The Archaeology of Knowledge*, English trans. London 1972.

Foucault, Michel (1971) *L'ordre du discours*, Paris.

Franci, Giovanni (1977) *Il sistema del Dandy*, Bologna.

Fucilla, Joseph G. (1950) "The Role of the *Cortegiano* in the Second Part of Don Quixote", *Hispania* 33, 291-296.

Furnivall, F. J., ed. (1868) *The Babees Book*, London.

Gabrieli, C. (1978) "La fortuna de 'Il Cortegiano' in Inghilterra", *La Cultura* 16, 218-252.

Gadamer, Hans-Georg (1960) *Truth and Method*, English trans. London 1975.

Gagliano, Marco da (1608) *La Dafne*, Florence, rpr. Bologna 1970.

Ganz, Peter (1986) "curialis/hövesch", in *Höfische Literatur, Hofgesellschaft, Höfische Lebensformen um 1200*, ed. G. Kaiser and J. D. Müller, Düsseldorf, 39-56.

Garrett, Christina H. (1938) *The Marian Exiles*, Cambridge.

Garzoni, Tommaso (1585) *La piazza universale*, Venice.

Gay, Peter (1966) *The Enlightenment: the Rise of Paganism*, London.

Geertz, Clifford (1977) "Centers, Kings and Charisma", rpr. in his *Local Knowledge*, New York 1983, 121-146.

Genette, Gérard (1981) *Palimpsestes*, Paris.

Genette, Gérard (1987) *Seuils*, Paris.

Géard, Mireille (1984) "Le catalogue de La bibliothèque de la Rochefoucauld à Verteuil", in *Images de La Rochefoucauld*, Paris, 239-280.

Gerber, Adolph (1913) *Niccolò Machiavelli: die Übersetzungen*, Gotha.

Ghinassi, Ghino (1967) "Fasi dell'elaborazione del *Cortegiano*", Studi *di Filologia Italiana* 25, 155-196.

Ghinassi, Ghino (1971) "Postille sull'elaborazione del *Cortegiano*", *Studi e Problemi di Critica Testuale* 3, 171-178.

Giovio, Paolo (1546) *Elogia*, Venice.

Giovio, Paolo (1555) *Dialogo dell'imprese*, rpr. New York 1979 from the 1574 edn.

Giraldi Cinzio, Gianbattista (1565) *Discorsi intorno a quello che si conviene a giovane nobile nel servire un gran principe*, rpr. Pavia 1569.

Giufffedi, Argisto (1896) *Avvertimenti christiani*, ed. L. Natali, Palermo.

Goffman, Erving (1956) *The Presentation of Self in Everyday Life*, 2nd edn New York 1959.

Gombrich, Ernst H. (1960) *Art and Illusion*, London.

Gombrich, Ernst H. (1986), "Architecture and Rhetoric in Giulio Romano's Palazzo del Te", in *New Light on Old Maters*, Oxford.

González Palencia, A. and E.Mele (1941-1943) *Vida y obras de Don Diego Hurtado de Mendoza*, 3 vols, Madrid.

Górnicki, Łukasz (1566) *Dworzanin polski*, ed. Roman Pollak, 2nd edn Wroclaw 1954.

Gośicki, Wawrzyniec (1568) *De optimo senatore*, Venice.

Gouge, William (1622) *Domestical Duties*, London.

Gracián, Baltasar (1647) *Oráculo manual*, bilingual edn, ed. L. B. Walton, London 1962.

Greenblatt, Stephen (1980) *Renaissance Self-Fashioning from More to Shakespeare*, Chicago.

Greene, Robert (1592) *A Quip for an Upstart Courtier*, London.

Greene, Thomas (1982) *The Light in Troy: Imitation and Discovery in Renaissance Poetry*, New Haven.

Greene, Thomas (1983) "Il Cortegiano and the Choice Of a Game", in Hanning and Rosand, 1-16.

Greville, Fulke (1907) *Life of Sir Philip Sidney*, Oxford.

[Greville, Robert] (1678), *Catalogue*, London.

Gritio, Pietro (1586), *Il Castiglione*, Mantua.

Guazzo, Stefano (1574) *La civil conversatione*, ed. Amedeo Quondam, 2 vols, Modena 1993.

Guevara, Antonio de (1539a) *Aviso de privados y doctrina de cortesanos*, rpr. Pamplona 1579.

Guevara, Antonio de (1539b) *Menosprecio de corte y alabanza de aldea*, ed. Matías Martínez, Burgos and Madrid 1967.

Guibovich Perez, Pedro (1989) "Fray Juan de Alamaraz", *Cuadernos para la historia de la evangelización en Améica Latina* 4, 31-42.

Guidi, José (1977) "Thyrsis ou la cour transfiguré", *Centre de Recherches sur la Renaissance Italienne* 6, Paris, 141-178.

Guidi, José (1978) "L'Espagne dans la vie et dans l'oeuvre de B. Castiglione", *Centre de Recherches sur la Renaissance Italienne* 7, 113-202.

Guidi, José (1980) "De l'amour courtois à l'amour sacré: la condition de la femme dans l'oeuvre de Baldassare Castiglione", *Centre de Recherches sur la Renaissance*

Italienne 8, 9-80.

Guidi, José (1982) "Le jeu de cour et sa codification dans les différentes rédactions du *Courtisan*", *Centre de Recherches sur la Renaissance Italienne* 10, 97-115.

Guidi, José (1983) "Reformulations de l'idéologie aristocratique au 16e sièle: les différentes rédactions et la fortune du *Courtisan*". *Centre de Recherches sur la Renaissance Italienne* 11, 121-184.

Guidi, José (1985) "Visages de la vie de cour selon Castiglione et l'Aréin: du *Cortegiano* à la *Cortegiana*", *Centre de Recherches sur la Renaissance Italienne* 13, 219-228.

Guidi, José (1989) "Une artificieuse présentation: le jeu des dédicaces et des prologues du *Courtisan*", in *L'écrivain face à son public*, ed. C. A. Fiorato and j. -C. Margolin, Paris, 127-144.

Guilpin, Everard (1598) *Skialetheia*, ed. D. Allen Carroll, Chapel Hill 1974.

Guthrie, William K. C. (1975) *A History of Greek Philosophy*, vol. IV, Cambridge.

Guyon, Louis (1604) *Les divers leçons*, Lyon.

Hale, John R. (1954) *England and the Italian Renaissance*, revised edn London 1963.

Hale, John R. (1976) "The Military Education of the Officer Class in Early Modern Europe", rpr. in his *Renaissance War Studies*, London 1983, 225-246.

Hale, John R. (1983) "Castiglione's Military Career", in Hanning and Rosand, 143-164.

Hamburger, Michael (1959) "Aristotle and Confucius", *Journal of the History of Ideas* 20, 236-249.

Hampe Martínez, Teodoro (1993) "The Diffusion of Books and Ideas in Colonial Peru", *Hispanic American Historical Review* 73, 211-233.

Hanning, R. W. and David Rosand, eds (1983) *Castiglione: the Ideal and the Real in Renaissance Culture*, New Haven.

Hare, Christopher (1908) *Courts and Camps of the Italian Renaissance*, London.

Harington, John (1591) *Orlando Furioso in English Heroical Verse*, ed. R. McNulty, Oxford 1972.

Harris, Daniel A. (1974) *Yeats: Coole Park and Ballylee*, Baltimore.

Harrison, John and Peter Laslett (1965) *The Library of John Locke*, Oxford.

Harsdörffer, Georg Philipp (1641-1649) *Frauenzimmers Gesprächspiele*, Nuremberg.

Harvey, GabrieI(1578) *Gratulationum Valdinensium Libri IV*, London.

Harvey, Gabriel (1884) *Letter-Book*, ed. Edward J. L. Scott, London.

Hassall, W. O., ed. (1950) *A Catalogue of the Library of Sir Edward Coke*, New Haven.

Hassell, J. W. (1953) "Des Péiers' Indebtedness to Castiglione", *Studies in Phiology* 50, 566-572.

Hawkins, Richmond L. (1916) *Maistre Charles Fontaine, Parisien*, Cambridge, Mass.

Hazard, Paul (1935) *The European Mind 1680-1715*, English trans., 2nd edn Harmondsworth 1964.

Heiberg, Steffen, ed. (1988) *Christian IV and Europe*, Copenhagen.

Heidenreich, Helmut (1970) *The Libraries of D. Defoe and P.Farewell*, Berlin.

Heinsius, Nikolaes (1655) *Catalogus librorum*, Leiden.

[Heinsius, Nikolaes] (1682) *Catalogus*, Leiden.

Heltzel, Virgil B. (1942) *A Check List of Courtesy Books in the Newberry Library*, Chicago.

Hempfer, Klaus W. (1987) *Diskrepante Lektüren: Die Orlando-Furioso-Rezeption im'500*, Wiesbaden.

Héroet, Antoine (1542) *La parfaite amie*, rpr. in Screech 1970, 3-68.

Héroet, Antoine (1909) *Oeuvres poétiques*, ed. Ferdinand Gohin, Paris.

Hinz, Manfred (1991) "Castiglione und Gracifin", in *El mundode Gracián*, ed. Sebastian Neumeister and Dietrich Briesemeister, Berlin 127-148.

Hinz, Manfred (1992) *Rhetorische Strategien des Hofmannes: Studien zu den italienischen Hofmannstraktaten des 16.und 17. Jhts*, Stuttgart.

Hinz, Manfred (1993) "Il Cortegiano e il Tacitismo", in Montandon 191-198.

Hirst, Michael (1964) "Rosso: a document and a drawing", *Burlington Magazine* 106, 120-126.

Hobson, Anthony (1975) *Apollo and Pegasus: an Enquiry into the Formation and Disposal of a Renaissance Library*, Amsterdam.

Hoby, Thomas (1902) *A Booke of the Travaile and Life of Me Thomas Hoby*, ed. E. Powell, London, Camden Miscellany, vol. X.

Hogrefe, Pearl (1929-1930) "Elyot and' the boke called Cortigiano in Ytalian'", *Modern Philology* 27, 303-309.

Hogrefe, Pearl (1967) *The Life and Times of Sir Thomas Elyot, Englishman*, Ames, la.

Hudson, Winthrop S. (1980) *The Cambridge Connexion and the Elizabethan Settlement of* 1559, Durham, NC.

Huizinga, Johan (1915) "Historical Ideals of Life", trans. in his *Men and Ideas*, New York 1959, 77-96.

Insulanus, Gulielmus (1539) *Aula*, rpr. London 1612.

Isaia the Abbot (1851), "Regula", in Migne, vol. CIII, 427-434.

Izard, Thomas C. (1942) *George Whetstone*, New York.

Jackson, Heather J. (1992-1993) "Writing in Books and Other Marginal Activities", *University of Toronto Quarterly* 62, 217-231.

Jaeger, Stephen C. (1985) *The Origins of Courtliness*, Philadelphia.

Jaeger, Werner (1933-1945) *Paideia*, 3 vols, English trans. Oxford 1939-1945.

Jansen, Hellmut (1958) *Die Grundbegriffe des Baltasar Gracián*, Geneva and Paris.

Jardine, Lisa and Anthony Grafton (1990) "How Gabriel Harvey Read his Livy", *Past & Present* 129, 30-78.

Jauss, Hans-Robert (1974) *Toward an Aesthetic of Reception*, English trans. Manchester 1982.

Javitch, Daniel (1971) "The Philosopher of the Court", *Comparative Literature* 23, 97-124.

Javitch, David (1972) "Poetry and Court Conduct", *Modern Language Notes* 87, 865-882.

Javitch, David (1978) *Poetry and Courtliness in Renaissance England*, Princeton.

Jayne, Sears (1956) *Library Catalogues of the English Renaissance*, London.

Jayne, Sears and F. R. Johnson, eds (1956) *The Library of John Lord Lumley*, London.

Jessup, F.W. (1965) *Sir Roger Twysden*, London.

Johnson, Samuel (1779-1781) *Lives of the Poets*, 2 vols, Oxford 1952.

Jolly, Claude, ed. (1988-1992) *Histoire des bibliothèques françaises*, 4 vols Paris.

Jones, Joseph R. (1975) *Antonio de Guevara*, Boston.

Jongh, Eddie de (1985) review in *Simiolus* 15, 65-68.

Jonson, Ben (1925-1952) *Works*, ed. C. H. Herford and Percy and Evelyn Simpson, II vols, Oxford.

Jonson, Ben (1953) *Timber*, ed. R. S. Walker, New York.

Jordan, Constance (1990) *Renaissance Feminism*, Ithaca.

Jourda, Pierre (1930) *Marguerite d'Angoulême*, 2 vols, Paris.

Juel-Jensen, Bent (1956) letter in *Book Collector* 5, 172.

Kamen, Henry (1993) *The Phoenix and the Flame: Catalonia and the Counter-Reformation*, New Haven and London.

Kasparová, Jaroslava, ed. (1990) *Roudnická Knihovna*, vol. II, Prague.

Keen, Maurice (1984) *Chivalry*, New Haven and London.

Kelso, Ruth (1929) *The Doctrine of the English Gentleman*, revised edn Urbana 1964.

Kelso, Ruth (1956) *Doctrine for the Lady of the Renaissance*, Urhana.

Kemp, Walter H. (1976) "Some Notes on Music in Castiglione's *Il Libro del Cortegiano*", in *Cultural Aspects of the Italian Renaissance*, ed. Cecil Clough, Manchester, 354-376.

Kerr, Richard J. A. (1955) "Prolegomena to an edition of Villalón's *Scholastico*", *Bulletin of Hispanic Studies* 32, 130-139, 203-213.

Keserű, Báilint, ed. (1983) *A magyar könyvkultúra multjából*, Szeged.

Kiesel, Helmuth (1979) *Bei Hof, bei Höll*, Tübingen.

Kiessling, Nicolas K. (1988) *The Library of Robert Burton*, Oxford.

Kincaid, J. J. (1973) *Cristóbal de Villalón*, New York.

Klaniczay, Gábor (1990) "Daily Life and Elites in the Late Middle Ages", in *Environment and Society in Hungary*, ed. Ferenc Glatz, Budapest, 75-90.

[Klaniczay, Tibor] (1994) *Emlekkönyv* (memorial volume), Budapest.

Klein, Lawrence E. (1994) *Shaftesbury and the Culture of Politeness: Moral Discourse and Cultural Politics in Early Eighteenth-century England*, Cambridge and Cambridge, Mass.

Klesczewski, Reinhard (1966) *Die französischen Übersetzungen des Cortegiano*, Heidelberg.

Knox, Dilwyn (1991) "Disciplina", in *Renaissance Society and Culture*, ed. John Monfasani and Ronald G. Musto, New York, 107-135.

Kock, Ebbe (1920) "En Svensk Bokkatalog fran 1500-Talet", *Nordisk Tidskrift för Bok och Biblioteksväsen* 7, 146-153.

Kolsky, Stephen (1991) *Mario Equicola: the Real Courtier*, Geneva.

Korsten, Frans (1980) *A Catalogue of the Library of Thomas Baker*, Cambridge.

Koselleck, Reinhart (1972) "*Begriffsgeschichte* and Social History", English trans. in his *Futures Past*, Cambridge, Mass., 1985, 73-91.

Krebs, Ernest (1940-1942) "*El Cortesano* de Castiglione en España", *Boletín de la*

Academia Argentina de Letras 8, 93-146, 423-435:9, 125-142, 517-543:10, 53-118, 689-748.

Kuhn, S. E. and J. Reidy, eds (1954) *Middle English Dictionary*, Ann Arbor.

Labarre, Albert (1971) *Le livre dans la vie amiénois du 16e siécle*, Paris and Louvain.

La Boétie, Etienne (1892) *Oeuvres*, Bordeaux and Paris.

La Borderie, Bertrand de (1541) *L'Amie de cour*, rpr. in Screech 1970, 11-45.

Langford, Paul (1989) *A Polite and Commercial People: England 1727-1783*, Oxford.

La Noue, François de (1587) *Discours politiques et militaires*, ed. Frank E. Sutcliffe, Geneva and Paris 1967.

Lanzi, Luigi (1795-1796) *Storia pittorica d'Italia*, fourth edn, 6 vols, Pisa 1815.

Lapp, John C. (1971) *The Esthetics of Negligence: La Fontaine's Contes*, Cambridge.

Larivaille, Paul (1980) *Pietro Aretino fra Rinascimento e Manierismo*, Rome.

La Rocca, Guido, ed. (1978) *Baldassare Castiglione, Lettere*, vol. I, Verona.

La Rochefoucauld, François, duc de (1665) *Maximes*, ed. F. C. Green, Cambridge 1946.

La Taille, Jean de (1878-1882) *Oeuvres*, ed. René de Maulde, 4 vols, Paris.

Latham, R. E., ed. (1965) *Revised Medievaf Latin Word-List*, London.

Leedham-Green, Elizabeth (1987) *Books in Cambridge Inventories*, 2 vols, Cambridge.

Le Flem, Jean-Pierre (1973) "Une bibliothèque ségovienne au siècle d'or", in *Mélanges Tapié*, Paris, 403-410.

Le Gentil, Pierre (1955) *La Chanson de Roland*, Paris.

Lehmann, Paul (1960) *Eine Geschichte der alten Fuggerbibliotheken*, Tübingen.

Leonard, Irving A. (1949) *Books of the Brave*, Cambridge, Mass.

Lerche, Cornelius (1682) *Catalogus librorum*, Copenhagen.

Lersundi, Fernando del Valle (1929) "Testamento de Fernando de Rojas", *Revista de filología española* 16, 366-388.

Levenson, Joseph R. (1958) *Confucian China and its Modern Fate*, 2nd edn as *Modern China and its Confucian Past*, New York 1964.

Library (1840) "The Library of Mary Queen of Scots, and of King James VI", *Miscellany, Maitland Club* 1, 1-23.

Lievsay, John L. (1964) *The Elizabethan Image of Italy*, Ithaca.

Lievsay, John L. (1969) *The Englishman's Italian Books*, *1550-1700*, Philadelphia.

Lippe, Rudolf zur (1974) *Naturbeherrschung am Menschen*, 2 vols, Frankfurt.

Lloyd, David (1665) *State-Worthies*, second edn London 1670.

Lloyd, Geoffrey (1967) *Aristotle*, Cambridge.

Lo Brun, Garin (1889) "L'enseignement", ed. Carl Appel, *Revue des langues romans* 33, 404-432.

Lomazzo, Giovanni Paolo (1590) *Idea del tempio di pittura*, ed. R. P. Ciardi Florence 1975.

Loos, Erich (1955) *Baldassare Castigliones Libro del Cortegiano*, Frankfurt.

Lopez Estrada, Francisco (1948) *Estudio critico de la Galatea de Miguel de Cervantes*, Tenerife.

Löwenfeld, Rafael (1884) *Łukasz Górnicki*, Breslau.

Lytton, Edward Bulwer (1828) *Pelham: or*, *Adventures of a Gentleman*, 3 vols, London.

Macdonald, Robert H. (1971) *The Library of Drummond of Hawthornden*, Edinburgh.

MacGraíth, Mícheál (1990) "Gaelic Ireland and the Renaissance", in *The Celts and the Renaissance*, ed. Glanmore Williams and Robert O. Jones, Cardiff, 57-89.

McKenzie, Don (1986) *Bibliography and the Sociology of Texts*, London.

McKitterick, David J. (1978) *The Library of Sir Thomas Knyvett*, Cambridge.

Magendie, Maurice (1925) *La politesse mondaine en France de* 1600 à 1660, Paris.

Major, John M. (1964) *Sir Thomas Elyot and Renaissance Humanism*, Lincoln, Nebr.

Malarczyk, Jan (1962) *La fortuna di Niccolò Machiavelli in Polonia*, Wroclaw.

Malatesta, Massario A. (1573) *Il cavallerizzo*, Venice.

Malory, Thomas (1954) *Morte d'Arthur*, ed. Eugene Vinaver, Oxford.

Mander, Karel Van (1604) *Den Grondt der Edel Vry Schilder-Const*, ed. Hessel Miedema, Utrecht 1973.

Mariéjol, J. H. (1920) *Catherine de'Medici*, Paris.

Mariéjol, J. H. (1928) *Daughter of the Medici*, English trans. New York 1929.

Marliani, Bernardo (1583) *Vita di Baldassare Castiglione*, prefixed, unpaginated, to Venice 1584 edition of *Il Cortegiano*.

Marrou, Henri-Irenée (1948) *A History of Education in Antiquity*, tr.G. Lamb, London 1956.

Marston, John (1934-1939) *Plays*, ed. H. Harvey Ward, 3 vols, Edinburgh and London.

Marston, John (1961) *Poems*, ed. A. Davenport, Liverpool.

Martin, Julian (1993) *Francis Bacon, the State and the Reform of Natural Philosophy*, Cambridge.

Martyn, William (1612) *Youths Instruction*, London.

Mattei, Rodolfo de (1967) "Un cinquecentista confutatore del Machiavelli: Antonio Ciccarelli", *Archivio Storico Italiano* 125, 69-91.

Maxwell Lyte, H. C. (1909) *A History of Dunster*, 2 vols, London.

Mayer, C. A. (1951) "L'honnête homme: Molière and Philibert de Vienne's Philosophe de cour", *Modern Language Review* 46, 196-217.

Meinecke, Friedrich (1924) *Machiavellism*, English trans. London 1957.

Méré, chevalier de (1930) *Oeuvres posthumes*, Paris.

Migne, j.-p. (1844-1855) *Patrologia Latina*, 217 vols, Paris.

MiLán, Luis (1561) *El cortesano*, rpr. Madrid 1874.

Miller, Amos C. (1963) *Sir Henry Killigrew*, Leicester.

Möller, George J. (1984) "Het album Pandora van Jan Six", *Jaarboek Amstelodanum* 77, 69-101.

Monk, S.H. (1944) "A Grace Beyond the Reach of Art", *Journal of the History of Ideas* 5, 131-150.

Montaigne, Michel de (1580-1588) *Essais*, variorum edn Paris 1962.

Montalvo, Garci Rodríguez de (1991) *Amadís de Gaula*, ed.V. Cirlot and J.E.Ruiz Doménec, Barcelona.

Montandon, Alain, ed. (1993) *Traités de savoir-vivre italiens*, Clermont-Ferrand.

Moore Smith, G. C. (1913) *Gabriel Harvey's Marginalia*, Stratford.

Mornet, Daniel (1910) "Les enseignements des bibliothèques privées", *Revue d'histoire littéraire de la France* 17, 449-496.

Morreale, Margherita (1958) "Castiglione y *El Héroe*", in *Homenaje a Gracián*, Zaragoza, 137-144.

Morreale, Margherita (1959) *Castiglione y Boscán: el ideal cortesano en el Rinacimiento español*, 2 vols, Madrid.

Myrick, Kenneth O. (1935) *Sir Philip Sidney as a Literary Craftsman*, Cambridge, Mass.

Nashe, Thomas (1589) *The Anatomy of Absurdity*, London, rpr. London 1866.

Naudé, Gabriel(1641) *Avis pour dresser une bibliothèque*, Paris.

Naunton, Robert (1641) *Fragmenta regalia*, London.

Negrini, Antonio Beffa (1606) *Elogi*, Mantua.

Nicholls, Jonathan (1985) *The Matter of Courtesy*, Woodbridge.

Nocera Avila, Carmela (1992) *Tradurre if Cortegiano: The Courtyer of Sir Thomas Hoby*, Bari.

Opdycke, Leonard E., ed. (1901) *The Courtier*, New York.

Osborn, Louise B. (1937) *The Life, Letters and Writings of John Hoskyns*, New Haven.

Ossola, Carlo, ed. (1980) *La corte e il cortegiano*, Rome.

Ossola, Carlo (1987) *Dal cortegiano al uomo del mondo*, Turin.

Ötvös, Péter (1994) "Pázmány Miklós gróf könyvei", in Klaniczay, 344-364.

Ovenell, R. F. (1950) "Brian Twyne's Library", *Oxford Bibliographical Society* 4, 3-42.

Ovid (Publius Ovidius Naso) (1929) *Ars amoris*, ed. J. H. Mozley, 2nd edn, Cambridge, Mass. 1979.

Pachomius(1845) "Regula", in Migne, XXIII, 65-86.

Palau y Dulcet, Antonio (1923-1927) *Manual del librero hispanoamericano*, 7 vols, Barcelona, second edn 1948-.

Palmireno, Lorencio (1573) *El estudioso cortesano*, 2nd edn Alcalà 1587.

Parini, Giuseppe (1967) *Opere*, ed. Ettore Bonora, Milan.

Passano, G. B. (1878) *I novellieri italiani*, Turin.

Paternoster, Annick (1993) "Le *Sei giornate* di Pietro Aretino: l'*urbanitas* parodiata", in Montandon, 225-236.

Patrizi, Giorgio (1984) "*Il libro del Cortegiano* e la trattatistica sul comportamento", *Letteratura italiana*, ed. Alberto Asor Rosa, Turin, vol. III, part 2, 855-890.

Patten, William (1548) *The Expedition into Scotland*, London.

Peacham, Henry (1622) *The Complete Gentleman*, ed. Virgil B. Heltzel from the 1634 edn, Ithaca 1962.

Peck, Linda L. (1982) *Northampton: Patronage and Policy at the Court of James I*, London.

Peck, Linda L. (1991) "The Mentality of a Jacobean Grandee", in *The Mental World of the Jacobean Court*, ed. Peck, Cambridge, 148-168.

Pelletier, Thomas (1594) *La nourriture de la noblesse*, Paris.

Petreus Herdesianus, Henricus, ed. (1578) *Aulica vita/Vita privata*, 2 vols, Frankfurt.

Pettie, George (1576) *A Petite Palace*, London.

Philibert de Vienne (1547) *Le philosopbe de cour*, ed. Pauline M. Smith, Geneva 1990, English trans. *The Philosopher of the Court*, London 1575.

Piccolomini, Alessandro (1539) *La Raffaella*, rpr. Milan 1969.

Picquard, Maurice (1951) "Les livres du cardinal de Granvelle à la bibliothèque de Besançon", *Libri* 1, 301-323.

Piéjus, Marie-Françoise (1980) "Venus bifrons: le double idéal féminin dans La Raffaella d'Alessandro Piccolomini", *Centre de Recherches sur la Renaissance Italienne* 8, 81-165.

Piéjus, Marie-Françoise (1982) "La première anthologie de poèmes féminins", *Centre de Recherches sur la Renaissance Italienne* 10, 193-214.

Pino, Bernardo (1604) *Def galant'uomo*, Venice.

Pinto, Heitor (1563-1572) *Imagem de vida cristā*, ed. M. Alves Correia, 4 vols, Lisbon 1940.

Piozzi, Hester T. (1974) *Anecdotes of the Late Samuel Johnson*, London.

Pleticha, Eva (1983) *Adel und Buch*, Neustadt.

Possevino, Antonio (1593) *Bibliotheca selecta*, Rome.

Pozzi, Mario, ed. (1988) *Discussioni linguistiche def'500*, Turin.

Prandi, Stefano (1990) *Il cortegiano ferrarese: i discorsi di Annibale Romeo e la cultura nobiliare nel'500*, Florence.

Praz, Mario (1943) "Shakespeare, il Castiglione e le facezie", in his *Machiavelli in Inghilterra*, Rome, 193-217.

Preto-Rodas, Richard A. (1971) *Francisco Rodrigues Lôbo: Dialogue and Courtly Love in Renaissance Portugal*, Chapel Hill.

Procacci, Giuliano (1965) *Studi sulla fortuna def Machiavelli*, Rome.

Prosperi, Adriano, ed. (1980) *La corte e il Cortegiano*, vol. II, *Un modello europeo*, Rome.

Puttenham, George (1589) *the Arte of English Poesie*, repr. Menston 1968.

Quilliet, Bernard (1975) "Situation sociale des avocats du Parlement de Paris, 1480-1560", in *Espace, idéologie et société au 16e siècle*, Grenoble, 121-152.

Quintilian (1921-1922) *Institutio Oratoria*, ed. H. E. Butler, 4 vols, London.

Quondam, Amadeo (1980) "La 'forma del vivere'. Schede per l'analisi del discorso cortigiano", in Prosperi, 15-68.

Quondam, Amadeo (1982) "L'accademia", in *Letteratura italiana*, ed. Alberto Asor Rosa, Turin, vol. I, 823-898.

Quondam, Amadeo (1983) "La letteratura in tipografia", in *Letteratura italiana*, ed. Alberto Asor Rosa, Turin, vol. II, 555-686.

Raab, Felix (1964) *The English Face of Machiavelli: a Changing Interpretation, 1500-1700*, London.

Raimondi, Ezio, ed. (1960) *Trattatisti del'600*, Milan and Naples.

Rainolds, John (1986) *Oxford Lectures on Aristotle's Rhetoric*, ed. and trans. Lawrence D. Green, Newark, Del.

Raleigh, Walter, ed. (1900) *The Courtier*, London.

Ramage, Edwin S. (1973) *Urbanitas*, Norman, Okla.

Rankins, William (1588) *The English Ape*, London.

Raven, James (1992) *Judging New Wealth: Popular Publishing and Responses to Commerce in England, 1750-1800*, Oxford.

Rebhorn, Wayne A. (1978) *Courtly Performances*, Detroit.

Redondo, Augustin (1976) *Antonio de Guevara*, Geneva.

Reusch, F. Heinrich (1883-1885) *Der Index der Verbotenen Bücher*, 2 vols, Bonn.

Reusch, F. Heinrich, ed. (1886) *Die indices librorum prohibitorum des sechzehnten Jahrhunderts*, Tübingen.

Riccoboni, Antonio (1579) *De re comica*, Venice.

Richardson, Brian (1994) *Print Culture in Renaissance Italy: the Editor and the Vernacular Text, 1470-1600*, Cambridge.

Ricoeur, Paul (1981) "Appropriation", in his *Hermeneutics and the Human Sciences*, Cambridge, 182-193.

Ringhieri, Innocenzio (1551) *Cento giuochi liberali*, Bologna.

Rodrigues Lôbo, Francisco (1619) *Côrte na aldeia e noites de inverno*, ed. Alfonso Lopes Vieira, Lisbon 1972.

Rodríguez Marín, Francisco (1923) *Francisco Pacheco maestro de Velazquez*, Madrid.

Roeck, Bernhard (1990) "Geschichte, Finsternis und Unkultur", *Archiv für Kulturgeschichte* 72, 115-141.

Rolli, Paolo Antonio (1728) *Remarks upon M. Voltaire's Essay on the Epic poetry of the European Nations*, London.

Roorda, Daniel J. (1964) "The Ruling Class in Holland in the Seventeenth Century", in *Britain and the Netherlands*, ed. John S. Bromley and Ernst H. Kossmann, Groningen, vol.II, 109-132.

Rosenkrantz, Eric (1688) *Bibliotheca*, Copenhagen.

Rosenkrantz, Janus (1696) *Bibliotheca*, Copenhagen.

Rotondò, Antonio (1973) "La censura ecclesiastica e la cultura", *Storia d'Italia*, Turin, vol. V, 1397-1492.

Rotondò, Antonio (1982) "Cultura umanistica e difficoltà dei censori", *Centre de Recherches sur la Renaissance Italienne* 10, 15-50.

Rushdie, Salman (1983) *Shame*, London.

Ruutz-Rees, Caroline (1910) "Some Notes of Gabriel Harvey in Hoby's Translation of Castiglione's *Courtier*", *Publications of the Modern Language Association* 25, 608-639.

Ryan, Lawrence V. (1963) *Roger Ascham*, Stanford.

Ryan, Lawrence V. (1972) "Book IV of Castiglione's Courtier: Climax or Afterthought?", *Studies in the Renaissance* 19, 156-179.

Sabbatini, Pasquale (1986) *Il modello bembiano a Napoli nel'500*, Naples.

Saccone, E. (1979) "*Grazia, sprezzatura and affettazione* in Castiglione's *Book of the Courtier*", rpr. in Hanning and Rosand, 45-68.

Sadoleto, Jacopo (1737) *Opera omnia*, 2 vols, Verona.

Salas Barbadillo, Alonso Jerónimo de(1620) *El caballero perfecto*, ed. Pauline Marshall, Boulder 1949.

Salvadori, Corinna (1965) *Yeats and Castiglione*, Dublin.

Sandrart, Joachim von (1675-1680) *Teutsche Akademie*, 5 vols, Nuremberg.

Sansovino, Francesco (1567) *Il simolacro di Carlo Quinto Imperadore*, Venice.

Sansovino, Francesco (1582) *Cronologia del mondo*, Venice.

Santangelo, G., ed. (1954) *Le epistole de imitatione di Gianfrancesco Pico della Mirandola e di Pietro Bembo*, Florence.

Sassetti, Filippo (1855) *Lettere*, ed. Ettore Marcucci, Florence.

Sastrow, Bartolomeus (1823) *Leben*, ed. G. C. F. Mohnike, 3 vols, Greifswald.

Scarpati, Claudio (1982) *Studi sul'500 italiano*, Milan.

Scavenius, Peder (1665) *Designatio librorum*, Copenhagen.

Schenk, Wilhelm (1949) "The *Cortegiano* and the Civilization of the Renaissance", *Scrutiny* 16, 93-103.

Schmitt, Jean-Claude (1990) *La raison des gestes dans l'occident médiéval*, Paris.

Schnerr, Walter J. (1961) "Two Courtiers: Castiglione and Rodrigues Lôbo", *Comparative Literature* 13, 238-253.

Schrinner, Walter (1939) *Castiglione und die Englische Renaissance*, Berlin.

Schutte, Anne J. (1991) "Irene di Spilimbergo", *Renaissance Quarterly* 44, 42-61.

Schutz, Alexander H. (1955) *Vernacular Books in Parisian Private Libraries of the Sixteenth Century*, Chapel Hill.

Scott, Mary Augusta (1901) "*The Book of the Courtier*: a Possible Source of Benedick and Beatrice", *Publications of the Modern Language Association* 16, 475-502.

Screech, Michael A. (1959) "An Interpretation of the *Querelle des amyes*", *Bibliothèque d'Humanisme et Renaissance* 21, 103-130.

Screech, Michael A., ed. (1970) *Opuscules d'amour*, Geneva.

Searles, Colbert, ed. (1912) *Catalogue de tous les livres de feu M. Chapelain*, Stanford.

Selig, Karl (1960) *The Library of V. J. de Lastanosa*, Geneva.

Seneca, Lucius Annaeus (1917-1925) *Epistulae morales*, ed. Richard M. Gummere, 3 vols, London.

Serassi, Pier Antonio (1769-1771) *Lettere del conte Baldassare Castiglione*, 2 vols, Padua.

Seznec, Jean (1940) *The Survival of the Pagan Gods*, English trans. New York 1953.

Sidney, Philip (1973) *Miscellaneous Prose*, ed. Katharine Duncan-Jones and Jan van Dorsten, Oxford.

Sigismondi, Sigismondo (1604) *Prattica cortegiana morale e economica*, Ferrara.

Sinner, Jean R. (1764) *Bibliothecae Bernensis catalogus*, 2 vols, Berne 1764.

Skinner, Quentin (1969) "Meaning and Understanding in the History of Ideas", rpr. In *Meaning and Context*, ed. James Tully, Cambridge, 1988, 29-67.

Smith, David R. (1988) "I Janus: Privacy and the Gentlenmanly Ideal in Rembrandt's Portraits of Jan Six", *Art History* II, 42-63.

Smith, Pauline M. (1966) *The Anti-Courtier Trend in 16th-Century French Literature*, Geneva.

Solnon, Jean-François (1987) *La cour de France*, Paris.

Sørensen, Villy (1977) *Seneca: humanisten ved Neros hof*, Copenhagen.

Sorrentino, Andrea (1935) *La letteratura italiana e il Sant'Ufficio*, Naples.

Sozzi, Lionello (1972) "La polémique anti-italienne en France au 16e siècle", *Atti della Accademia delle Scienze di Torino* 106, ii, 99-190.

Spierenburg, Pieter (1981) *Elites and Etiquette: Mentality and Social Structure in the Early Modern Northern Northerlands*, Rotterdam.

Stackelberg, Jürgen von (1960) *Tacitus in der Romania*, Tübingen.

Stanton, Domna C. (1980) *The Aristocrat as Art*, New York.

Starkey, David (1982) "The Court: Castiglione's Ideal and Tudor Reality", *Journal of the Warburg and Courtauld Institutes* 45, 232-239.

Stein, Arnold (1949) "Yeats: a Study in Recklessness", *Sewanee Review* 57, 603-626.

Stern, Virginia (1979) *Gabriel Harvey: His Life, Marginalia and Library*, Oxford.

Stevenson, J.ed. (1867) *Calendar of State Papers Foreign*, 1562, London.

Stewart, Randall (1946) "Puritan Literature and the Flowering of New England", *William and Mary Quarterly* 3, 319-342.

Stock, Brian (1983) *The Implications of Literacy*, Princeton.

Stokes, Michael C. (1986) *Plato's Socratic Conversations: Drama and Dialectic in Three Dialogues*, Baltimore.

Stone, Lawrence (1965) *The Crisis of the Aristocracy*, 1558-1641, Oxford.

Stöttner, Reinhard (1888) "Die erste Übersetzung von B. Castigliones *Cortegiano*", *Jahrbuch für Münchener Geschichte* 2, 494-499.

Strozzi, Niccolò (1982) "Avvertimenti necessari per i cortigiani", *Studi Secenteschi* 23, 165-193.

Symonds, John A. (1875-1886) *The Renaissance in Italy*, 7 vols, London.

Szűcs, Jenö (1983) "The Three Historical Regions of Europe", *Acta Historica Academiae Scientiarum Hungariae* 29, 131-184.

Tasso, Torquato (1583) "Il Malpiglio, o vero de la corte", in *Dialoghi*, ed. Cesare Guasti, 3vols, Florence 1859, vol. III, 3-21.

Tasso, Torquato (1958) "Il forno, o vero de la nobiltà", in *Dialoghi*, ed. Ezio Raimondi, 3 vols, Florence, vol. II, 3-113.

Taylor, Francis H. (1948) *The Taste of Angels: a History of Art Collecting from Rameses to Napoleon*, London.

Telle, Emile V. (1937) *L'oeuvre de Marguerite d'Angoulême e la querelle des femmes*, Toulouse.

Thomas, William (1549) *History of Italy*, ed. George B. Parks, Ithaca 1963.

Thou, Jacques-Auguste de (1679) *Catalogus bibliothecae Thuanae*, Paris.

Thou, Jacques-Auguste de (1713) *Mémoires*, Amsterdam.

Thuau, Etienne (1966) *Raison d'état et pensée politique à l'époque de Richelieu*, Paris.

Timotei, Michele (1614) *Il cortegiano*, Rome.

Tiraboschi, Girolamo (1772-1822) *Storia della letteratura italiana*, revised edn, 8 vols, Modena 1787-1793.

Toffanin, Giuseppe (1921) *Machiavelli e il tacitismo*, Padua.

Toldo, Pietro (1900) "Le courtisan dans la littérature française et ses rapports avec l'oeuvre de Castiglione", *Archiv für das Studium der neueren Sprachen und Literaturen*, 60-85, 75-121, 104, 105, 313-330.

Tolstoy, Leo (1857) *Youth*, English trans. Harmondsworth 1964.

Trend, J. B. (1925) *Luis Milán and the Vihuelistas*, Oxford.

Tresham, Thomas, scrapbook, British Library, Additional MSS 39, 830.

Trilling, Lionel (1972) *Sincerity and Authenticity*, London.

Uhlig, Claus (1973) *Hofkritik in England des Mittelalters und der Renaissance*, Berlin.

Uhlig, Claus (1975) "Moral und Politik in der europäischen Hoferziehung", *Festschrift L. Borinski*, Heidelberg, 27-51.

Ulfeldt, Jakob (1923) "Catalogus librorum", *Danske Magazin* 6, 177-182.

Vallone, Aldo (1955) "Nobiltà e cortesia dal Boiardo al Tasso", rpr. in his *Dal Rinascimento al Romanticismo*, Naples, 1983, 40-70.

Vasari, Giorgio (1550) *Vite*, ed. L. Bellosi and A. Rossi, Turin 1986.

Vasari, Giorgio (1564) *Vite*, ed. R. Bettarini, 6 vols, Florence 1966-1987.

Veblen, Thorstein (1899) *Theory of the Leisure Class*, New York.

Vespasiano da Bisticci (1970-1976) *Vite*, ed. A. Greco, 2 vols, Florence.

Villalón, Cristóbal de (1911), *El scholástico*, ed. Marcelino Menéndez Pelayo, Madrid.

Villalón, Cristóbal de (1967), *El scholástico*, ed. Richard J. A. Kerr, Madrid.

Villey, Pierre (1908) *Les sources et l'évolution des essais de Montaigne*, 2 vols, Paris.

Vincent, E. R. (1964) "*Il Cortegiano in* Inghilterra", in *Rinascimento europeo e rinascimento veneziano*, ed. Vittore Branca, Florence, 97-107.

Vives, Juan Luis (1524) *Institutio feminae christianae*, revised edn Basle 1538.

Walde, O. (1932) "Studier i Äldre Dansk Biblioteks-Historia", *Nordisk Tidskrift för Bok och Biblioteksväsen* 19, 21-51.

Waller, Gary F. (1979) *Mary Sidney, Countess of Pembroke*, Salzburg.

Warburg, Aby (1932) *Gesammelte Schriften*, Leipzig and Berlin.

Warner, G. F. (1893) "The Library of James VI", *Publications of the Scottish History Society* 15, xi-lxxv.

Warnicke, Retha M. (1988) "Women and Humanism in the Renaissance", in *Renaissance Humanism*, ed. Albert Rabil Junior, Philadelphia, vol. II, 39-54.

Weise, Georg (1936) "Vom Menschenideal und von den Modewörtern der Gotik und der Renaissance", *Deutsche Vierteljahrschrift für Literatur-und Geistesgeschichte* 14, 171-222.

Welsh, David J. (1963) "Il Cortigiano polacco", *Italica* 40, 22-26.

White, Lynn (1962) *Medieval Technology and Social Change*, Oxford.

Whythorne, Thomas (1961) *Autobiography*, ed. James Osborn, Oxford.

Wicquefort, Abraham de (1681) *L'ambassadeur et ses fonctions*, 2 vols, "Cologne" 1689-1690.

Williams, Raymond (1976) *Keywords*, revised edn, London 1983.

Williamson, Edward (1947) "The Concept of Grace in the Work of Raphael and Castiglione", *Italica* 24, 316-324.

Wilson, Edward M. (1964-1968) "A Cervantes Item from Emmanuel College Library", *Transactions of the Cambridge Bibliographical Society* 4, 363-371.

Wilson, Frank P., rev. (1970) *Oxford Dictionary of English Proverbs*, Oxford.

Wolf II, Edwin (1974) *The Library of James Logan of Philadelphia, 1674-1751*, Philadelphia.

Wolfram von Eschenbach (1927) *Parzival*, ed. Karl Bartsch, 4th edn, 3 vols, Leipzig 1927, English trans. New York 1961.

Woodhouse, John R. (1978) *Baldassare Castiglione: a Reassessment of the Courtier*, Edinburgh.

Woodhouse, John R. (1979) "Book 4 of Castiglione's *Cortegiano*: a Pragmatic Approach", *Modern Languages Review* 74, 62-68.

Woodhouse, John R. (1982) "La cortegianía di Niccolò Strozzi", *Studi Secenteschi* 23, 141-161.

Woodhouse, John R. (1991) *From Castiglione to Chesterfield: the Decline in the Courtier's Manual*, Oxford.

Woodward, W. H. (1906) *Studies in Education during the Age of the Renaissance*, Cambridge.

Worsley, Benjamin(1678) *Catalogue*, London.

Wright, Louis B. (1935) *Middle-Class Culture in Elizabethan England*, rpr. London 1964.

Wright, Louis B. (1940) *The First Gentlemen of Virginia: Intellectual Qualities of the Early Colonial Ruling Class*, San Marino.

Wyatt, Thomas (1975) *Collected Poems*, ed. Joost Daalder, Oxford.

Xenophon (1914) *Cyropaedia*, ed. Walter Miller, 2 vols, London.

Yeats, W. B. (*c.* 1908) "Discoveries: Second Series", *Massachusetts Review* 5 (1963-1964), 297-306.

Young, Kenneth (1963) *A.J. Balfour*, London.

Zancan, Marina (1983) "La donna nel *Cortegiano* del B. Castiglione", in *Nel cerchio della luna*, ed. Zancan, Venice, 13-56.

Zapata, luis (1935) *Varia Historia*, ed. C.W.Vollgraf, Amsterdam.

Zara, Antonio (1615) *Anatomia Ingeniorum et Scientiarum*, Venice.

译名对照表

absolute monarchies　君主专制政体

Addison, Joseph　约瑟夫·阿狄森

Alchemade, Huijch van　赫伊赫·范·阿尔克梅德

Alfonsi, Petrus　佩特鲁斯·阿方斯

Almarz, Juan de　胡安·德·阿尔马拉斯

Almogáver, Gerónima Palova de　赫罗尼莫·帕洛瓦·德·阿尔莫加韦尔

Amadís de Gaula《阿马迪斯·德·高拉》

Ambrose, St.,　圣·安布罗斯

Aretino, Pietro　皮特罗·阿雷蒂诺

Ariosto, Alfonso　阿方索·阿里奥斯托

Ariosto, Ludovico　卢多维科·阿里奥斯托

Aristotole　亚里士多德

Ascham, Roger　罗杰·阿斯克姆

Astley, John　约翰·阿斯特雷

Bacon, Francis　弗朗西斯·培根

Bakhtin, Mikhail　米哈伊尔·巴赫金

Balfour, Arthur　亚瑟·巴尔弗

Bandello, Matteo　马泰奥·班德罗

Baretti, Giuseppe　朱瑟普·巴雷蒂

Bargagli, Scipione　西皮奥内·巴尔加利

Du Bosc, Jacques　雅克·杜·博斯克

Duby, Georges　乔治·杜比

Ducci, Lorenzo　洛伦索·杜齐

Duhamel, Jean-Baptiste　让-巴普蒂斯特·杜阿梅尔

Du Refuge, Etienne　埃迪纳·杜·雷福赫

Dymock, John　约翰·迪默克

Eastlake, Charles　查理·伊斯特雷克

Elias, Norbert　诺贝特·埃利亚斯

Elizabeth I　伊丽莎白一世

Elyot, Sir Thomas　托马斯·埃利奥特爵士

Emilia, the Lady　伊米莉亚夫人

Emmanuel College, Cambridge　剑桥大学伊曼纽尔学院

Equicola, Mario　马里奥·埃基克拉

Erasmus, Desiderius　德西德里乌斯·伊拉斯谟

Erik XIV, King　国王埃里克十四世

Eschenbach, Wolfram von　沃尔夫拉姆·冯·埃申巴赫

Estienne, Henri　亨利·艾蒂安

Europeanization of Europe　欧洲的欧洲化

Faret, Nicolas　尼古拉·法雷特

Fioramonda, Ippolita　伊波利托·菲奥拉蒙达

Florio, John　约翰·弗洛利奥

Fontaine, Charles　查尔斯·方丹

Fouquet, Nicolas　尼古拉·福凯

François I, King of France　法兰西国王弗朗索瓦一世

Fregosa, Costanza　康斯坦茨·弗雷戈索

Fregoso, Federico　费代里科·弗雷戈索

Fregoso, Ottaviano　奥塔维诺·弗雷戈索

Friis, Niels　涅尔斯·弗里斯

Gregory, Lady　格雷戈里夫人

Greville, Fulke　富尔克·格雷维尔

Grey, Lady Jane　简·格雷夫人

Gringore, Pierre　皮埃尔·格兰戈尔

Groslier, Jean　让·格罗斯烈

Grundbegriffe　基础概念

Guazzo, Stefano　斯特法诺·瓜佐

Guevara, Antonio de　安东尼奥·德·格瓦拉

Guicciardini, Francesco　弗朗切斯科·圭恰尔迪尼

Guilpin, Everard　埃弗拉德·吉尔品

Guyon, Louis　路易·古扬

Hacket, John　约翰·哈克特

Harsdörffer, Georg Philipp　乔治·菲利普·哈尔斯德费尔

Harvey, Gabriel　加布里埃尔·哈维

Hastings, Lord Henry　亨利·黑斯廷斯勋爵

Hatton, Sir Christopher　克里斯托弗·哈顿爵士

Hazard, Paul　保罗·哈扎德

Heinsius, Nikolaes　尼古拉耶斯·海因修斯

Herberay, Nicolas d'　尼古拉·德埃尔伯雷

Héroet, Antoine　安托万·埃罗埃

Hoby, Sir Thomas　托马斯·霍比爵士

Holanda, Francisco de　弗朗切斯科·德·霍兰达

Homer　荷马

Howard, Henry, earl of Northampton　北安普敦伯爵亨利·霍华德

Howard, Thomas, earl of Arundel　阿伦德尔伯爵托马斯·霍华德

Huet, Pierre-Daniel　皮埃尔-达尼埃尔·于埃

Hugh of St. Victor　圣维克托的休

Huizinga, Johan　约翰·赫伊津哈

273

Leoni, Giacomo　贾科莫·莱昂尼

Lerche, Cornelius　克奈里乌斯·莱尔歇

Lo Brun, Garin　加林·洛布伦

Locke, John　约翰·洛克

Lomazzo, Gian Paolo　詹·保罗·洛马佐

Lucian　琉善

Lumley, Jane　简·拉姆利

Lumley, John　约翰·拉姆利

Luna, Fabrizio　法布里西奥·卢纳

Luttrell, Sir John　约翰·勒特雷尔爵士

Lytton, Edward Bulwer　爱德华·布尔沃·利顿

Machiavelli, Niccolò　尼克罗·马基雅维里

Maggi, Vincenzo　文森索·马吉

Malory, Sir Thomas　托马斯·马洛礼爵士

Mantua　曼图亚

Marguerite de Navarre　玛格丽特·德·纳瓦尔

Marguerite de Valois　玛格丽特·德·瓦卢瓦

Marie de Champagne　玛丽·德·尚帕涅

Marie de France　玛丽·德·弗朗斯

Marliani, Bernardo　博纳多·玛丽安妮

Marston, John　约翰·马斯顿

Mary Queen of Scots　苏格兰玛丽女王

Medici, Catherine de'　凯瑟琳·德·梅第奇

Medici, Giuliano de'　朱利亚诺·德·梅第奇

megaloprepeia　华丽

magalopsychia　宽宏大量

Meinecke, Friedrich　弗里德里希·迈内克

Menapius, Gulielmus Insulanus　古列尔姆斯·因苏兰乌斯·梅纳皮乌斯

Peacham, Henry　亨利·皮查姆

Pelletier, Thomas　托马斯·佩尔蒂埃

Pembroke, countess of　彭布罗克伯爵夫人

Petrarch (Francesco Petrarca)　彼特拉克(弗朗切斯克·彼特拉克)

Petreus, Henricus　亨里克斯·彼得雷乌斯

Pettie, George　乔治·佩蒂

Philibert de Vienne　菲利贝尔·德·维耶纳

Pia, Emilia　伊米莉亚·皮娅

Piccolomini, Alessandro　亚历山德罗·皮科洛米尼

Pico della Mirandola, Gianfrancesco　詹弗朗切斯科·皮科·德拉·米朗多拉

Pierce, John　约翰·皮尔斯

Pino, Bernardino　博纳迪诺·皮诺

Pinto, Heitor　海特·平托

Pio, Enea　埃涅·庇欧

Pius II, pope　教皇庇护二世

Plato　柏拉图

polygraph　多面手

Possevino, Antonio　安东尼奥·波塞维诺

Puttenham, George　乔治·帕特纳姆

questione della lingua　语言问题

Quintilian　昆体良

Rainolds, John　约翰·雷诺兹

Ramusio, Gianbattista　詹巴蒂斯塔·拉姆西奥

Rankins, William　威廉·兰金斯

Raphael　拉斐尔

Rembrandt　伦勃朗

Reynolds, Sir Joshua　乔舒亚·雷诺兹爵士

Riccoboni, Antonio　安东尼奥·里乔伯尼

Seignelay, marquis de 德·塞涅莱侯爵

Seneca, Lucius Annaeus 卢修斯·阿奈乌斯·塞涅卡

Seres, William 威廉·色雷斯

Serlio, Sebastiano 塞巴斯蒂亚诺·塞尔利奥

Sforza, Bona 博纳·斯福尔扎

Sforza, Lodovico 洛多维克·斯福尔扎

Shaftesbury, earl of 莎夫茨伯里伯爵

Shakespeare, William 威廉·莎士比亚

Sidney, Mary 玛丽·锡德尼

Sidney, Sir Henry 亨利·锡德尼爵士

Sidney, Sir Philip 菲利普·锡德尼爵士

Silva, Miguel da, bishop of Viseu 维塞乌主教米格尔·达·席尔瓦

Six, Jan 扬·西克斯

Socrates 苏格拉底

Somaglia, countess of 索马利亚伯爵夫人

sophrosyne 自制/节欲

SorØ 索勒

Spenser, Edmund 埃德蒙·斯宾塞

Spilimbergo, Irene di 伊雷妮·迪·斯皮林贝戈

sprezzatura 从容

Steele, Richard 理查德·斯蒂尔

stoicism 斯多葛学派

Strozzi, Niccolò 尼科洛·斯特罗齐

Symonds, John Addington 约翰·阿丁顿·西蒙兹

Szűcs Jenő 耶诺·胥奇

Tacitus, Cornelius 克奈里乌斯·塔西佗

Tasso, Torquato 托尔奎托·塔索

Tennant, Margot 玛戈特·坦南特

Wimpheling, Jacob　雅科布·威姆佩林

Winthrop, John, Junior　小约翰·温斯罗普

Wolfram von Eschenbach　沃尔夫拉姆·冯·埃申巴赫

Wormeley, Ralph II　拉尔夫·沃姆利二世

Wryght, Thomas　托马斯·赖特

Wyatt, Sir Thomas　托马斯·怀亚特爵士

Wyndham, George　乔治·温德姆

Xenophon　色诺芬

Yeats, William Butler　威廉·巴特勒·叶芝

Zanca, Giovanni　乔瓦尼·桑卡

Zygmunt I　齐格蒙特一世